전남대학교 종교문화연구소 총서 ⑥

현대인의 삶과 종교

전남대학교 종교문화연구소 총서 ⑥

현대인의 삶과 종교

인쇄 | 2012년 11월 10일
발행 | 2012년 11월 15일

편낸이 김경재 · 김영경 · 조정일 · 김세은 · 조발그니 · 윤이흠
박광서 · 김영훈 · 김영일 · 박건주 · 한상우 · 김기현

발행인 송경안
발행처 전남대학교출판부
등록 1981년 5월 21일 제53호
주소 500-757 광주광역시 북구 용봉로 77
전화 062-530-0571~3
팩스 062-530-0579
홈페이지 http://www.cnup.co.kr

값 12,000 원

ISBN 978-89-97620-61-6 (93210)

이 도서의 국립중앙도서관 출판시도서목록(CIP)은 e-CIP홈페이지(http://www.nl.go.kr/ecip)와 국가자료공동목록시스템(http://www.nl.go.kr/kolisnet)에서 이용하실 수 있습니다.
(CIP제어번호: CIP2012005148)

전남대학교 종교문화연구소 총서 ⑥

현대인의 삶과 종교

김 경 재
김 영 경
조 정 일
김 세 은
조발그니

윤 이 흠
박 광 서
김 영 훈

김 영 일
박 건 주
한 상 우
김 기 현

전남대학교출판부

일러두기

* 주석은 본문 중의 괄호 안에 저자나 역자의 이름과 쪽수를 밝히고 각 편 끝의 '참고문헌'에 자세한 자료 소개를 기재하는 방식으로 대신하였다. 동일 저자의 문건이 2건 이상일 경우에는 저자 이름 뒤의 괄호 안에 간행년도를 표기하여 구분하였다.
  예) 김상현(1991), 김상현(1994).
* 본문의 서술 중 부연 설명이 필요한 경우에는 관련 내용을 괄호 안에 넣었다.
* 괄호 안의 한자(漢字)가 괄호 앞 단어와 음(音)이 같을 때는 '( )' 안에 넣었고, 음은 다르고 의미가 통할 경우에는 '[ ]'안에 넣었다.
  예) 종교(宗教), 실재[神].
* 인용문 등에서 생략 부호는 '(…)'로 표기하였다.

■ 발간사

현대인이라면 누구나 종교에 관하여 고민하거나 신중하게 생각한 적이 있게 마련입니다. 이럴 때 지침이 될 만한 글을 찾기가 쉽지 않습니다. 찾아낸다 해도 대개 특정 종교의 관점에서 가르치고 인도하려 하는 의지가 강하게 배어 있어 부자연스러움을 느끼기가 쉽습니다. 여기 이 책에 모은 글들은 여러 종교 그리고 연구상의 여러 관점이 모아져 있는 형태이기 때문에 부담 없이 흥미에 따라 읽어볼 수 있는 장점을 갖고 있습니다.

전남대 종교문화연구소 및 한국종교문화학회(구 한국종교간대화학회)는 모든 종교에 문을 열어 놓을 뿐만 아니라 성직자와 전문 연구가 외에 일반 신도와 종교가 없는 일반인에게까지 참여의 문을 열어 놓고 있는 특색을 갖고 있습니다. 금번에 본 연구소에서 여섯 번째로 펴내는 총서『현대인의 삶과 종교』에도 역시 이런 독자적(獨自的) 특색이 투영되어 있습니다. 독자들은 이 책 한 권에서 현대인이 종교와 관련하여 갖게 될 수 있는 여러 가지 궁금증 및 의문점들의 답변을 들을 수 있을 것입니다.

이 책은 3부로 구성되어 있고, 총 11편의 글에 12인의 저자들이 참여하였습니다. 11편 중 10편의 글은 학술대회에서 발표된 후 한국종교문화학회의『宗教文化學報』에 게재되었던 원고를 수정 보완한 글입니다.

바쁜 일정에도 불구하고 원고의 수정 및 보완에 협력해 주신 저자들께 감사의 말씀을 드립니다. 아울러 많이 기다려주고 짜임새 있는 책으로 잘 만들어준 전남대학교출판부의 여러 선생님들께 감사드립니다. 원고의 편집 및 제반 행정에 도움을 준 종교문화연구소 김현정 연구조교의 노고 또한 적지 않았음을 기록해 둡니다. 이 책이 종교의 관점에서 현대인의 삶에 관심을 갖고 있는 독자들께 유익한 글이 되기를 바랍니다.

2012년 5월

전남대학교 종교문화연구소 소장 金起賢 謹識

■ 목 차

제1부 : 종교의 필요성

종교는 과연 필요한가?

김경재

이슬람의 종교관

김영경

중학교 과학교사들의 창조와 진화에 대한 관점 연구

조정일 · 김세은

가톨릭 교회 안에서 청소년의 문화로서 또래관계

조발그니

종교는 과연 필요한가?

— 현대사회의 종교무용론에 대한 타당성과 부당성의 고찰 —

김 경 재

한신대학교 명예교수

목 차

1. 서론: 논제의 의도와 문제의식

우리의 주제 "종교는 과연 필요한가?"는 단순한 듯 들리지만 여러 가지 함의를 지닌 것이다. 학술단체 주제로서는 너무 통속적인 표현같이 들리지만, 다른 한편으로는 현대문명사회 특히 한국사회에서 현실 종교의 행태에 대한 사회구성원들의 솔직한 비판의식을 적나라하게 드러내는 표제이기도 하다. 정부 통계청이 발행한『2006 한국의 사회지표』에 의하면, 2005년 현재 남한 인구총수 47,254,000 명중에서 종교인 수는 25,091,000명(53.1%)이며, '종교없음'으로 응답한 총수는 21,973,000명(46.5%)였다.(통계청, p.591.)

이 주제에는 두 가지 측면이 모두 포함되어 있다고 봐야 하겠다. 한 가지 측면은, 기존의 종교들이 현대문명과 한국사회 속에서 표출하는 사회발전에 대한 '역기능'을 사회윤리적 시각에서 비판하는 의도가 내포되어 있다. 또 다른 측면은, 본질적인 진실게임의 학문적 시각에서, 도대체 종교가 제3천년기(Third millenium)의 성숙한 인류 문명사회 속에서도 존재할 이유와 타당성이 있느냐는 인문과학 · 사회과학 · 자연과학 분야 지성인들의 반종교적 비판이론을 반영하고 있다. 전자는 도덕론적 가치론에 관계된 문제의식이지만, 후자는 인간학 · 진리방법론 · 문명비판론 등에 관련된 복합적 문제의식을 반영한다.

그러므로, 우리의 주제를 함께 검토하기 전에, 우리의 주제 자체가 당연하듯이 전제하고 있는 두 가지 개념을 먼저 어느 정도 명확하게 해명하고 들어가야 한다. 첫째, '종교'라는 어휘를 통하여 당신이 생각하는 종교개념이 무엇이냐 라는 종교본질 규정에 관한 것이다. 둘째, 종교가 필요하다 혹은 불필요하다고 주장하는 사람들은 그러한 가치판단의 근거로 종교가 감당해야 할 당위적 기능을 무엇으로 생각하기에, 지금의 종교는 필요치 않다고 판단하는가의 물음이다.

위의 두 가지 개념의 명료화 작업 자체가 종교학 · 종교철학 · 신학 · 종교심리학과 종교사회학 등 모든 분야에서 논의되는 핵심적 쟁점주제이기 때문에, 제한된 지면에서의 상론 자체가 불가능한 것들이다. 그러나, 논의를 위하여 아래와 같은 세 가지 테제로 단순화시켜야 하겠다.

테제 1. 종교란 자기초월의식 단계에 도달한 인간존재가 개인적으로 그리고 공동체적으로 갖는 '궁극적 관심'(Ultimate Concern)으로서, 그 목적은 자기부정(自己否定)을 매개로 하는 자아의 실현과 완성이다.

테제 2. 종교의 개인적 기능은 '궁극적 관심'을 자신이 속한 전통 속에서 실현해감으로써, '자기중심적 존재'로부터 변화되어 '실재중심의 존재'에로 전환된 성숙한 삶을 살게 한다. 그 변화된 표징은 자유로운 사람 · 봉사하는 사람이다.

테제 3. 종교의 사회적 기능은, 준궁극적 가치를 절대화시키는 우상숭배 경향성으로부터 문명사회를 해방시켜, 창조적 모험 · 아름다움의 추구 · 진리 실험과정의 인류 공동체가 되도록 촉매작용을 한다.

테제 1은 기독교계 종교철학자요 신학자인 폴 틸리히(Paul Tillich)의 유명한 어휘 '종교란 궁극적 관심이다'에서 빌려왔다.(Tillich(1951), pp.11-14. '궁극적 관심'에 대한 논문으로는 다음 자료를 참조. 李俊鶴, pp.95-129.) 종교를 '궁극적 관심'이라고 본 종교체험의 현상학적 서술은 종교를 '신적 · 초자연적 존재'를 전제로 한 '나－당신'의 관계구조를 넘어서려는 의도를 나타낸다. 세계의 위대한 보편종교들 중에는 인격적 · 초인격적 존재를 상정하지 않는 깨달음을 지향하는 종교, 대자연과의 하나됨을 지향하는 종교들도 있다. 그러나, 모든 종교의 본질 속에는 궁극적인 삶의 의미와 가치를 지향하려는 실존적 몸짓에 근거하고 있다. 적어도 종교의 본질적 목적은 종교를 통하여 의식주 문제를 효과적으로 쟁취하려는 '준궁극적 관심'은 아닌 것이다. '궁극적 관심'은 단순한 관심이 아니라, 그의 삶의 근본 지향성을 방향지우는 실천적 삶의 걸어감으로서, 자기부정을 통하여 완성에 도달하는 '거듭남의 삶'이다.

테제2는 생존하는 세계적 종교다원론자 죤 힉(John Hick)이 종교목적 규정이자 종교의 진정성 판단규범으로 내세우는 것인데, 종교가 "자기 중심에서 실재중심에로 인간 경험의 변화"(the transformation of human experience from self-centeredness to Reality-centeredness)를 가능하게 하는가의 여부이다.(John Hick, pp.16-27; Paul Knitter, p.148.) 죤 힉이 여기에서 말하는 실재(Reality)는 각 종교전통에 따라서 색깔이 다양하여 인격신 · 다르마 · 대자연 · 하느님 · 우주적 생명등 여러 가지 이름들로 불리울 수 있다. 그러나, 존재변화를 겪은 종교인들의 공통특징은 자유인이 되어 자비 · 사랑 · 어짐 등 자발적 봉사를 기쁨으로 행하는 사람으로 변화된다.

테제3은 유기체철학자 알프레드 화이트헤드(Alfred N. Whitehead)의 과정철학적 종교론에서 배운 통찰이다. 종교는 문명의 다른 업적 성취물보다 그 효능과 진리의 가르침이 보다 탁월하고 영속적이지만, 종교도 '과정 속에 있는 실재'임을 강조한다.(정강길 역) 종교가 과거전통 속에 안주하고 자기 완결적 교만에 빠질 때 종교위기와 몰락이 온다. 종교는 도리어 문명사회로 하여금 자기를 절대화하거나 신격화시키려는 우상숭배적 경향성을 깨트리고, 진리에로의 모험을 하도록 유인하고 촉매하는 기능을 감당해야 한다. 성숙한 문명의 특징은 진리 모험정신의 허용, 관용성의 존중, 아름다움 추구의 예술적 삶의 고양, 그리고 합리적 사고의 발현이라야 한다.

이상에서 간략하게 단순화시켜서 살핀 종교의 본질과 기능을 고려할 때, 지구 문명사회와 한국사회 속에서 현존하는 종교들이 종교 본래의 본질과 기능에서 이탈하였으므로 종교는 필요하지 않을 뿐만 아니라, 해가 되므로 폐기해야 한다는 적극적 종교무용론이 대두하게 된 것이다. 그 대표적인 목소리들을 다음 장에서 살펴보면서, 그들 주장의 타당한 면과 부당한 면을 동시에 검토해보려고 한다.

종교가 필요없다고 주장하는 대표적인 사람들 혹은 반종교적 종교 폐기론자의 다양한 목소리들 중에서, 인간학적 입장에서 프리드리히 니체(F.Nietzsche, 1844-1900), 심리학적 입장에서 지그문드 프로이드(S. Freud, 1856-1939), 사회학적 입장에서 칼 마르크스(K. Marx, 1818-1883), 그리고 자연과학 입장에서 물질주의적 환원주의자 리쳐드 도킨스(R. Dokins, 1941-)의 종교비판론을 검토하기로 한다. 네 사람이 주로 그리스도교라는 종교를 염두에 두고 비판을 가하는 것이지만, 그 핵심엔 종교 일반에 대한 견해이기도 하므로 경청할 가치가 있다.

2. 종교무용론 및 폐기론의 긍정적 측면과 부정적 측면

가) 프리드리히 니체: 종교는 노예의지의 반영이고, 삶의 창조적 의지와 정열을 좀먹는 '모든 가치의 전도(顚倒)' 현상이다.

니체(Friedrich Nietzsche, 1844-1900)는 진정한 의미에서 20세기의 사람이며, 그의 주의주의(主意主義, Voluntalism)는 의지(Will) · 힘(Power) · 열정(passion) · 생성(becoming)을 강조하는 인생관 및 세계관을 반영하면서 20세기가 동튼 이후 지금까지 가장 강렬한 영향을 끼치고 있는 반종교적 철학사상의 제창자이다.

니체의 사상사적 계보는 19세기를 풍미하던 헤겔의 관념철학에 반기를 든 자연주의적 생명철학의 주장이며, 지식에 대항하는 의지의 강조, 존재우위 실재관에 대한 생성론적 실재관, 절제에 의한 힘의 통제보다는 '힘에로의 의지'(Will to Power), 겸손과 자기 낮춤을 덕목으로 수행하는 수도사적 인간형보다는 초인(Ubermenschen)을 강조하였다. 그리스도교를 가장 신랄하게 비판한 니체에게서 가장 인간다운 매력과 창조적 사상의 동기를 얻은 폴 틸리히는 니체를 비판하기 전에 다음과 같이 니체철학의 본래 의도를 바르게 이해할 것을 촉구한다.

> 니체는 쇼펜하우어의 제자였다. 그는 '의지'라는 말보다는 '삶'이라는 말을 사용했다. 삶이란 본질적으로는 의지이다. 그러나 그것은 특별한 의지이다. 그것은 쇼펜하우어의 의지와 전혀 다른 방향을 취한다. 그 의지는 자기를 쉼에로 이끌어가기를 그만두는 의지가 아니고, 니체가 '힘에로의 의지'라고 불렀던 의지이다. (…) 니체에게서 힘(power)이란 존재의 자기긍정(自己肯定)이다. '힘에로의 의지'는 살려는 힘을 긍정하려는 의지이다. (…) 니체는 모든 삶의 모호성을 알고 있었다. (…) 그의 마지막 단편은 삶의 모호성, 삶의 위대성, 삶의 파괴성을 나타내는 표현에 의해서 삶의 신적(神的)·마성적(魔性的) 성격을 기술한다. 그는 이 삶을 그 모호성에도 불구하고 긍정할 것을 우리에게 요구한다.(송기득 역, pp.242-243)

니체를 반그리스도교적 사상가로 보면서도, 폴 틸리히는 니체의 '힘에로의 의지'라는 총괄적 어휘속에 함의된 바의 사상의 깊이를 바르게 성찰하도록 충고한다. 니체는 계몽주의적 합리주의 역사철학, 이성적 인간론, 초자연주의와 자연주의의 이분법에 안주하는 기존 종교들 속에 은폐되어 있거나 억압되어 있는 마성적인 성격, 디오니소스적인 열정, 창조적이면서도 파괴적인 자기모순적 생명의 분출력을 긍정하고 받아들여야 한다고 본 것이다. 여하튼 니체의 '힘에로의 의지'(will to power)가 천박한 정치권력 지상주의를 찬양하자는 것이 아니라, 본래 의미는 '삶의 자기긍정'이라는 용기의 표현이라는 점을 기억하는 것은 중요하다.('힘에로의 의지'는 니체사상의 본질을 총괄하는 중요한 어휘이지만 본래는 그의 마지막 단편집 책 제목이었다. *The Will to Power*)

니체의 종교비판의 핵심은 단지 그리스도교라는 역사적 종교만이 아니라, 대체로 종교 일반이 삶의 자기긍정보다는 삶의 부정(否定)을 부추기고, 힘에로의 의지보다는 힘의 포기와 절제를 덕목으로 강조하고, 자연스런 인간 생명력의 분출을 죄의식으로 억압하며, 한계돌파 의지를 지닌 초인됨을 경고하고 겸손과 자기낮춤을 강조함으로서 인간적 삶을 왜소하게 만들고 비역동적으로 만든다고 본 것이다.

특히 서방 그리스도교가 초자연적 초월신을 군주론적 신관으로 분장시키고, 모든 역사와 인간 운명을 섭리하며, 죄의식과 심판사상으로 인간성을 위축시켜온 것을 비판한다. 그러한 신(神)은 죽었다고 선언을 한 것이다. "신은 죽었다"는 선언은 상징적 언어이다. 군주적 · 초월적 신관에 기초한 종교는, 계몽주의시대 이후를 살아가는 성숙한 현대인들에게는 더 이상 의미가 없다는 선언이다. 더 나아가서, 그리스도교 종교의 중요한 덕목인 위대한 '아가페'(agape) 마저도 동정이나 자선 같은 감상적 도덕개념으로 변질시켜버린 것에 분노하였던 것이다.(영어의 'Love', 우리말 '사랑'이라는 단어는 헬라어에서 표기하는 다양한 구별이 없다. 그리스어에는 최소한 네 가지 단어 구별이 있다: 에피투미아(epithumia)는 라틴어 리비도와 같은 생명충동의 사랑이다. 필리아(philia)는 인격 대 인격의 관계에서 체험하는 우정과 같은 사랑이다. 에로스(eros)는 진선미의 보다 가치 있는 것을 추구하는 창조적 문화적 사랑이다. 아가페(agape)는 정의를 내포하면서 타인을 용납하고 용서하며 받아들이는 사랑 곧 분리된 것을 다시 재결합시키는 능력으로서 사랑이다. 니체는 기독교의 사랑은 아가페인데, 도덕적 감상주의로 전락하여 부르조아시민들의 자선과 선심을 나타내는 도덕적 위선의 개념으로 사랑을 변질시켰다고 비판한다.)

니체는 서구 부르조아적 부패한 문명을 뒷받침하는 위선적이며 노예의지적 심성을 육성시키는 그리스도교를 신랄하게 비판한 점에서, 그는 예언자적 비판기능을 수행한 철학자이다. 니체는 '의심의 해석학' 대가답게, 당시 당연하게 받아들이던 문명사회의 도덕체계와 세계관을 철저한 '가치 전도(顚倒)'를 통하여 바르게 조정하려고 시도했던 것이다. 그의 '생명 긍정'의 철학, 생성론적 실재관, 인간을 의지적 존재로서 파악하는 인간 이해 등은 도리어 헤브라이즘의 정신적 유산을 성실하게 되살리는 공헌을 지닌다. 현대인들이 힘을 추구하고, 자신을 실현하려는 디오니소스적 인간론에 전적 지지와 동감을 표시한 것은 당연하다.

그럼에도 불구하고, 그의 종교비판에는 심각한 문제점이 있다. 무엇보다도 먼저 우리는 니체의 '초인사상'과 '힘에로의 의지 철학'이 태동하던 시대사적 배경이 찰스 다윈(1809-1882)의 진화론적 세계관이 자리를 잡아가던 시대였음을 기억해야 한다. 다시 말하면, 적자생존 · 자연선택 · 생명력의 분출 · 초자연주의적 섭리신앙에 대한 비판 등이 힘을 얻어가던 자연주의적 생명철학이요 의지철학이라는 것이다. 그의 초인사상 밑바탕엔 천박한 동물주의가 용납되지 않고 스토아철학적인 영웅주의가 자리잡고 있다. 그의 초인은 스토아 철학적인 숭고한 영웅주의이다. 그러나, 그의 '생명긍정의 철학'과 초인사상에는 현실적이고 현세적인 삶을 강하게 '자기긍정'하도록 가르치는 장점이 돋보이지만, 자기중심적 이기심과 무한 권력의지를 스스로 통제하는 자율적 초인능력을 보통 대부분 인간은 갖지 못하다는 현실적 인간상황을 간과하고 있다. 그 결과, 그의 초인사상과 '힘에로의 의지'철학은 니체가 결코 원하지 않았을 나치즘과 파시즘 대두의 철학적 혹은 세계관 바탕으로서 오남용되고 말았다.

그러므로, 니체의 종교비판에 대한 평가의 정당성과 부당성의 분계점이 분명해 보인다. 그리스도교라는 종교뿐만이 아니라, 세계의 어느 종교든 종교가 인간의 '자기긍정'을 증진시키지 않거나 '현실적 삶'을 도피하게 하거나, 초자연주의적 실재관에 입각하여 현실부정적 인생관을 고취한다면 마땅히 그런 종교는 비판받아야 하고 무용지물이 되어야 한다는 점을 강조한 측면에서 타당하다.

그의 종교비판의 한계와 문제점은 실존적 인간의 이기심과 권력욕망을 통제하고 순화하며 승화시킬 구체적 도야방도를 제시하지 않는 낭만주의 후예라는 것이다. 예를 들어, 불교나 그리스도교에서 말하는

'무명으로부터의 해탈의 방편', '이기적 존재로부터 새로운 존재에로 거듭남'의 필요성을 강조하는 가르침이나 훈련이 없다. 오직 스토아적인 영웅적 초인들의 자율적 자기통제에 맡길 뿐이다. 니체로 대표되는 인간주의적 종교비판은 '병든 종교' 현상을 비판한 점에서 옳지만 '종교 그 자체'를 비판적으로 극복하였다기보다는 '초인종교'로 대치한 셈이라고 평가할 수밖에 없다.

나) 지그문드 프로이드의 종교무용론과 폐기론: 종교는 인류의 보편적 강박신경증이며, 결국 폐기되어야 할 환상이다.

현대 종교비판론 혹은 무용론 중에서 니체만큼 큰 영향을 미치고 있는 사상은 정신과 의사이며 정신분석학 이론을 터놓은 프로이드(Sigmund Freud, 1856-1939)의 사상이다. 그의 종교비판이론과 종교무용론은 이젠 많은 비판에 의하여 그 충격이 급속하게 감소되고 있지만, 아직도 종교가 지닌 억압적 강박감에 저항하는 주체적인 사람들로부터는 환영을 받는 이론이다.

프로이드의 종교관이 집중적으로 나타나 있는 그의 삼부작은 『토템과 타부』(Totem and taboo, 1912-1913), 『환상의 미래』(The Future of Illusion, 1927), 그리고 『모세와 유일신론』(Moses and Monotheism, 1939)이다. 이것들 외에도 프로이드 작품속에 나타난 종교관을 압축하면, 종교란 자연의 압도적 위력과 인간의 생물학적 본능이 뿜어내는 무차별적 폭력을 통제 억압하는 기제로서 출현한 문명의 과잉억압의 산물이자, 통제 이데올로기이다. 다시 말하면, 종교란 결국은 일종의 인류 생명체의 방위기제로서 출현한 현상이며, 어린 아이의 강박신경증세에 비견되는 "인류의 보편적 강박신경증(universal obsessional neurosis of humanity)"(S. Freud, p.43)이라는 것이다. 종교를 인류의 생명방위기제로서의 '환상'의 산물이며, 미성숙한 정신발달 상태에서의 '강박신경증세'라고 파악하는 프로이드의 종교론 속에서, 우리는 계몽주의적 합리주의 정신과 19-20세기를 풍미한 유물론적 생물학, 그리고 '의심의 해석학'의 충실한 학도로서의 그의 열정을 읽는다. 그러나 공헌 못지 않게 그의 종교론에 있어서는 한계와 과오를 동시에 보게 되는 것이다.

프로이드의 종교비판론을 구성하는 핵심적 키워드(key words)로서 인간심리의 무의식층이론, 심리적 투영론, 꿈의 분석론, 그리고 외디푸스 컴프렉스론 등이다. 프로이드 정신분석학 이론의 기초이론들은 그가 보다 정교하고 실증적인 과학적 방법론을 도입하여 확증시킨 불후의 공헌을 인정하지만, 무의식이론이나 투영이론이 프로이드의 독창적 산물은 아니다.

프로이드보다 앞서서, 쉘링(F. Schelling, 1775-1854)은 자연과 인간이란 합리적 법칙이나 도덕적 정언명령에 복종하지 않는 깊이의 차원, 마성적 요소, 자기초월적 차원이 있음을 강조하였다. 프로이드 종교비판론에서 중요한 투영론(Projection theory)도 그보다 앞서 포이에르바하(Ludwig Feuerbach, 1804-1872)에 의해 제시되었다. 헤겔의 관념론적 종교철학에 비판적으로 맞서고, 칼 맑스의 소외론에 결정적 영향을 끼친 포이에르바하의 인간학적 투영론 이론을 프로이드는 정신분석학적으로 보다 정교하게 다듬었다.

포이에르바하는 "신학의 비밀은 인간학이다"라는 말로서 그의 사상을 갈파한 셈이다. 유신론적 종교들의 보편적 특징인 신의 속성들 곧 무한·전지·전능·지고선과 미·거룩·불멸성 등 모든 속성들은 인간성 내부의 본질을 객관적으로 투영한 것에 불과하다는 것이다. 그의 종교비판 의도는 두 가지인데, 투영의 실상은 환상이라는 것이요, 투영의 결과는 인간의 소외라는 것이다. 인간의 본질이 종교의 근거이고 동시에 종교의 대상이 된다는 말이다. 포이에르바하는

『기독교의 본질』 제2장 "일반적 종교의 본질"에서 이렇게 말한다:

> 신(神) 의식은 인간의 자아 의식이며, 신 지식은 인간의 자아 지식이다. 그대는 인간의 신으로부터 인간을 인식하며, 그리고 다시 인간으로부터 인간의 신을 인식한다. 인간과 인간의 신과는 동일하다. 인간에게 신인 것은 인간의 정신(Geist)이고, 인간의 영혼(Seele)이며, 인간의 정신, 인간의 마음, 인간의 심정(Herz)은 인간의 신이다. 신은 인간의 내면이 나타난 것이며 인간 자신이 언표(言表)된 것이다. 종교란 인간의 숨은 보물이 엄숙하게 개막되는 것이며, 인간의 가장 내면적인 사상이 고백되는 것이며, 인간의 사랑의 비밀이 공공연하게 고백되는 것이다.(박순경 역, pp.44-45)

왜 포이에르바하의 종교의 본질 규정이 문제되는 것인가? 그 이유는 종교생활을 깊이 하면 할수록, '인간의 숨은 보물'을 밖으로 투사하여 내보내고 인간은 점점 초라해지고 빈곤해진 나머지 결국 인간 소외가 초래되기 때문이라는 것이다. 포이에르바하의 투영이론은 프로이드의 종교론에서 소위 '외디푸스 콤플렉스'이론과 결합되어, '쾌감 원리'에 의해서만 욕구를 충족하려는 동물 같은 인간의 행태와 마음을 감시하고 처벌하는 초자아적 신 개념으로 변형되고 있을 뿐이다. 프로이드의 신 개념은 유럽 백인사회 중산계층의 죄의식을 반영하며, 전통적 그리스도교의 가부장적이고 군주론적인 아버지 이미지의 신 개념에 대한 저항인 셈이다.

우리가 아는 바처럼, 프로이드의 꿈해석은 의식과 무의식의 갈등관계를 해결하는 정신의 자기 위장적 욕망충족의 기제이다. 프로이드는 꿈이란 의식 및 초자아와 갈등을 일으키는 본능적 욕구들의 '위장된 충족'이라고 확신하는데, 꿈은 수면상태에서 정교한 왜곡과정을 거쳐 압축, 전이, 상징 등으로 전환하여 나타난다. 프로이드적 고전적 정신분석학 꿈해석론에서는 의미심장한 '종교적 계시 매체'로서의 꿈이란 용납될 수 없다.

프로이드의 정신분석학이 인간의 심리현상 분석을 넘어서서 종교에 대한 본질규정에까지 확장되려 할 경우, 그의 이론은 단순한 전문적 심리치료론이 아니라 문명론이 된다. 프로이드 문명론의 기본명제는 "문명은 인간의 본능에 대한 영원한 억압에 기초하여 있다"는 말로 압축된다.(김인환 역, p.21) 문명사회의 유지와 공동사회 구성원들의 공존을 위해서 인간 본능은 억압될 수밖에 없는데, 종교는 바로 본능 억압 기제의 효율적 기능을 감당하고 있다는 것이다. 그렇지만, 종교가 말하는 모든 진리내용은 '환상'이거나 '미신'이라고 본다.

프로이드의 종교론에 대한 그 시대 이후 학계의 비판은 여러 가지가 있지만, 그의 생물학적 인간학 자체가 근본문제이다. 그의 인간 이해는 인과율 법칙에 의해 지배되고, 쾌감원리에 따라 본능을 충족시키려고 동분서주하는 존재가 인간이다. 프로이드의 종교론에 대한 이부영의 다음과 같은 비판은 정당하다고 판단된다:

> 프로이드는 종교의 노이로제적 측면을 보았으나, 또한 그것의 치유기능을 보지 않았다. (…) 그는 인간이 절망에 빠졌을 때 신을 만드는 것이 아니라, 인간 정신의 심층에서 신 같은 초월존재가 나타나는 것임을 간과하였다. 프로이드가 교의(dogma)의 신봉을 강요해서는 안 된다고 한 것은 옳은 말이었으나, 교의를 욕구충족에의 환상으로 본 것은 너무 단순한 생각이었다. 이것은 그(프로이드)의 이성 · 합리성 · 논리성 우위의 태도 및 무의식을 의식에서 유도된 부수적인 것으로 보는 그의 심리학적 전제에 기인하는 귀결이다.(이부영, p.306)

이부영의 프로이드에 대한 평가는 C.G 융이 예일대학에서 행한 '테리강좌'(1937)에서 강조한 바와 같은 맥락이다. 융에 의하면 종교란 '누미노스' (Numinozum, 루돌프 오토)에 대한 주의깊고도 성실한 과조로서 그 체험적 실재가 인간을 사로잡는 것이지, 인간의식이나 문명이나 사회가 필요로 하여 만들거나 인위적으로 조작하는 것이 아니다.(C.G Jung, p.4) 무의식 차원의 이해에 있어서도 프로이드는 '무의식'이란 오로지 의식에 의해 억압된 정신적 에너지의 현상이지만, 융에 의하면 보다 능동적이고 창조적인 '집단 무의식'의 차원도 실재한다. 융의 입장을 들어본다:

> 개인적 무의식은 더 깊은 층에 기초하고 있는데, 그 층은 개인적 경험에서부터 유래하지 않고 또한 개인적으로 획득한 것이 아니고 타고난 것이다. 이 깊은 층을 나는 집단 무의식(the collective unconsciousness)이라 부른다. 무의식의 이 부분은 개인적인 것이 아니고 [인류의] 보편적인 것이기 때문에 나는 '집단적'이라는 단어를 선택했다. (…) 달리 말하면 집단 무의식은 모든 사람에게 동일하고, 우리들 중 그 누구에게도 존재하는 초인격적 본성의 공통적 정신기반을 이룬다.(C.G.Jung(1977), pp.3-4)

프로이드의 무의식 개념은 너무나 개인적이고, 인과적 법칙에 종속되어 있고, 창조적 에너지라기보다는 억압되어 있는 저항과 욕구불만에 가득찬 욕동적(慾動的)인 것이다. 거기엔 로고스의 밝은 빛, 양명학적인 스스로 밝고 맑은 '양지(良知)', 『대학(大學)』의 '속알 밝힘'(明明德), 불교적 일심(一心)의 여래장, 칼 융의 동시성(synchronicity)같은 실재개념은 거론될 자리가 없다. 생물학적이고, 유물론적 환원주의 인간학이 프로이드의 기초철학으로 자리잡고 있기 때문이다. 프로이드의 종교비판이나 종교에 대한 '환상'이론은 계몽주의 시대정신에 의해서도 아직 잠이 덜 깬 당시 서구 정통 그리스도교의 가부장적 종교의 해독에 대한 비판으로서는 옳다.

그러나, 그의 종교비판은 시대에 너무나 뒤떨어진 것이다. 특히 지적하고자 하는 점은, 프로이드의 종교해석 밑바탕의 전제들은 참 종교

체험에서 볼 때 받아들이기 어려운 점이 있다는 것이다. 특히 프로이드의 인간관은 비관주의적이며, 이분법적 사고에 갇혀 있다. 쾌감원칙과 현실원칙의 대립적 이분법, 자유와 억압의 갈등적 이분법이 문제이다. 참 종교체험에 의하면 인간의 몸과 정신은 단순한 대립관계가 아니며, 자유와 억압관계도 그러하다. 종교를 본능의 변이를 현실화시키는 승화, 동일시, 투사, 억압 등의 방편적 임시수단으로서 이해하는 것은 종교의 창조적이고도 신율적인 차원을 전혀 간과한 견해이다. 참 종교인의 종교성을 외디푸스 콤플렉스의 시각에서 본다는 것은 현실성이 결여된다.

그럼에도 불구하고, 포이에르바하나 프로이드의 종교비판이론의 핵심인 '투영이론'에는 현실종교들이 경청해야 할 점이 있다. 종교적 이미지나 상들이 비록 허구적 환상(illusion)은 아닐지라도, 실재나 진리 자체가 아니라 '인간적으로 경험되고 사유된 실재'(Reality as humanly experienced and thought)들의 표현물이라는 것을 명심하고, 교의 또는 종교상징이나 종교의례를 절대시하는 우상숭배를 하지 말아야 한다는 충고로서 들어야 하겠다. 폴 틸리히의 통찰이 말하는 바처럼 모든 살아있는 종교들 깊이에는, 현실 종교들의 중요성과 특수성이 부정되고 돌파됨으로서만 드러나는 그 무엇이 있다.(Tillich(1963), p.97) 모든 참 종교들은 그것을 지향(指向)할 때라야만, 인간실존을 '종교 멍에'에 붙잡아 놓지 않고 사랑하며 자유하는 사람들이 되게 하는 참 종교가 될 수 있다.

다) 칼 맑스의 종교비판: 종교는 억압받는 민중의 신음이며, 아편이며, 세계변화의 의지를 거세하는 인민의 적이다.

칼 맑스(1818-1883)는 포이에르바하의 종교에 대한 철학적 · 인간학적 차원에서의 '결정적 비판'을 받아들이되, 한 걸음 더 나아가서 왜 인간은 인간성 자신 안에 있는 지고한 보물들을 외부로 투영하여 스스로를 소외시키는가를 사회정치적 맥락에서 과학적으로 해명하였다. 맑스에 의하면 인간이 자신의 보물을 밖으로 왜 투영하는지가 개인적인 인간학, 심리적 인간학에 의해서는 설명되지 않는다고 보았다. 그것은 오직 '사회적 존재로서의 인간' 이해에서만, 특히 계급사회에 의해 어떻게 민중의 의식과 한(恨)이 규정되고, 왜곡되고, 투영되고, 대치되는지 설명된다고 하였다. "포이에르바하는 헤겔을 거꾸로 세워놓았고, 맑스는 사회학적 요소를 끌어들였다. [종교에서] 초월적 세계의 투영은 이 세상에서 수탈당하는 사람들의 투영이었다. 이것은 많은 인민대중을 끌어들였던 강력한 이론이었다."(Tillich, 앞의 책, p.174)

칼 맑스의 종교비판론은 두 가지 점에서 의미를 지닌다. 첫째, 맑스의 종교비판 대상이 주로 당시 서구 부르조아사회의 타락한 기독교에 대한 비판이지만, 단지 기독교라는 역사적 종교만이 아니라, 종교의 사회적 기능이라는 측면에서 '인간다운 사회의 실현과 사회적 전진 및 해방'을 저해하고 온존시키는 모든 기성종교들에 대한 이데올로기 비판적 성격을 지닌다는 점이다. 둘째, 맑스는 종교학적인 차원에서 종교의 본질론엔 관심이 없다. 그는 종교현상의 사회적 기능으로서 종교의 존재 이유와 타당성을 검증하자는 기능적-실천적 관점이라는 것이다. 포이에르바하적·맑스적 종교비판을 극복하는 데 서구사회는 100년 이상이 걸렸다. 오늘도 한국사회에서 종교가 과연 필요하냐의 질문에 대한 '예와 아니오'는 오늘의 한국종교가 맑스의 종교비판에서 자유로울 수 있을 만큼 생명력을 발휘하고 사회발전의 해방적 순기능을 담지하고 있느냐의 여부로서 말할 수 있을 뿐이다.

맑스는 말하기를 "이 날까지 철학자들은 세계를 해석하는데서 그쳤지만, 그러나 앞으로는 그것을 변화시키는 것이 중요하다"고 말했다. (장일조(1978), p.75에서 재인용) 맑스의 종교비판은 그렇게 신랄하였다.

이 날까지 종교인들은 세계를 해석하고, 관조하며, 고통과 모순으로 가득찬 세계현실을 개혁하기 보다는 초연(超然) · 초탈(超脫)하기를 종용하였다. 한술 더 떠서 지배계급과 타협하여 지배이념으로서 충견처럼 복무함으로써 부귀와 영예를 밥상에서 떨어지는 빵 부스러기로서 챙겨왔다. 마땅히 개혁되어야 하고 해방되어야 할 세계를 온존시키는데 크게 일조하여 왔다. 그러한 종교는 불필요할 뿐 아니라, 해독이며, 세계를 인간다운 사회로 변혁하려는 깨어있는 사람들에게 적이 된다. 그러므로 종교의 파괴 없이는 옛 세계의 해체가 이뤄질 수 없다. 포이에르바하의 종교비판을 읽고나서(1844) "종교비판은 본질적으로 끝이 났다"라고 말한 맑스와 포이에르바하와의 차이를 장일조는 이래와 같이 간략하게 정리한다:

> 포이에르바하는 비역사적 인간에게서 출발하지만, 인간이란, 인간의 세계, 이 국가, 이 사회의 인간이며, 오직 특수하게 결정된 구체적인 인간이 종교를 만들어내는 것이다. 종교란 불충분한 의식을 가진 인간이 만들어내는 것이 아니라, 불만의 정치 · 사회 관계에서 필연적으로 나타나는 것이다. 그러므로, 인간이 지적인 수단을 동원해서 종교적 표상을 해체시키려는 것으로서는 안 되고, 오히려 종교적 표상이 인간과 관련하여 필연적으로 나타날 수밖에 없었던 바로 그 정치 · 사회적 관계들을 해결해야 한다. 그리하여 하늘의 비판은 땅의 비판으로, 종교비판은 법의 비판으로, 신학비판은 정치비판으로 변한다.(장일조(1982), p.44)

진지한 지성적 종교인치고, 그 누가 맑스의 종교비판의 타당한 논리를 부정하겠는가? 맑스의 종교비판론 안에 담겨져 있는 근본적 문제점은 오직 두 가지뿐이다. 첫째, 위 인용문의 맑스 견해대로 "하늘의 비판은 땅의 비판으로, 종교비판은 법의 비판으로, 신학비판은 정치비판으로" 철저하게 전환하여 총체적 이념비판과 실천적 혁명을 통하여 사회주의 사회와 공산사회를 실현해본 결과 그가 그토록 염원해오던 인간소외가 극복되었는가 하는 문제이다. 맑스의 종교비판에서 문제점은 그의 정치철학적 차원에서의 통찰력이나 이론에 문제가 있는 것이 아니고, 라인홀드 니버가 지적한 바처럼 '이율배반적일 수 있는 자기모순 덩어리 인간'을 너무나 낙관적으로 보고, 사유재산제도와 국가의 소멸을 통하여 유토피아가 실현되리라고 믿었던 '소박한 이상주의'(Soft Utopianism)에 있었다.(고범서, pp.450-593.) 세계의 위대한 종교들 예를 들면 불교나 그리스도교는 맑스보다 더 깊게 근원적으로 인간의 문제성을 통찰하고 있는 것이다. 인간은 사회적 제반관계로서 규정되고 한정되는 '사회적 존재' 그 이상인데 문제가 있다.

맑스 종교비판론의 둘째 약점은, 그가 비판 대상으로 삼았던 19세기 서구 기독교의 타락된 모습을 기독교 본래의 가르침과 무차별적으로 동일시하여, 무분별한 범주적 오류를 범하고 있다는 것이다. 오늘날 맑스 이후 기독교 사상가들(J.B.Metz, Paul Tillich, Jurgen Moltmann)이 지적하는 바처럼, 원시 그리스도교의 예수가 선포한 복음은 타계적이고 몰역사적인 사적 영혼구원이 아니라, 하나님나라의 실현을 지향하는 해방의 종교 · 희망의 종교 · 역사변혁을 추동하는 종교라는 것이 밝혀지고 있다. 그러나, 맑스의 종교비판은 오늘날 한국사회의 종교들에게는 여전히 유효하고, 필요하고, 타당한 면이 많다는 것을 부정하지 못한다.

라) 도킨스와 E. 윌슨: 종교들은 유전적 이득과 진화적 변화라는 두 측면에서 측량할 수 있는 생물학적 현상 중 충분히 설명가능한 독특한 사례일 뿐이다.

현대 종교무용론이나 종교비판이론중 가장 강력하게 대두되는 새로운 목소리들은 자연과학분야 특히 분자생물학과 사회생물학 영역으로부터 나오고 있다. 19세기가 역사학과 사회학의 시대였다면, 20세기는 물리학과 생물학의 시대였다고 말할 수 있겠다. 물리학분야에서는 현대물리학의 기초이론을 기술공학적으로 응용 발전시켜 전자정보화 기술과학 문명사회가 진행되고 있고, 생물학분야에서는 분자생물학의 도움으로 신약개발, 신품종 식량생산, 동식물 복제, 유전자 게놈프로젝트, 의료기술의 발전을 초래하여 직접적으로 피부에 닿는 효과를 발현시키고 있기 때문이다.

과학과 종교의 관계에 대한 긴 인류문명사 속에서 다양한 관계는 이안 바버(Ian Barbour) 의 『과학이 종교를 만날 때』에서 재치있게 정리한 바처럼 갈등이론 · 독립이론 · 대화이론 · 통합이론으로 대별된다.(이철우 역을 참조. 과학과 종교의 대화를 살필 수 있는 최근의 논문집으로는, 김흡영 등 6인 공역을 참조) 그러나, 종교에 대한 과학적 비판을 넘어서서 종교는 궁극적으로는 생물학 특히 사회생물학적 언어로 통섭되든가 완전 설명이 가능하며, 따라서 종교의 독자적 영역이나 기원 설명이 불필요하다는 주장은 리처드 도킨스와 에드워드 윌슨으로부터 나온다.(홍영남 역, 『이기적 유전자』; 이용철 역, 『눈먼 시계공』; 이한음 역, 『인간 본성에 대하여』) 도킨스는 『이기적 유전자』(초판 1976)의 출판 30주년기념판(개정판)에서 그의 이론에 자가당착적인 듯한 말을 하고 있다.

> 우리가 비록 어두운 측면으로 눈을 돌려 개개의 인간은 기본적으로 이기적인 존재라고 가정한다고 해도 우리의 의식적인 선견능력, 즉 상상력을 통해 장래의 일을 모의 실험하는 능력에는, 맹목적인 자기복제자들이 일으키는 최악의 이기적 행동에서 우리를 구출하는 능력이 있을 것이다. (…) 우리에게는 우리를 낳아준 이기적 유전자에 반항하거나, 더 필요하다면 우리를 교화시킨 이기적 밈(meme)에게도 반항할 힘이 있다. 순수하고 사욕이 없는 이타주의라는 것은 자연계에는 안주할 여지가 없고, 세계의 전 역사를 통해 과거에 존재한 예도 없다. 그러나 우리는 그것을 의식적으로 육성

하고 교육하는 방법도 논할 수 있다. 우리는 유전자 기계로서 조립되었지만, 밈(meme) 기계로서 교화되어 있다. 그러나 우리에게는 이들의 창조자에게 대항할 힘이 있다. 이 지구에서는 우리 인간만이 유일하게 이기적인 자기복제들의 전제(專制)에 반항할 수 있다.(홍영남 역, pp.348-349)

위의 인용문은 도킨스의 기본 주장, 곧 인간의 정신능력, 이타적 행동, 자기초월능력, 성스러운 행동 그 어떤 것일지라도, 결국 과학적으로 밝혀보면 유전자의 번식과 생존전략의 고도로 승화된 표현일 뿐이라는 지론과 모순된다. 기존 철학과 종교가 말해온 인간의 존재론적 선험능력, 종교적 씨앗, 자기초월적 자아, 그리고 그런 능력을 인간과 피조세계에 가능하게 하는 초월자의 '초월과 내재신앙'은 모두 관습적 종교의 허구라고 주장하던 도킨스였다. 그러나, 그는 생물학적 유전인자(DNA)와 문화적 유전인자(MEME)가 발하는 "이기적으로 자신을 복제하라!"는 지상명령을 반항하고 거부할 수 있는 유일한 생물종 인간이 진화상에 출현했다고 너무나 쉽게 지금까지 근본적인 자신의 입장을 뛰어넘어 버린다.

성숙한 현대 종교인은 생물학이 가르치는 생물의 진화이론을 충분하게 수용하면서도, 도킨스와 다른 실재관을 얼마든지 가질 수 있다. 우리는 현대 지성인 샤르뎅(Teilhard de Chardin), 화이트헤드(A.N. Whitehead), 제임스(W. James), 그리고 알버트 아인슈타인(A. Einstein)이 도킨스만큼 자연과학적 교양이 부족하기 때문에, 종교에 대한 긍적적인 견해를 갖는다고 생각할 수 없다. 위에서 인용한 도킨스의 말이 논리정합적이라고 느껴지지 않는 이유는, 유물론적 환원주의자로서 도킨스가 그가 전공한 생물학 분야의 과학적 지식에서 곧바로 철학적 · 종교적 진리를 추론하려는 범주적 오류를 범하고 있기 때문이다. 도리어, 그의 '이기적 유전자론'은 오랜 세계적 보편종교들이 왜 인간의 근본문제가 자기집착과 자기중심적 이기심에 뿌리를 두고 있다고 말하는가의 생물학적 조명이 될 것이다.

인간 생명현상이란 상상하기 힘들만큼의 긴 시간 동안 '점진적으로 축적된 과정을 거쳐 이뤄진 진화적 산물'이라는 진실을 외면하는 종교는 종교적 독단주의자 혹은 교리주의자로서 낙인찍혀 살아남을 수 없을 것이다. 그러나, 진화론을 받아들이면, 종교는 자연히 존립근거를 상실하고 해체되어야 한다는 주장은 그야말로 비과학적 논리비약이다.

사회생물학자 에드워드 윌슨은 도킨스보다 종교의 속성과 기능에 대하여 보다 따뜻한 눈길을 보내며, 화이트헤드의 과정적 종교철학에 가까워 보인다.(이한음 역, p.238) 그러나, E. 윌슨도 역시 현대문명에 아직도 큰 힘으로 영향을 끼치는 3개의 '거대신화', 곧 맑스주의, 전통종교, 그리고 과학적 유물론 중에서 세 번째 물질적 환원주의 실재관이, 사회생물학의 지원을 받고 종교의 실용적 공헌에 관용적 입장을 가진다면, 가장 바람직한 인류미래 문명의 대안적 종교기능을 하리라고 예단한다. 그러나 윌슨은 결국 말하기를 "나는 종교행위들을 유전적 이득과 진화적 변화라는 두 차원에서 측량할 수 있다고 믿는다."(같은 책, p.239)고 한다. 이 말에는, 그가 비록 "종교는 전통적인 환원 및 분석 방법들을 통해 종교를 설명할 수 있지만, 그 실체의 중요성을 약화시킬 수 없다"(같은 책, 같은 곳)고 겸손하게 말하지만, 종교는 과학적 설명을 넘어선 그 특별한 영역의 인간현상이 아니라는 그의 입장이 담겨 있다. 이와 같은 도킨스와 윌슨의 과학적 종교비판론은 유전자복제와 컴퓨터 문화에 둘러싸여 살아가는 현대 인간들에게, 인간은 단지 복잡하게 진화한 하나의 생물학적 기계에 불과하다는 인간론을 주입시켜, 생존을 위한 무제약적 이기심의 충족과 힘 지향적 처세술을 정당화하는 에토스를 조장할 위험이 있다.

3. 에필로그: 오늘 한국사회 현실에서 종교는 과연 필요한가?

우리는 지금까지 제1장에서, 논제 제기의 근본 동기와 그 정당성이 무엇인가를 물었고, 우리 대화를 위한 잠정적 약속으로 종교에 대한 정의와 종교의 목적을 가설로서 제시한 바 있다. 제2장에서 현대 종교비판론자들의 대표적 견해를 살펴보았다. 그들 각각의 종교비판론의 정당한 면과 부당한 면을 동시에 점검해 보았다. 그러나, 그들의 종교비판은 일정한 역사적 · 사회적 · 문화적 상황속에서 제기한 종교비판론이기 때문에, 21세기에 들어온 현대사회인과 한국사회의 종교비판론에 꼭 적합하다고 말할 수 없는 면이 있다는 것은 당연한 일이다. 그럼에도 불구하고, 한국사회의 깨어있는 시민들이 "종교는 과연 필요한가?"라는 회의적 생각을 품는 근본원인을 깊이 파고들어가 보면 종교지도자들의 도덕적 타락과 영적 지도력의 상실에 대한 비판적 저항정신의 표출만이 아니라, 거기에 더하여 세계관의 문제요 실재관의 문제가 무의식적으로나마 얽혀 있다는 것을 부정하지 못한다. 우리의 논제를 마무리하면서 논자는 한국적 상황에서 다음과 같은 다섯 가지 쟁점을 제시하고 미래종교의 지향점을 간략하게나마 언급하려고 한다.

가) 생명부정의 소극적 종교에서 자기긍정의 대승적 종교에로

여기에서 '소승적' 혹은 '대승적'이라는 형용사는 불교의 역사적 전개과정을 설명하는 대승불교적 입장에서의 방편적 용어이지만, 그 본래 불교적 전문용어로서가 아니라 일상화된 은유적 언어로서 사용한 것이다. '생명부정의 소승적 종교'는 무엇을 의미하는가? 니체가 저항했던 시대적 고뇌는 당시 역사적 그리스도교에 대한 비판이었지만, 모든 종교 일반에게 경고로서 가치가 있다. 종교는 인간성의 자기 실현과 완성을 위해서, 방법론적으로 금욕적 수행과정을 갖추어야 하고, 생명세계 그 자체를 대긍정하기 위하여서는 일단 감각적 세계로부터의 방법적 출가정신이 필요하다는 것은 당연한 일이다. 그래서 불교의 승단이 조성되고, 그리스도교의 수도원이 발생하였다.

그러나, 출가정신 · 금욕적 수행 · 세속세계로부터의 거리두기는 모두 참 생명세계를 살려내려는 방편적인 것임을 망각하고, 초세간적(超世間的) 은둔주의와 사이비 영지주의(Gnosticism)에 몰입하는 종교는 비판받아 마땅하다. 니체의 초인사상과 '힘에로의 의지'는 남용되어 역사적으로 비극적 열매를 맺고 말았지만, 그의 본래 의도는 종교가 인간의 '자기긍정'과 '자기실현'을 방해하고 억압하는 반생명적인 것이 되어서는 아니 된다는 점이다. 건강한 자기긍정(自己肯定)은 자기멸시나 생명경시와는 근본적으로 다르다. 인간성이 내포하고 있거나 그 유혹에 빠져들기 쉬운 '근본악'(칸트)을 진지하게 성찰해야 하고, 경박한 낙관론에 빠져들어서는 아니 되지만, 정통 개신교의 '원죄설'이 말하는 인간본성에 대한 근본적 부정의 교의는 본래 예수의 가르침에 부합되는지 재검토를 요한다.

'자기긍정의 대승적 종교' 태도에로 나아가야 한다는 의미는 대승불교의 기본 자세처럼, 설혹 내가 아직 해탈의 경지에 들어서지 못했을지라도, 깨달음에 이를 수 있는 가능성을 가지고 있는 존재라는 자기긍정과 자기완성단계 이전일지라도, 중생들의 고해에 보살정신으로 동참하여 모두 함께 구원얻자는 큰 마음 · 열린마음 · 생명대긍정의 종교심이다. 모든 존재는 비록 실존상태가 '비본래적 모습'이지만, 이미 모든 인간은 하나님의 근원적 은총 안에 있으며, 인간성 안에는 '하나님의 씨' · '하나님의 형상'이 있다는 인간성 긍정의 종교에로 나아가는 그런 종교라야 한다. 그래야만 자기멸시 · 자기파괴 · 자기혐오에 빠져있는 현대인들의 '죽음의 본능'과 '삶의 본능' 사이의 갈등을 치유할 수 있게 될 것이다.

나) 탈역사적 피안종교에서 세상 한 복판에서의 초월종교에로

현대 한국사회의 깨어있는 지성인들이 종교무용론의 부정적 감정을 갖는 또 다른 이유 중 하나는, 많은 종교인들이 탈역사적 · 몰역사적 실재관에 매몰되어 있다는 점 때문이다. 굳이 일부 보수적 기독교 교단들의 '예수 믿고 죽은 후 천당 가시요!' 라는 전도 표어가 아니더라도, 종교인들 일반은 종교의 구경목적이 극락왕생 · 천국입성 · 내세영혼구원 등을 종교목적으로 강조하면서 역사적 현실책임을 방기한다는 것이다. 맑스의 종교비판은 현실종교들의 역사적 · 사회적 책임의식 부재를 비판한 것이다.

종교의 본질적 사명 중에, 사후생명에 대한 신앙 곧 어떤 형태와 교의를 가지더라도 죽음의 극복문제를 중요시하고, 실재계가 감각적 오관으로써 감지되는 물질적 세계를 초월하는 실재의 차원을 갖는다는 가르침은 중요한 종교기능 중 하나이다. 그러나, 사후의 영생신앙을 갖는다고 해서 현세의 역사적 · 사회적 책임을 소홀히 하고, 한 걸음 나아가서 역사변혁의 창조적 의지를 비종교적 · 반종교적 태도라고 매도하고 세계변혁의 의지를 약화시키는 종교를 맑스는 '민중의 아편'이라고 신랄하게 비판했던 것이다. 그 점에서 맑스의 종교비판은 오늘에도 타당하다. 20세기 독일 순교자 디트리히 본훼퍼는 '세상 한 복판에서의 초월'을 강조했다. 종교의 참 모습은 탈역사적 피안종교가 아니라, 역사에 책임적으로 참여하면서 역사에 매몰되지 않는 '역사현실 한복판에서의 초월'의 종교라야 할 것이다.

다) 이데올로기적 가부장적 종교에서 치유와 돌봄의 모성적 종교에로

현대 지구촌의 지역갈등과 문화충돌은 각 지역의 지배적 종교들이 정치권력과 현실지배층들의 이데올로기로 복무하면서, 약자들 위에 군림하고 힘을 추구하는 강자들의 종교적 하수인으로 전락되어 있다는 역사적 현실에 기인하는 바 크다. 맑스의 종교비판론이 포이에르바하의 '투영이론'을 넘어선다는 평가는 종교가 결국 지배이데올로기 최상부에 위치하여, 변혁되어야 할 모순된 세계를 더욱 공고히 떠받드는 반동적 역기능을 담당하고 있다는 성찰에 있다.

중동지역전쟁, 이슬람문명권과 기독교문명권의 충돌은 그 지역에 살고 있는 평범한 시민들과 순수 종교인들의 충돌이 아니다. 기독교 근본주의 신앙으로 무장된 극우파 정치권력자들, 아직도 신정정치를 꿈꾸는 이슬람 근본주의자들, 아직도 카스트제도의 관습적 종교문화에서 부귀를 누리는 보수적 힌두교 상층부 귀족들, 이들은 모두 가부장적 종교숭배자들이요, 종교를 지배이데올로기로 변질시켜 이득을 챙기려는 무리들이다. 이러한 종교행태를 방치하는 한, "종교는 과연 필요한가?"라는 비판적 질문은 끝나지 않는다.

오늘날 세계 도처에서, 이데올로기적 가부장 종교를 극복하고 치유와 돌봄을 강조하는 모성적 종교심성의 회복을 강조하는 각성된 소리들이 크게 일어나고 있음은 인류미래의 희망 등불이다. 특히 생태계 파괴와 지구환경의 절박한 위기의식 속에서, 모성적 종교 심성에로의 방향 전환의 촉구는 귀중한 문명사의 형태 변화 몸부림이다. 거기엔 기계론적이고 적자생존적 약육강식의 문화가 아니라, 상생 · 치유 · 양육 · 돌봄과 같은 모성적 종교성이 강조되기 때문이다.

라) 유한자 범주에 갇힌 닫힌 종교에서 '없이 계신 하나님' 신앙의 열린 종교에로

현대 무신론적 과학철학을 주장하는 리처드 도킨스의 종교비판은 서구철학과 그 영향 아래 발전해온 서구종교들의 특징인 '유(有)의 존재론'과 '초월적 신관'에 대한 합리주의자들의 비판이다. 서구철학과 종교들은 상대적 유와 무를 동시에 비판적으로 초극하면서 다시 긍정하려는 동양종교의 '무의 존재론'을 충분하게 갖추고 있지 않다. 일부 마이스터 엑하르트(Meister Eckhart, 1260-1327)와 같은 위대한 부정신학(否定神學, Theologia Negativa)이 있지만, 서양종교의 대표격인 정통 기독교는 존재자의 범주에 갇혀 있기 일수이다.(길희성, 참조)

존재자들의 존재범주 중 가장 기본적인 것은 시간, 공간, 인과율, 실체 등이다. 종교신앙의 대상들이 비록 최고 존재이지만 결국 존재자의 범주인 시공개념과 인과율법칙과 실체범주에 예속된다면, 계몽된 성숙한 현대인들은 그러한 종교가 더 이상 필요할 것인가라고 반문하는 것이다. 리처드 도킨스의 분자생물학적 지식으로 무장한 무신론적 종교비판론이 아무리 현란해도 그것은 결국 '유한자 범주에 갇힌 닫힌 종교'를 비판하는 것이다. 그 점에서 도킨스의 종교비판에 타당성이 있지만, 그는 아시아 종교들의 통찰, 예를 들면 '없이 계신 하나님 신앙'(유영모, p.932)을 끝내 이해하지 못할 것이다. 지금은 인류의식이 우주적으로 확대 심화된 문명시대이다. 인류문명의 위대한 종교를 직간접으로 발생시킨 창시자들은 상대적 세계인 유무(有無)를 초월하여 '실재 그 자체'를 이미 꿰뚫어 증해(證解)한 분들이지만, 역사적 종교들의 교리 · 이론체계들은 아직도 인식론의 한계상황을 벗어나지 못한 형국이다. 미래종교는 우주의식을 지닌 열린 종교라야 할 것이다. 진화론이나 현대 우주기원론등 기본적인 과학사상을 계속 외면하는 종교들은 한 때

찬란했던 인류문명의 과거 유산으로 살아지고 말 것이다.

마) 독선과 전쟁의 산정의 종교로부터 포용과 평화의 계곡의 종교에로

“종교가 과연 필요한가?” 라는 비판적이고 다소 경멸적 질문은 아주 고답적인 사상적 이론의 기초 위에서 발하는 질문이라기보다는, 아주 현실적인 종교들이 드러내는 행태들에 기인한다고 보아야 한다. 그런 부정적 행태들 중에서 다종교 · 다문화 지구촌에서 계속 갈등을 일으키는 특정 종교의 이웃종교에 대한 배타적 태도와 독선 · 독단적 진리주장 행태를 지적하지 않을 수 없다. 그러한 종교적 독단주의자들은 종교적 진리를 관철하기 위하여 전쟁도 불사한다는 공격적 태도를 가지며, 항상 남보다 자기종교가 우월하다는 ‘산정(山頂)의 종교’ 숭배자들이다.

종교독선적 배타주의자들은, 모든 역사적 종교들은 진리 자체를 가리키는 ‘손가락들’이거나 ‘산정에 이르는 길들’ 이라는 것, 곧 건강한 의미에서 역사적 종교들의 ‘역사적 제약성’을 모른다. 이는 셈족계 종교들인 이슬람 근본주의나 그리스도교 근본주의자들과 교권주의자들의 의식구조에서 자주 발견된다. 모든 종교들은 ‘궁극적 관심’의 성격을 지니기 때문에, 자기들이 귀의하는 종교 대상에 대한 ‘전적인 헌신(commitment)’의 자세가 동반된다. 어느 정도 자기가 귀의하는 종교가 당사자 그 자신에게는 다른 종교들에 비하여 더 우월하다는 자긍심도 있을 수 있다. 그러나, 그러한 종교적 실존의 ‘전적인 헌신’이 진리에로의 ‘개방성’이나 이웃종교들의 ‘다양성’에 부정적 태도를 취하여, 독단적이어야 할 필연성은 없는 것이다.

인류사회는 진리체험의 다양성, 구체성, 차이를 존중하고 다름에 대하여 관용해야 한다는 인식에 도달하고 있다. 기독교입장에서 기독교적 표현법으로 말한다면, 역사적 참사람 예수 그리스도 안에서 ‘하나님의 온전한 모습(totum Dei)'을 보았다는 고백은 항상 중요하고 기독교 신앙에서 본질을 이루지만, 그 신앙적 실존의 고백의 의미가 예수 그리스도 안에서 "하나님의 모든 것(totus Deus)"이 다 계시되었기에, 더 이상 하나님은 신비로울 것도 없고 더 배우거나 밝혀질 미래도 없다는 독단론에 빠져서는 아니 된다는 것이다. 이웃종교에서 배우면서 더 풍요로워지고, 더욱이 현대 지구촌이 당면한 생존의 문제 곧 전쟁 · 기아 · 질병 · 생태계 파괴를 극복하기 위하여 공동의 협력이 절대적으로 요청되는 시대에 살고 있다는 각성이 절대적으로 요청된다.

이상 몇 가지로 압축한 현실적 문제들을 극복하고 미래 지향적 종교에로 성숙해가지 아니 하고, 구태의연하게 과거 전통을 고수하는 종교로 남아 있는 한, "종교는 과연 필요한가?"라는 깨어있는 현대인들의 비판은 그치지 않을 것이다. 본래 '종교란 필요한 것인가, 필요치 않는 것인가'는 질문의 대상이 아니다. 종교는 인간이 필요해서 만들어내거나 창설한 제작물이 아니라, 사람이 영물적 존재로 진화하면서 직립보행하고 두뇌구조가 형성되듯이, '인간다움의 존재론적 구성조건'으로서 인간이 존재하는 한 항상 거기에 함께 있는 인간생명의 현상이기 때문이다. 사람들은 기존 종교를 부인하거나 버릴 수는 있다. 그러나, 무신론자일지라도 그가 인간인 한 '종교적 존재임'을 벗어버릴 수는 없는 것이다.

참고문헌

고범서, 『라인홀드 니버의 생애와 사상』, 대화문화아카데미, 2007.
길희성, 『마이스터 엑카르트의 영성사상』, 분도출판사, 2003.
김용준, 『과학과 종교사이에서』, 돌베개, 2005.
김인환 역, 마르쿠제 저, 『에로스와 문명』, 도서출판 나남, 1989.

김흡영 등 6인 공역, Ted Peters 편집, 『과학과 종교: 새로운 공명』, 동연, 2002.

박순경 역, 루드비히 포이에르바하 저, 『기독교의 본질』, 종로서적, 1982.

변선환 역, Paul Knitter 저,『예수 이름으로만?』, 한국신학연구소, 1987.

송기득 역, Paul Tillich 저, 『19-20세기 프로테스탄트 思想史』, 한국신학연구소, 1980.

안형관 역, 스티브 오딘, 『과정형이상학과 화엄불교』, 이문출판사, 1999.

유영모, 『다석강의』, 현암사, 2006.

이부영, 『분석심리학: C.G Jung의 인간심성론』, 일조각, 1984.

이용철 역, Richard Dawkins 저, 『눈먼 시계공』, 사이언스북스, 2004.

이재훈 · 이해리 역, 스테판 미첼 · 마가렛 블랙지음, 『프로이트 이후』, 한국심리치료연구소, 1982.

李俊鶴, 「T.S. 엘리엇과 폴 틸리히」, 『〈그립고 두려운 것〉에 대한 인문학적 고찰』, 전남대학교출판부, 2001.

이찬수 역, 죤 힉 저, 『하나님은 많은 이름을 가졌다』, 도서출판 창, 1991.

이철우 역, Ian Barbour, 『과학이 종교를 만날 때』, 김영사, 2002.

이한음 역, Edward O. Wilson 저, 『인간 본성에 대하여』, 사이언스북스, 2001.

장일조, 『욕망과 충족의 변화체계: 세계관의 변증법』, 홍인문화사, 1978.

장일조, 『인간의 삶과 해방의 논리』, 한길사, 1982.

장회익, 『삶과 온생명』, 도서출판 솔, 1998.

정강길 역, 『형성과정에 있는 종교』, 동과서, 2003.

조효남 역, 켄 윌버 저, 『모든 것의 역사』, 대원출판, 2004.

통계청, 『2006 한국의 사회지표』, 2006.

홍영남 역, Richard Dawkins 저, 『이기적 유전자』, 을유문화사, 2006.

A. N. Whitehead, *Religion in the Making*, The Macmillan Company, 1926.

C.G Jung(1938), *Psychology and Religion*, New Haven and London: Yale

University Press, 1938.

________(1977), *The Collected Works of C.G Jung.*, Vol.9., part 1., Princeton University Press, 1977.

Cobb, John B. Jr., *Beyond Dialogue*, Fortress Press, 1982.

F. Nietzsche, *The Will to Power*, translated by Anthony M. Ludovic, London: T.N. Fouls, 1914.

John Hick, *Problems of Religious Pluralism*, Mcmillan, 1985.

Jung. Carl, *Psychology and Religion*, Yale University Press, 1938.

Knitter, Paul, *No Other Names?*, Orbis, 1985.

Marx, Karl, "Theses on Feuerbach", *Collected Works of Karl Marx and Fredrich Engels 1845-1847*, Vol.5, International Publishers, 1976.

Niebuhr, H.Richard, *Radical Monotheism and Western Culture*, Harper & Row, 1960.

S. Freud, *The Future of an Illusion*, New York: W.W. Norton & Company, 1961.

Tillich Paul(1951), *Systematic Theology*, vol. 1., University of Chicago Press, 1951.

________(1966), Tillich, Paul, *The Future of Religions*, Harper & Row, 1966.

________(1963), *Christianity and The Encounter of The World Religions*, New york: Columbia University Press, 1963.

Whitehead, A. North(1926), *Religion in the Making*, The Macmillan Company, 1926.

________________(1967), *Adventures of Ideas*, The Free Press, 1967.

이슬람의 종교관

김 영 경

고려대학교 교양교육실

목 차

1. 종 교

이슬람은 이슬람 자신을 포함, 종교에 대해 뭐라고 말하는가? 이것이 이 글의 주제이다. 이를 위해 우리는 종교라는 개념의 아랍어, '딘(din)'이 꾸란 속에 어떤 의미로 사용되었는지에 대해 집중적으로 분석할 것이다. 이슬람의 종교관을 주제로 한 이 글에서 꾸란에 주목하는 것은, 비록 단편적이긴 하나, 종교 일반에 대한 언급이 꾸란 속에 담겨 있을 뿐만 아니라, 이슬람에서 꾸란이 지닌 절대적 권위 때문이다. 꾸란은 무함마드의 개인적인 가르침이나 일화를 모아 정리한 글이 아니다. 그것은 처음부터 끝까지 무함마드를 통해 내려온 유일신 하느님의 계시를 담아놓은 성스러운 경전 중의 경전이다. 이슬람 전문가들이 꾸란은 바이블이 아니라 예수 그리스도와 비교되어야 한다고 말하는 이유도 여기에 있다. 그러므로 이슬람의 종교관도 개별 학파나 학자들의 이론보다는 직접 꾸란 속에서 그 답을 찾는 것이 첩경일 것이다.

아랍어 딘(الدين)이라는 개념(딘은 '다-나' 즉 '순종하다, 복종하다'라는 동사에서 파생된 명사다.) 속에는 두 가지 의미가 담겨 있다. 하나는 종교, 다른 하나는 최후의 심판이다. 꾸란 속에는 딘이 모두 91번 등장한다. 이 가운데 19번은 최후의 심판이란 의미로, 나머지 72번은 종교의 의미로 사용되고 있다.(Kassis, p.382f.) 꾸란 속에 등장하는 종교는 우선 크게 두 가지로 분류될 수 있다. 하느님을 믿는 사람들의 종교와 '하느님이 아닌 다른 것'을 믿는 사람들의 종교가 그것이다.

> **그분 이외에 다른 것을 경배하지 말라 하셨으니, 이것이 참된 종교라.**(12,40)
> **인도와 진리의 종교를 당신의 사자에게 보내시어** (…)(48,28)
> **하느님에게 [단 하나의 참된] 종교는 이슬람뿐이며** (…)(3,19)
> **그들이 하느님의 종교 외에 다른 것을 추구한단 말인가?**(3,83)
> **너희에게는 너희의 종교가 있고 나에게는 나의 종교가 있느니라.**(109,6)

이 가운데 하느님이 아닌 다른 것을 믿는 종교는 인간을 그릇된 길로 인도하는 거짓 종교로 배척과 극복의 대상이다. 이슬람의 창시자 무함마드가 자신을 박해한 도시 메카에 무혈 입성한 후 가장 먼저 취한 조처는 카바 신전에 안치된 360여개의 우상을 파괴하는 것이었다. 바로 이런 맥락에서 취한 행동이었다.

그러면 꾸란에서 '올바른 종교', '참된 종교', 혹은 '진리의 종교' 등으로 표현하고 있는(꾸란 30,43; 6,161; 12,40; 30,30; 9,29.) '하느님을 믿는 사람들의 종교', 줄여서 '하느님의 종교'는 어떠한가? 다시 말해, 유일신을 믿는 종교는 모두 같은 진리의 종교인가? 이 질문은 다음 질문과 직결되어 있다. "절대자는 단 한 분밖에 없다고 하면서 왜 그분을 믿는 종교는 여럿인가? 그리고 그들은 서로 어떤 관계를 맺고 있나?"

여기에서 잠시 개념적 오해를 미연에 방지하기 위해 앞서 인용한 "하느님에게 [단 하나의 참된] 종교는 이슬람뿐이며 (…)"(3,19)라는 구절에 대해 살펴볼 필요가 있다. 꾸란에서 '이슬람'은 두 가지 의미로 사용되고 있다. 하나는 어느 종교든 하느님께서 보낸 사자가 세운 종교, 혹은 문자 그대로 '하느님의 뜻에 복종하여 평화를 찾은' 모든 사람들의 종교를 가리키는 일반적인 의미이고, 다른 하나는 하느님의 사자 무함마드가 세운 특정 종교전통에 국한된 의미이다.(우리가 일상적으로 이슬람이라고 부르는 종교는 바로 이 이슬람을 의미한다. 이슬람은 세계종교 가운데 자신의 고유한 명칭을 지니고 있는 유일한 종교이기도 하다. 이와는 달리 힌두교, 불교, 유대교, 기독교 등의 명칭은 학자들이 학문적 목적으로 주조한 개념이다.) 위 구절에서 이슬람은 무함마드의 출현으로 비롯된 특정 종교가 아니라 '하느님의 뜻에 복종하여 평화를 찾은' 사람들의 종교, 즉 유일신교 일반을 의미하는 보통명사이다.("어리석긴, 각자 자신의 우물 속에서 자신의 각별한 생각을 찬양하고 있다니! 이슬람이 하느님께 복종함을 의미한다면, 우리가 모두 이슬람 속에서 살고, 이슬람 속에서 죽는 것을." 이는 독일이 낳은 세계적 문호, 괴테가 한 말로, 바로 이슬람의 일반적인 의미를 살려 이슬람의 핵심을 찌른 것이다.)

그러면 이 두 이슬람 사이에는 어떤 차이가 있을까? 이에 대해서는 3장에서 다루기로 하고, 먼저 꾸란에서는 우리 인간의 실존에 대해 뭐라고 말하는지, 하느님은 왜 인류에게 자신의 사자(使者)를 보냈는지에 대해 알아보도록 한다.

2. 인간, 하느님의 칼리프

꾸란에 따르면 인간은 유일신 하느님의 피조물이다. 인간을 창조하기 전, 하느님이 염두에 둔 인간의 소명은 지상에서 당신의 칼리프, 즉 하느님의 대리인이 되는 것이었다. 하느님이 이 뜻을 밝혔을 때, 천사들은 인간이 창조되면 지상에서 분란(紛亂)을 일으키고 피를 흘릴지도 모른다고 우려를 표했다. 그러나 하느님은 “나는 너희들이 모르는 것을 알고 있느니라.”라는 말로 그를 일축하고 인간을 창조했다.(2,30)

하느님은 이어 천사들을 불러 최초의 인간 아담에게 절을 올리라고 명했다. 천사들이 모두 하느님의 말에 순종했으나 이블리스만은 복종하지 않았다. 이유인 즉 아담은 흙에서 창조된 반면, 자신은 불에서 창조되었으므로 자신이 그보다 우월하다는 것이었다. 하느님의 명령에 불복한 죄로 이블리스는 천상에서 쫓겨나게 되었다. 추방에 앞서 이블리스는 하느님에게 심판의 날까지 인간을 시험할 수 있게 해 달라고 요청, 허락을 받았다.(7,16-18) 이렇게 해서 이블리스로 대표되는 사탄의 유혹에 넘어가느냐, 아니냐 하는 문제가 인간의 운명이 되었다.

가) 사탄의 유혹과 낙원추방

이블리스가 인간을 유혹해서 곧은 길을 벗어나게 하는 데는 그리 오랜 시간이 걸리지 않았다. 아담과 하와가 어느 날 사탄의 유혹에 넘어가 하느님의 금기를 깨고 금단의 열매를 따먹었기 때문이다.(20,120f.) 그에 대한 벌로 두 사람은 천국에서 지상으로 쫓겨나게 되었다.

여기까지 이슬람의 인간창조와 낙원추방 신화는 등장인물이나 내용에 있어서 유대교의 그것과 대동소이하다. 단 이슬람에선 기독교의 원죄설을 모른다. 천국에서 추방되기 전 아담과 하와가 자신들의 행위를 뉘우쳤고, 하느님으로부터 용서를 받았기 때문이다. 이와 관련된 꾸란의 기록은 다음과 같다.

> **[아담과 그의 부인이 금기를 어기고 죄를 지었음에도 불구하고] 그의 주님은 그를 선택하셨고, [다시] 자비로 대하셨으며, 올바로 인도하셨느니라.**
> (20,122)

나) 나약한 인간

꾸란의 가르침에 따르면, 인간 세상에서 끊임없이 재현되는 죄, 후회 그리고 용서의 시나리오는 인류의 조상이 범한 원죄가 아니라 인간 자신의 나약함에 기인한다.(4,28) 인간의 약점을 살펴보면, 우선 인간은 첫 번째 인간인 아담이 그랬던 것처럼 결단력이 부족하다.(20,115) 또한 처음 창조되었을 때부터 신중하지 않았고 진지하지 않았으며 현명하지도 않았다.(33,72) 인간은 침착하지 못하고, 특히 악한 세력과 마주치면 지레 겁부터 집어먹는 소심한 존재이다.(70,19-20) 인간에게는 참을성도 부족하다. 그래서 착실하게 노력한 다음 진득하게 그 결과를 기다리기 보다는 잔머리를 굴리거나 요행을 바란다.(10,11)

신뢰에 있어서도 인간은 미덥지가 않다. 심지어 자신을 창조한 분에 대한 믿음에 있어서도 상황에 따라 마음을 바꾸기 일쑤이다. 하느님이 문자 그대로 전지전능하고 대자대비하다는 말을 믿는다면, 어떠한 어려움이 있어도 그분을 믿고 따르면 될 텐데도(16,53), 세상일이 순조롭게 풀릴 때는 희희낙락하다가도 불행이 닥치면 곧 불안해하거나 절망에 빠지곤 한다.(30,36) 혹 그분에 대한 신뢰가 남아 있어, "하느님, 제발 도와주세요!"라며 애걸복걸하다가도 일단 위기에서 벗어나면 '내가 언제 그랬느냐'는 듯 그분으로부터 등을 돌리는 게 인간의 일반적인 속성이다.(16,54) 믿는다는 사람들도 형편이 좋아지면 이게 다 주님 덕분이

라고 좋아하다가도, 시련이 닥치면 '믿어도 소용없네!' 하며 흔히 발길을 돌린다.(22,11)

인간은 흔히 자신에게 주어진 은혜나 축복에 감사하지 않는다. 자신을 무에서 창조해 준 하느님에게도 감사하기는커녕 그 존재까지 부정하며 논쟁하기를 좋아한다.(36,77; 16,4) 인간은 신에 대해서 뿐만 아니라 매사 말싸움을 즐기는 존재이다.(18,54) 심지어 하느님의 사자(使者)가 출현, 온갖 예를 들어가며 경고를 하고 복음을 전해도 대부분의 사람은 믿지 않는다.(17,89) 한 마디로 말해, 인간은 죄악에 물들기 쉬운 존재이다.(12,53)(그러나 앞에서 언급했듯이 인간의 이러한 존재론적 약점이 곧 원죄를 의미하는 것은 아니다. 인간에게는 이러한 약점 못지 않게 많은 미덕이 내재되어 있으며, 무엇보다도 다른 존재에는 없는 이성과 자유의지가 부여되었다. 그러므로 인간은 자신의 선택과 노력을 통해 그런 약점을 극복할 수 있는 탁월한 존재이다. 설혹 죄를 범하더라도 아담이 그랬듯이 자신의 잘못을 뉘우치고 회개를 하면 용서받을 수 있으며, 죄값을 치러야 한다면 자신이 저지른 죄에 대해서만 책임지면 된다.(30,30 참조)

지금까지 우리는 이슬람 신학 차원에서 인간을 괴롭히는 요인 두 가지를 살펴보았다. 그림자처럼 따라다니다 조금이라도 틈이 생기면 인간을 그릇된 길로 인도하는 사탄의 유혹, 그리고 비록 원죄설과는 거리가 먼 것이긴 하지만 아무튼 인간으로 하여금 하느님에게 이르는 곧은 길에서 멀어지게 하는 인간 자신의 나약함이 바로 그것이다. 그런데 이 세상에는 인간을 괴롭히는 것이 한 가지 더 있다. 그것은 바로 하느님의 시험이다.

다) 하느님의 시험

하느님의 시험은 이미 천지창조와 함께 시작되었다.(11,7; 18,7) 이블리스가 사탄으로 전락하게 된 것이나 아담이 낙원에서 추방을 당한 것도 그분의 시험 때문이었다. 하느님의 시험 중 가장 극적인 것 가운데

하나는 아브라함에게 아들을 제물로 바치라고 한 명령이었다.(37,102)

> **실로 그것은 하나의 시험이었나니, 우리는 성대한 희생으로 그를 대신하게 했느니라.**(37,106-107)

인간을 시험함에 있어서 하느님은 시련이나 고통만 이용하는 것이 아니다. 하느님은 좋은 것, 선한 것을 통해서도 인간을 시험대에 올린다. "우리는 너희를 악을 통해, 그리고 선을 통해 시험하느니라."(21,35) 예나 지금이나 재물이 불어나고 자손이 번성하면 사람들은 그를 조상이나 하늘의 축복으로 여긴다. 그러나 꾸란은 다음과 같이 경고하고 있다.

> **너희 재산과 자손은 하나의 시험에 불과하니라.**(8,28)

라) 구원의 길

그렇지 않아도 갖가지 약점을 안고 살아가야 하는 인간, 그러한 인간을 호시탐탐 노리고 있는 사탄의 유혹, 그리고 언제 어떤 형태로 우리를 찾아올지 모르는 하느님의 시험! 이렇게 보면, 이슬람의 인간관은 '인생은 고통의 바다'라고 한 부처의 가르침이나 '인간은 태어날 때부터 죄인'이라고 한 기독교의 가르침과 별반 다름없이 비관적이라고 말하지 않을 수 없다.

물론 이러한 인간관은 모두 구원을 전제로 하고 있으므로 일종의 '신학적 반전을 위한 포석'이라고 할 수 있다. 불교의 경우, 사성제(四聖諦) 팔정도(八正道)가 제시된다. 비록 인생은 갖가지 고통으로 가득하지만[苦], 그 원인이 집착에 있고[執], 집착은 끊을 수 있으니[滅], 그 길은 올바른 수행에 있다[道]. 즉 올바른 견해, 올바른 생각, 올바른 언어,

올바른 행동 등 8가지 올바른 덕목[八正道]을 체득, 실천하기만 하면 올바른 덕목에게 주어진 실존적 고통의 멍에로부터 해방될 수가 있다. 기독교 역시 올바른 원죄로 인해 태어날 때부터 죄인이긴 하지만, 예수 그리스도가 인류를 원죄로부터 해방시키기 위해 스스로 십자가에 못 박혔으므로, 그 대속(代贖)의 섭리를 통해 그분을 믿기만 하면 누구나 구원을 얻을 수 있다고 가르치고 있다.

그러면 이슬람에서 제시하는 구원의 길은 무엇인가? 그것은 하느님과 그분의 사자인 무함마드를 믿고 따르는 것이다. 무슬림이 되려면 누구나 고백해야 하는 신조(信條), 샤하다 속에는 바로 이러한 믿음이 함축되어 있다. “제가 증언하오니, 하느님 외에는 다른 신이 없으며, 무함마드께서는 하느님의 사자(使者)이시나이다!” 즉 하느님과 그분의 사자인 무함마드를 믿고 따르면 누구나 구원을 받을 수 있다는 것이다.

이러한 구원의 길은 최초의 인간인 아담과 하와가 낙원에서 추방되기에 앞서 하느님과 맺은 성스러운 약속에 근거하고 있다. 꾸란이 신화 형식에 담아 전하는 약속의 내용은 다음과 같다.

하느님은 지상으로 쫓겨난 인류를 그곳에 방치하지 않고 바른 길로 인도할 것이다. 그 대신 인류도 하느님에게 약속을 하나 해야 한다. 그것은 자신이 그들에게 보낼 사자를 믿고 따르는 것이다. 왜냐하면 그가 인류를 바른 길로 인도할 것이기 때문이다. 하느님은 당신의 사자를 믿고 그의 대업을 도운 사람들에게는 축복을 내릴 것이라고 약속했다. 그러니 자신이 “사자를 보내면 그를 믿고 돕겠느냐?”라는 하느님의 질문에 대해 인류도 “동의하나이다.”라고 약속했다.(3,81; 2,38-40 참조) (형식적으로는 인류를 대표해서 하느님의 사자들이 약속에 응했다.)

‘최초의 성약(最初聖約, Uroffenbarung)’이라고 불리는 이 약속을 하느님이 인간과 맺은 것은 지상에서의 자신의 대리인이자 자유의지의 소유자인 인간을 바른 길로 인도하고자 함이었다. 이로써 인간에겐 자신의 실존적 삶을 위협하는 갖가지 약점과 유혹과 시험을 극복할 수 있는 구원의 길이 열린 것이다.

3. 하느님의 사자들

꾸란에는 아담, 아브라함, 노아를 비롯하여 모두 25명의 하느님의 사자가 명시되어 있다. 그 가운데 19명은 신약과 구약 성서에도 등장하는 인물이다. 이슬람 신학에 따르면, 모세와 예수도 무함마드와 같은 하느님의 사자였고, 그들이 세운 종교도 모두 이슬람, 즉 '하느님의 종교'였다.

이러한 관점에서 보면 꾸란에 언급된 종교에 관한 한 인류의 종교사는 '하느님에게 복종하여 평화를 얻은 혹은 얻으려는 사람'들, 즉 무슬림들의 역사였다. 그들이 어떤 종교의 창시자를 통해 유일신에게 귀의를 했든, 또 어떤 형태로 그분에게 예배를 올리든 그것은 이차적인 문제인 것이다. 바로 이런 의미에서 무슬림들은 유일신 신앙을 인류사에 처음으로 각인시킨 아브라함을 '신앙의 아버지'이자 '최초의 무슬림'으로 간주하고 있다.(3,6) 이는 유대교가 예수 그리스도 출현 이전의 이슬람이었으며, 기독교 역시 무함마드가 하느님으로부터 새로운 계시를 받기 이전의 이슬람이었다는 의미를 함축하고 있다.

가) 하느님의 종교들

한편 꾸란은 하느님이 모든 공동체에 자신의 사자를 보냈으며(16,36), 심지어 사자를 보내기 전에는 심판도 하지 않을 것(17,15)이라고 적고 있다. 이는 앞에서 언급한 사자들 외에도 수많은 사자들이 있었다는 것을 의미한다. 즉 인류사에 출현했던 하느님의 사자들이 모두 꾸란에 그 이름을 올린 것은 아니었다.

이슬람 세계가 팽창하는 과정에서 무슬림 위정자들과 학자들은 페르시아, 인도, 인도네시아, 중국 등지에서 유대교나 기독교 이외의 종교공동체와 조우하게 되었다. 당연히 그들은 이슬람 신학의 틀을 통해 그들을 검증, 포용하거나 배척해야 했다. 그 결과 오늘날 이슬람 세계에서는 힌두교, 조로아스터교, 불교, 유교 등의 종교공동체도 '성서의 백성들'로 인정되고 있다.(Stieglecker, p.183 참조) 이는 크리슈나, 조로아스터, 부처는 물론 공자도 하느님의 사자로 간주가 된다는 것을 의미한다. 우리나라 무슬림들에게는 4,300여 년 전 홍익인간을 이념으로 삼아 이 땅에 나라를 세웠다는 단군도 혹시 그 반열에 드는 것은 아닌지 한번쯤 고민해 보아야 할 과제가 생긴 것이다.

꾸란은 하느님의 종교가 여럿이 공존하는 현상에 대해서도 명확한 설명을 제시하고 있다. 만약 하느님이 지상에 단 하나의 종교공동체를 원했다면, 그리 했을 것이다. 그러나 그리하지 않은 것은 나름대로 그분의 섭리 때문이었다.

> **우리는 너희들 각 [공동체에 서로 상이한] 계율과 길을 정해 주었느니라. 만약 하느님께서 원하셨다면, 그분은 너희들을 단 하나의 공동체로 만드셨을 것이나, 그분은 너희들에게 [각각 상이하게] 주신 것을 통해 너희를 시험하고자 하시니, 선행을 놓고 서로 경쟁하라.**(5,48)(꾸란 16,93 참조.)

즉 각 종교공동체가 자신들에게 주어진 하느님의 율법을 얼마나 잘 지키는지, 또 어느 공동체가 선행에 있어서 앞서는지를 알아보기 위함이라는 것이다. 그렇다면 다종교 현상은 유일신이 인류에게 던진 또 다른 형태의 시험인 셈이다.

나) 하느님의 가장 훌륭한 공동체와 하느님의 '예전' 종교들

하느님의 종교들은 모두 그 근원에서 일치한다. 본질적인 차원에서는 하느님의 사자들 사이에 아무런 차이가 없다.

> [무슬림들이여] 이렇게 말하라. '우리는 하느님을 믿고, 주님으로부터 우리에게 계시된 것과 아브라함과 이스마엘과 이삭과 야곱과 그 자손들에게 계시된 것, 모세와 예수에게 계시된 것, 그리고 [모든] 사자들에게 계시된 것을 믿는다. 우리는 그들 어느 누구도 차별하지 아니하며, 오직 그분에게만 순종할 따름이다.'(2,137)

그러나 현실적인 차원에서는 문제가 달라진다. 역사적 출현의 전후에 따라 하느님의 종교들 사이에는 엄연한 서열 혹은 우열이 있을 수밖에 없기 때문이다.

> 인도와 진리의 종교를 당신의 사자에게 보내시어, 다른 모든 종교 위에 있도록 하신 분이 바로 그분이시니 (…).(48,28; 61,9)

"다른 모든 종교", 즉 기존의 모든 종교 중에는 하느님의 종교, 구체적으로는 유대교와 기독교도 있는데, 그럼 이들 종교공동체에 속한 사람들은 어떻게 되는 것일까? 꾸란은 이에 대해서도 명확한 설명을 하고 있다.

> 그들은 예전의 백성이니라. 그들은 그들이 행한 것을 얻을 것이요, [무슬림] 너희는 너희가 행한 것을 얻을 것이니라. 그들이 무엇을 하든 너희는 그에 관해 문책을 받지 않을 것이니라.(2,141)

꾸란에는 이와 관련 있는 구절이 또 하나 있다. 모든 종교공동체에는 일정한 기한이 정해져 있다는 계시가 그것이다.

> **모든 움마[백성, 종교공동체]에는 각각 정해진 기한이 있나니, 그 기한에 이르면 그들은 단 한 시각도 늦추거나 앞당길 수 없느니라.**(7,34)(꾸란 29,5; 71,4**도 참조.**)

비록 하느님의 사자에 의해 창시된 종교공동체라 할지라도 지상에 태어난 모든 종교공동체에는 어떠한 형태로든 유효기간이 있다는 말이다.(이러한 예언은, 천년을 견딜 자신의 종교가 비구니를 승단에 들여놓음으로 말미암아 오백년밖에 견디지 못하게 될 것이라고 안타까워 한 부처의 예언과 비교해 자못 흥미롭다.) 이러한 관점에서 보면 하느님의 종교는 크게 두 가지로 분류될 수 있다. 하나는 하느님의 예전 종교들, 하느님이 예전에 보낸 사자들에 의해 수립된 종교들이고, 다른 하나는 하느님의 최근 종교, 즉 하느님이 최근에 보낸 사자에 의해 수립된 종교가 그것이다.

유대교에 비해서는 기독교가 최근의 종교이다. 그러므로 기독교에서 유대교의 경전은 구약(舊約), 즉 '(하느님의) 낡은 약속', 자신의 경전은 '(하느님의) 새로운 약속', 신약(新約)이라고 부르는 것은 이슬람적으로도 일리가 있다. 그러나 기독교가 자랑스러워하는 하느님의 새로운 약속도 이슬람의 그것에 비하면 낡은 것이다. 비록 하느님이 보낸 사자, 예수 그리스도를 믿고, 하느님이 그분을 통해 내려준 율법을 따르고 있긴 하지만, 무함마드가 그분에 이어 출현한 사자라는 점에서, 또 꾸란은 무함마드에게 계시된 내용을 한 획의 오류도 없이 전하고 있다는 점에서 무슬림들은 이슬람이 기독교를 포함, 하느님의 기존 종교전통을 모두 포괄하는 최근의 종교, 최상의 종교라고 믿고 있다. 꾸란은 이와 관련 다음과 같이 선언하고 있다.

> **너희들은 사람들 사이에서 생겨난 공동체 중에서 가장 훌륭한 공동체이니라. 너희들은 선을 도모하고 악을 배제하며 하느님을 믿느니라.**(3,110)

이러한 꾸란의 가르침이 기독교나 유대교, 불교나 힌두교처럼 역사적으로 무함마드 이전에 출현한 종교공동체에게 의미하는 것은 무엇일까? 그것은 이렇게 정리할 수 있을 것이다. "당신은 하느님의 종교입니다. 그리고 하느님의 선배 종교로서 인류역사에 위대한 족적을 남겼습니다. 그러나 하느님께서는 모든 종교공동체에 일정한 기한을 정해 놓으셨으며, 이제 그 기한이 지났습니다. 그래서 실은 이젠 없어도 좋은 종교입니다. 필요가 있다면, 다만 우리가 하느님의 명령에 복종하고, 선을 행함에 있어 게을러지지 않도록 선의의 경쟁자 역할을 해주는 것입니다."

이는 무슬림들에게는 당연하게 들리겠지만 다른 종교공동체, 특히 기독교나 유대교로서는 도저히 인정할 수도 용납할 수도 없는 주장이다. 야훼 혹은 알라라 부르는 유일신, 동일한 신을 믿음에도 불구하고 유대교와 기독교, 기독교와 이슬람 사이에 존재하는 긴장과 갈등의 신학적 원천이 바로 여기에 있다.

다) "종교에는 강제가 없느니라"

그러나 이러한 신학적 아킬레스건을 너무 과장하거나 자극하는 것은 경계해야 한다. 종교인들은 어떤 행태로든 자신의 믿음을 궁극적인 진리로 간주하는 경향을 지니고 있고, 또 그래야 마땅하다 할 것이다. 유대인들은 유대인대로, 기독교인들은 기독교인대로, 심지어는 — 비교종교학의 현미경을 통해 들여다 보건데 — 여러모로 형편없는 종교의 신봉자들까지도 자신의 종교에 대한 확신을 갖고 있기 마련이다. 무슬림들이라고 예외일 수 없고, 또 그럴 필요도 없다. 오히려 어느 종교공동체든 무슬림들처럼 선을 도모하고 악을 멀리함에 있어서 선의의 경쟁을 하겠다고 한다면, 그리고 그를 통해 인류사회에서 "가장 훌륭한 공동체"가 되겠다고 한다면, 이는 두 손 들어 환영해야 하지 않겠는가? 더구나 이슬람은 그 전성기에 꽃피운 찬란한 문명을 통해 인류사에 지대한 기여를 했으므로 그러한 자부심을 인정하고 존중해 주는 것이 마땅할 것이다.

모든 종교는 궁극적으로 악은 멀리하고 선을 지향하라고 가르치고 있다. 특히 세계종교는 서로 공유하는 가치가 그렇지 않은 것보다 더 많고, 또 그 점이 더 중요하다. 모든 세계종교는 인간의 존엄성과 신성함에 대해 말하고 있으며, 혈연적, 지역적, 혹은 계급적 특수 가치보다는 인류사회 전체를 아우르는 보편적 가치를 선양하고 있다. 그러므로 종교현상 자체를 혐오하는 무신론자가 아니라면 신학적 이견에 초점을 맞춰 종교공동체 사이의 갈등을 부채질하기 보다는 그들이 공히 지향하는 보편적 가치를 조명함으로써 인류사회의 발전과 안녕에 공헌하도록 격려해야 할 것이다.

더욱이 꾸란은 앞에서 소개한 '선의의 경쟁자 역할론' 외에도 사람들의 종교가 서로 다름으로 인해 야기될 수 있는 충돌을 예방할 수 있는 일종의 신학적 안전장치를 마련, 이슬람 사회의 비무슬림들을 보호했다.

> **그대 주님의 뜻이었다면 지상에 있는 모든 사람들이 믿음을 갖게 되었을 것이니라. [그럼에도 불구하고] 그대는 사람들에게 믿음을 강요하려 하느뇨?**(10,99)

> **종교에는 강제가 없느니라. 올바른 길이 미망으로부터 분명히 드러났으니 (…).**(2,256)

이 가운데 첫 번째 계시와 관련된 일화를 소개하면 다음과 같다. 유복자로 태어난 무함마드는 어려서 조부 슬하에서 자라다 조부가 세상을 떠난 뒤에는 백부인 아부 딸립에게 맡겨져 성장했다. 아부 딸립은 무함마드를 친자식처럼 아껴주었다. 무함마드가 새로운 믿음을 설파, 사람들로부터 박해를 받을 때에도 그는 자신의 조카를 굳건히 지켜주었다. 그러므로 아부 딸립을 이슬람에 귀의시키는 것은 무함마드의 간절한 소원이었고, 또 실제로도 그를 위해 많은 노력을 기울였다. 이것이 하느님의 심기를 불편하게 만들었는지 어느 날, "그 누구도 하느님의 허락 없이는 믿게 되지 않는다"는 말과 함께 '믿음을 강요하지 말라'는 계시가 내려왔다.

두 번째 구절 역시 실제 상황과 관련해 내려온 계시이다. 사연인 즉, 메디나에는 두 아들이 기독교로 개종한 사람이 있었다. 타향에서 살던 두 아들이 올리브기름을 팔기 위해 메디나를 찾았다. 그 사이 독실한 무슬림이 된 아버지는 그들이 이슬람으로 개종을 하기 전에는 돌아갈 수 없다고 억지를 부렸다. 이 문제는 결국 무함마드의 귀에 들어갔고, 그와 관련 '종교에는 강제가 없다'는 계시를 받게 되었다.(최영길, p.65의 2,256 각주 참조)

꾸란에 명시된 이 가르침은 UN이 종교자유를 천부인권의 하나로 선포하기 1300여 년 전에 계시된 내용이다. 물론 이를 현실에 적용하는 과정에서는 인두세, 무슬림의 개종금지 등 몇 가지 제약을 두긴 했지만 당시로서는 가히 혁명적인 선언이었다. 유럽 대륙에선 신앙의 자유란 개념이 아직 생소했던 중세, 이슬람 세계에서 유대교, 기독교 등의 종교적 소수집단이 자유롭고 평화롭게 생활할 수 있었던 것은 바로 이러한 종교적 안전장치 덕분이었다.

꾸란에 명시된 또 하나의 신학적 안전장치는 말이 아니라 행동으로 자신의 믿음을 증명하라는 명령이다.

> [무함마드여, 성서의 백성들에게 이같이 말하라.] 나는 하느님이 내려 보내신 성서들을 믿는다. 그리고 나는 너희를 '정의롭게 대하라'는 명을 받았으니, 하느님은 우리의 주이며 [동시에] 너희들의 주이기 때문이다. 우리는 우리가 행한 것에 대해 책임을 질 터인즉, 너희들은 너희들이 행한 것에 대해 책임을 지도록 하라. 그러므로 우리와 너희들 사이에는 [시비를 따지는] 논쟁이 필요치 않다.(42,15)

여기에서 "하느님이 내려 보내신 성서들"이란 유대교 경전과 기독교 경전, 보다 구체적으로는 구약의 모세 5경과 시편, 그리고 신약의 복음서를 의미한다. 그러므로 이 말은 유대인들과 기독교인들을 대상으로 한 말로서, 무슬림들이 믿는 신이 그들이 믿는 신과 동일하다는 사실을 확인한 후, 유대인이든 기독교인이든 무슬림이든 종교인들은 각자 자신이 행한 행위에 책임을 지도록 하고, 다른 종교를 가진 사람들이 무엇을 어떻게 믿든 그에 관해서는 다투지 말라는 말이다. 이 말은 오늘날과 같이 다원화된 사회에서도 종교공동체 사이의 갈등을 잠재울 수 있는 매우 유용한 가르침이라고 할 수 있다. 단 그렇기 위해선 종교적 관용의 폭을 현대사회의 현실에 맞게 최대한 넓혀야 할 것이다. 구체적으로 말하면, 무신론까지도 포용할 수 있어야 한다는 말이다.

4. 맺는 글

앞에서 우리는 꾸란을 통해 이슬람의 종교관을 살펴보았다. 그 내용을 요약하면 다음과 같다. 종교는 크게 두 가지로 분류할 수 있다. 하느님을 믿는 사람들의 종교와 하느님이 아닌 다른 것을 믿는 사람들의 종교가 그것이다. 이 가운데 하느님이 아닌 다른 것을 믿는 종교는 불필요할 뿐만 아니라 인간을 죄악으로 이끄는 그릇된 종교이다. 한편

하느님을 믿는 사람들의 종교는 성약(聖約)에 기인한다. 즉 하느님은 인류의 조상을 낙원에서 추방할 때, 그들을 바른 길로 인도하기 위해 자신의 사자(使者)와 함께 진리의 종교를 보낼 것을 약속했던 것이다. 아담, 아브라함, 노아, 모세 등 구약의 주인공들은 물론 예수와 무함마드도 바로 이러한 약속에 따라 하느님이 세상에 보낸 사자였다. 그러므로 이들을 통해 하느님을 믿는 사람들의 종교는 모두 진리의 종교, 하느님의 종교이다.

그러나 하느님의 종교라고 모두 같은 것은 아니다. 창시자에 따라 출현의 시기와 장소가 다르기 때문이다. 출현 시기를 기준으로 할 때, 하느님의 종교는 또 다시 크게 두 가지, 즉 하느님의 '예전 종교'와 하느님의 '최근 종교'로 분류할 수 있다. 무슬림들은 꾸란에 근거해 하느님의 사자 무함마드를 통해 수립된 이슬람교가 하느님의 '최근 종교'로서 다른 모든 종교 위에 있고(48,28), 무슬림들로 이루어진 종교공동체, 움마는 인류 역사상 "사람들 사이에서 생겨난 공동체 중에서 가장 훌륭한 공동체"(3,110)라고 믿고 있다.

대부분의 무슬림들은 여기서 한걸음 더 나아가 무함마드가 '최후의 예언자'라고 믿고 있다. 그들이 그 근거로 제시하는 꾸란의 내용은 다음과 같다.

> **무함마드는 너희 가운데 어느 한 인간의 아버지가 아니라, 하느님의 사자이며, 예언자들의 봉인(封印)이니라.**(33,40)

여기에서 무슬림 신학자들은 "예언자들의 봉인(카탐 알 나비인)"이란 구절을 흔히 '최후의 예언자'로 해석하고 또 그렇게 번역한다.(최영길, p.765; 김용선 역, p.441 참조; 안동훈 외 역, pp.788-790의 33,40에서는 문자 그대로 "예언자들의 봉인"으로 번역했다. 각주 1990에는 이 계시가 내려온 배경과 봉인(카탐)에 대한 다양한 해석이 비교적 상세하게 소개되어 있다.) 유사 이래 끊임없이 전개되어온 종교공동체의 흥망성쇠에 비추어 볼 때, 이는 대단히 흥미 있는 명제이다. 이는 곧 종교사의 종말! 즉 무함마드 이후에는 그 어떤 하느님의 예언자도 사자도 출현하지 않을 것이며, 꾸란은 그분의 최종적인 계시이고, 이슬람교가 인류사의 마지막 계시종교라는 말이기 때문이다. 또한 이 말은 모든 움마(종교공동체)에 정해져 있다는 '기한'이(7,34) 무함마드의 움마에 한해서는 예외이며(아니면 무함마드의 움마, 즉 이슬람 종교공동체에 주어진 기한이 최후의 날까지란 말이다), 최후의 날이 있기 전까지는 그분이 더 이상 인류사에 개입하는 일이 없을 것이라는 의미이다.

이슬람 전성기에는 이러한 주장에 어느 정도 설득력이 있었을 수도 있다. 실로 보잘 것 없었던 민족이 그토록 빠른 시간에, 그토록 독특하고도 찬란한 문명의 꽃을 피운 예가 인류역사상 거의 없었으니까. 그러나 그 이후 전개된 역사적 상황, 특히 대부분의 이슬람 세계가 서구열강의 식민지배라는 굴욕을 거친 후, 수많은 민족국가, 국민국가로 뿔뿔이 나뉜 상태에서 갖가지 세속적인 이념과 경합을 벌이고 있는 오늘날, 이러한 주장이 현실적으로 얼마나 설득력이 있을지? 앞으로 전개될 종교사를 지켜볼 일이다.

참고문헌

최영길, 『꾸란해설』, 서울: 송산출판사, 1988.

김용선 역, 『코란』, 서울: 명문당, 2006.

안동훈 · 박병현 · 성하창 역. 『코란』, 이슬람 국제출판국.

Muḥmmad Aḥmad Rassoul. *Die ungefähre Bedeutung des Qur'an Karīm in deutscher Sprache,* Koeln: IB Verlag Islamische Bibliothek Gemeinnuetzige Gesellschaft mbH, 1987.

Paret, Rudi. *Der Koran*, Stuttgart: Kohlhammer, 1983.

Kassis, Hanna E.. *A Concordance of the Qur'an,* Berkeley a.a.: Uni. of California Press, 1983.

Stieglecker, Hermann. *Die Glaubenslehren des Islam,* Paderborn a.a.: Ferdinand Schoeningh, 1983.

중학교 과학교사들의 창조와 진화에 대한 관점연구

조 정 일
前 전남대학교 교수

김 세 은
송광중학교 교사

목 차

1. 서 론

가) 연구의 필요성

생명의 기원관은 인생의 의미와 목표를 설정하는 데 큰 영향을 미친다.(길원평, pp.11-20) 우주 및 생명의 기원관에는 진화론과 창조론이 있다. 진화론은 우주 만물이 자연 발생하여 오랜 시간에 걸쳐서 진화되어 온 것이라고 주장하는 자연주의적 세계관이다. 창조론은 초월적인 존재가 목적을 가지고서 의도적으로 처음부터 완전한 형태로 만들었다고 하는 유신론적 세계관이다. 두 이론 사이의 학술 논쟁은 과학사적으로 볼 때 2천년 이상의 긴 역사를 가지고 있다. 그리스 시대의 생명존재에 관한 물질 기계론과 생기론 간의 논쟁을 포함하여, 생명발생에 관한 자연발생설과 생명속생설, 화석 형성에 관한 동일과정설과 격변설, 생물종의 다양성에 대한 진화이론과 유형학적 해석 등이 그 대표적인 예에 속한다.(임번삼, pp.132-133)

그러나 우주와 생명의 기원은 이미 일어난 역사적 사건들이며 오직 추론만 할 수 있을 뿐이다. 따라서 이 주제들은 실험과학이 아니며, 현재의 증거를 가지고 과거에 일어난 사건의 원인을 추리하는 범죄수사학(forensic science)에 가깝다.(Geisler & Anderson)

현재 우리나라의 7차 과학과 교육과정에서 기원에 대한 내용을 살펴보면 초등학교에서 지층과 화석의 내용을 다루고 있고, 중학교에서는 지구의 역사와 지각변동, 유전과 진화에 관한 내용을 다루고 있다. 또한 고등학교에서는 진화설과 진화의 증거, 생명 · 인류 · 지구의 기원과 별과 우주의 진화, 종의 개념과 분류, 지층과 화석, 지질시대의 환경과 생물 등의 내용을 다루고 있다. 특히 중학교 3학년 과정에서 진화론이 소개되어 구체적인 내용을 다루고 있으며, 고등학교 교육과정에서는 지구의 기원, 우주와 생명의 기원 등의 자세한 내용을 다루고 있다.

이처럼 교육과정상 생명과 종의 기원에 대한 내용이 진화론에 기초하여 다루어지고 있지만 국내외의 많은 연구는 기원에 대한 관점에 많은 갈등이 존재하고 있음을 보여주고 있다. 국내 학생들의 기원에 관한 관점 연구에 의하면, 학생들이 원숭이가 사람으로 되는 것만을 진화로 알고 있거나, 종교적 신념을 갖고 있는 학생은 진화론을 지지하지 않음을 보고한 바 있다.(정완호 등, pp.23-33) 또한 생명의 기원에 대해 고등학생의 38.4%가 창조론적 관점을 가지고 있다고 하였다.(양승훈 · 우현기, pp.231-238) 현재 우리나라 고등학생들 중 생명과 종의 기원과 관련된 주제에 따라 20-50%가 창조론적 관점을 가지고 있고 약 20%는 유보적인 입장을 갖거나 이해를 하지 못하였다.(박신영, 석사학위논문)

많은 교사들도 진화론의 과학적 타당성을 의심한다고 보고하였다.(Routledge & Warden, pp.23-30) 오하이오 주의 교육위원장과 교장들을 상대로 설문을 한 결과 교실 안에서 창조론을 가르치는 것에 대해서는 응답자의 52.7%가 찬성하였다.(Zimmerman) 국내의 경우 많은 교사들이 진화론 수업 중 학생들로부터 창조론에 바탕한 반진화론적 질문을 경험한 것으로 조사되었으며 이로 인하여 설명에 어려움을 느낀 교사가 52%정도 된다고 보고하였다.(최주영, 석사학위논문)

현재 중학생들의 교육을 담당하는 과학교사들의 생명의 기원에 대한 관점은 학생들의 교육에 중요한 요인이라 판단된다. 본 연구에서는 중학교 과학교사들의 생명의 기원에 대한 관점과 이를 가르치는 방법에 대한 의견을 조사해 보고자 한다.

나) 연구 문제

본 연구에서는 우주와 생명의 기원과 관련된 다양한 주제에 대하여 중학교 과학교사들이 가지고 있는 관점과 그 주제들을 가르치고 있는 방법과 그 방법에 대한 관점을 조사하고자 하였다. 본 연구를 위해 다음과 같은 연구 문제를 설정하였다.

연구문제 1. 중학교 과학교사들은 진화와 관련된 주제들에 대해 어떤 관점을 가지고 있는가? 본 연구에서 진화와 관련된 주제로는 진화의 화석상의 증거, 비교해부학상의 증거, 발생학상의 증거와 진화의 메커니즘으로서의 돌연변이와 자연선택 그리고 인류의 기원 및 지질시대의 유무가 포함되었다.

연구문제 2. 중학교 과학교사들은 진화를 어떻게 가르치는가?

2. 연구 방법 및 절차

가) 검사도구 개발

본 연구를 위해 생물의 진화에 관한 중학교 과학교사들의 관점을 조사하는 질문지를 개발하였다. 검사문항은 중학교 『과학3』의 '생물의 진화' 단원의 내용에 기초하였다. 질문지 각 문항의 내용과 문항 수는 표 1과 같다.

표 1. 질문지의 내용

내용		문항수
우주, 생명, 종의 기원에 관한 관점	우주의 기원에 대한 관점	2
	화석, 지층에 대한 관점	4
	시조새에 대한 관점	2
	상동기관에 대한 관점	3
	척추동물의 배 발생 과정에 대한 관점	4
	자연선택과 돌연변이에 대한 관점	5
	인류의 기원에 대한 관점	3

내　　　용		문항수
	지질시대 및 지구의 연대에 대한 관점	4
	생물의 진화에 대한 자신의 관점	4
	소　　계	32
진화를 가르치는 방법에 대한 관점	기원에 관한 이론들의 본질	2
	기원에 관한 이론들에 대한 교수의 근거	1
	대안적 이론 소개의 필요성	1
	기원에 대한 수업방법	6
	기원에 대한 교육 자료의 필요성	2
	소　　계	12
총　　계		50

질문지는 박신영(2002년 석사학위논문)의 질문지를 기초로 응답을 리커트 척도에 따라 하도록 변형하였다. 질문지는 우주와 생명 그리고 종의 기원 및 진화를 가르치는 방법과 관련된 지식주장(knowledge claim)에 대한 자신의 관점을 알아보기 위한 문항으로 구성되어 있다. 각 주장에 대한 리커트 척도는 '매우 그렇다', '그렇다', '잘 모르겠다', '그렇지 않다', '매우 그렇지 않다'의 다섯 가지로 구성하였다.

우주, 생명, 종의 기원과 관련된 지식주장들을 진화론적 관점에서 기술된 것과 창조론적 관점에서 기술된 것으로 구성되어 있다. 표 2는 각 문항을 소개한다.

표 2. 기원 관련 지식주장들의 관점별 분류

문항의 내용	관　점	문항번호	분류의 근거
우주의 기원	진화론적인 주장	1	우주와 그 가운데 모든 것은 진화의 산물이라는 입장
	창조론적인 주장	2	우주와 그 가운데 모든 것은 창조되었다는 입장
화석	진화론적인 주장	3, 6, 9	화석은 지층의 순서에 따라 점진적인 발달을 보여주며 진화의 증거라는 입장

문항의 내용	관　점	문항번호	분류의 근거
	창조론적인 주장	4, 5	지층에서의 화석은 진화의 순서에 무관하게 출토되며 처음부터 완전한 생물이라는 입장
시조새	진화론적인 주장	7	시조새는 중간 단계 화석이라고 보는 입장
	창조론적인 주장	8	중간형이 아니라 완전한 새라고 보는 입장
상동기관	진화론적인 주장	10	공통조상으로부터 진화되었다고 보는 입장
	창조론적인 주장	11, 12	상동기관이 진화의 증거는 못되며, 동일한 설계자에 의해 설계되었다는 입장
배 발생과정	진화론적인 주장	13, 14, 16	사람의 배 발생이 진화경로를 보여준다는 입장
	창조론적인 주장	15	사람의 배 발생은 처음부터 사람의 모습을 보여준다는 입장
진화 메커니즘	진화론적인 주장	17, 19	돌연변이와 자연선택을 통해 진화가 이루어졌다는 입장
	창조론적인 주장	18, 20, 21	돌연변이와 자연선택이 진화를 설명하지 못한다는 입장
인류의 기원	진화론적인 주장	22, 23	유인원이 원인을 거쳐 사람으로 진화되었다는 입장
	창조론적인 주장	24	처음부터 유인원과 구분된다는 입장
지질시대	진화론적인 주장	25, 27	오랜 지질시대가 존재한다고 보는 입장
	창조론적인 주장	26, 28	방사성 동위원소 측정법에 많은 문제점이 있으며 지구의 나이가 젊다고 보는 입장
생물의 진화	진화론적인 주장	31	화학진화를 통해 진화했다고 보는 입장
	창조론적인 주장	29	조물주에 의해 6일동안에 창조되었다고 보는 입장
	중간적인 주장	31, 32	조물주에 의해 창조된 후 진화과정을 거쳤다는 입장(31)과 진화되었으나 필요한 단계마다 조물주가 개입하였다는 입장(32)

진화를 가르치는 방법에 대한 관점을 알아보기 위하여 12개의 문항을 제시하였다. 12개의 문항은 기원관의 본성, 기원에 대한 이론들의 교수의 근거, 대안적 이론을 소개할 필요성, 기원에 대한 수업방법, 기원에 대한 교육 자료의 필요성에 대한 관점으로 구성되어 있다.

나) 검사의 신뢰도와 타당도

우주와 생명의 기원 및 진화와 관련된 지식주장 32문항에 대해 신뢰도 검사를 실시하였다 그 결과 32문항에 대한 크론바하의 알파값이 0.944로 나타나 질문지의 신뢰도가 매우 높음을 알 수 있었다.

질문지는 먼저 3개 중학교의 14명의 여러 전공 교사로 구성된 과학교사 전원에게 문제의 명확성과 내용의 타당성에 대한 검토를 의뢰하였다. 그 결과 개선점이 없으며, 문제가 명확하고 내용이 타당하다는 검증을 받았다.

다) 검사 대상 및 결과 분석

표집은 광주광역시와 전라남도의 다섯 개의 시지역에 근무하는 중학교 과학교사들을 대상으로 하였다.

2005년 6월 15일, 광주광역시 전체 76개 중학교와 전라남도에 있는 시지역 전체 중학교인 83개 중학교로 질문지를 회송용 봉투와 함께 넣어, 총 159개 학교에 330장의 질문지를 일제히 발송하였다. 그 결과, 2005년 8월 31까지, 64개 학교, 121개의 질문지가 회수되었다. 학교별로는 약 40.3%, 질문지별로는 약 36.7%가 회수되었다.

전체 121명의 질문지가 회수되었으나, 121명의 질문지의 데이터를 분석해 본 결과 정반대의 의미를 지닌 질문에 동일한 척도로 응답한 사람들이 있어서 의미 있는 결과가 나오지 못하는 경우가 있었다. 화석과 지구연대를 물어보는 문항들을 기준으로, 해당 문항들 모두에 그 문항들의 정반대의 의미에도 불구하고 같은 척도에 표시를 한 6명의 데이터를 삭제하여 최종적으로 데이터 분석에 들어간 수는 115명이 되었다.

검사 결과의 분석은 본 연구에서 제기된 문제들을 알아보기 위하여 여러 가지 방법으로 수행되었다. 중학교 과학교사들의 생명의 기원 및 진화와 관련된 주제들에 대한 관점과 진화를 가르치는 방법에 대한 견해를 조사하기 위하여 각 문항별 빈도 분석과 교차분석을 실시하였다. 이 모든 통계분석은 SPSS for WIN을 통해 수행하였다.

3. 연구 결과

가) 교사들의 배경정보

본 연구에 참여한 교사들 중 대학에서 물리를 전공한 교사는 18.3%, 화학 30.4%, 생물 31.3%, 지구과학은 19.1%, 그 이외의 분야는 0.9%이었다.

중학교 『과학3』의 진화단원을 가르쳐본 경험이 있는지를 분석해본 결과, 가르쳐본 경험이 있는 사람이 68.7%, 가르쳐본 경험이 없는 사람이 31.3%이었다.

교사들이 대학이나 각종 연수 등을 통하여 기원과 관련된 교육을 받은 경험이 있는지를 알아보았다. 학문분야는 진화와 유전학, 그리고 창조과학으로 나누어 교육을 받은 경험의 유무를 알아보았다. 진화와 유전학에 대해서는 약 47%가 교육을 받아본 적이 있다고 응답하였고 약 53%가 교육을 받아본 적이 없다고 응답하였다. 창조과학 부분에 대하여서는 22%가 교육을 받은 적이 있다고 응답하였고 75%는 교육을 받아본 적이 없다고 응답하였다.

응답자의 종교별 구성으로는 기독교인은 24.3%, 천주교인은 13.0%, 불교인은 8.7%, 종교를 갖고 있지 않다고 응답한 교사가 53.9%이었으며, 그 밖의 다른 종교를 가지고 있는 교사는 한명도 없었다.

나) 기원과 관련된 지식주장(knowledge claim)에 대한 분석

주제별로 서로 비슷한 결과를 보이므로 본 분석에서는 우주, 화석, 돌연변이와 자연선택, 인류의 기원, 지질시대에 대한 결과만을 제시한다. 전체적인 경향을 위한 평균 산출에는 질문지에 포함된 모든 문항을 다 포함하여 실시하였다.

(1) 우주의 기원

우주와 그 가운데 있는 모든 것의 기원에 대해 1번과 2번 항목으로 교사들의 관점을 조사하였다. '우주가 진화의 산물'이라는 주장에 대하여서는 '매우 그렇다'가 14.8%, '그렇다'가 30.4%, '잘 모르겠다'가 20.9%, '그렇지 않다'가 20.0%, '매우 그렇지 않다'가 10.4%로 나타났다. 또한 '우주가 창조되었다'라는 주장에 대하여서는 '매우 그렇다'가 11.3%, '그렇다'가 14.8%, '잘 모르겠다'가 33.9%, '그렇지 않다'가 23.5%, '매우 그렇지 않다'가 13.9%로 나타났다.

'우주가 진화의 산물'이라는 주장에 '매우 그렇다'는 강한 긍정의 응답이 다른 항목들에 비해 많이 나타났으며, '매우 그렇다'와 '그렇다'라고 응답한 수는 전체 응답자의 45.2% 이었다. '그렇지 않다'와 '매우 그렇지 않다'고 응답한 비율은 30.4%이었다. 1번과 대조되는 지식주장인 '우주가 창조되었다'는 주장에 '매우 그렇다'와 '그렇다'라고 대답한 비율이 26.1%로 나타났고, 37.4%는 부정과 강한 부정으로 대답했다.

또한 '우주가 진화의 산물'이라는 지식주장에 대해 '잘 모르겠다'는 응답이 20.9%이었던 것에 비하여 '우주가 창조되었다'는 지식주장에 대해서는 '잘 모르겠다'는 응답이 33.9%로 나타나, 우주가 창조되었다는 지식주장에 대해 유보적인 태도를 보여주는 교사가 많음을 알 수 있다.

1번과 2번 항목의 교차분석을 실시하여 응답자의 반응 유형을 좀 더 자세히 알아보았다.(표 3)

표 3. 1번과 2번 항목의 교차분석 결과

		(2번문항) 우주와 그 가운데 있는 모든 것은 초자연적인 창조주에 의해 창조되었다.					
		매우 그렇다	그렇다	잘 모르겠다	그렇지 않다	매우 그렇지 않다	전체
(1번문항) 우주와 그 가운데 있는 모든 것은 진화의 산물이다.	매우 그렇다 (전체%)	3 (2.7)	2 (1.8)	0 (0.0)	2 (1.8)	10 (9.0)	17 (15.3)
	그렇다 (전체%)	0 (0.0)	0 (0.0)	18 (16.2)	14 (12.6)	3 (2.7)	35 (31.5)
	잘 모르겠다 (전체%)	0 (0.0)	3 (2.7)	16 (14.4)	5 (4.5)	0 (0.0)	24 (21.6)
	그렇지 않다 (전체%)	1 (0.9)	12 (10.8)	4 (3.6)	6 (5.4)	0 (0.0)	23 (20.7)
	매우 그렇지않다 (전체%)	9 (8.1)	0 (0.0)	0 (0.0)	0 (0.0)	3 (2.7)	12 (10.8)
전체	빈도 (전체%)	13 (11.7)	17 (15.3)	38 (34.2)	27 (24.3)	16 (14.4)	111 (100)

교차분석의 결과 '우주가 진화의 산물'이라는 1번 문항에 '매우 그렇다'와 '그렇다'에 응답하고 '우주가 창조되었다'라는 2번 문항에 '그렇지 않다'와 '매우 그렇지 않다'라고 응답하여 우주가 진화의 산물이라고 확실히 응답한 교사는 전체의 26.1%였으며, 반대로 우주가 창조되었다고 확실히 생각하는 사람은 전체의 19.8%였다.

'우주가 진화의 산물'이라고 생각하면서 '창조되었다'는 의견에는 '잘 모르겠다'라고 답한 사람은 16.2%였으며, '우주가 창조되었다'라고 생각하면서 '우주가 진화의 산물'이라는 의견에는 '잘 모르겠다'라고 답한 사람은 2.7%였다. 또한, 1번과 2번 항목 모두에 동의하는 경우가 4.5%,

1번과 2번 모두를 부정하는 경우가 8.1%로 나타나서, 교사들의 질문지에 대한 반응의 신뢰도가 떨어지는 요인으로 확인되었다.

이러한 결과는 전체 25.6%가 진화를 확신하고 창조를 부정하며, 16.2%는 진화되었다고 생각하나 창조론에 대하여서는 다소 유보적이며, 14.4%는 둘 다 '잘 모르겠다'라고 응답하였다. 창조를 확신하는 교사는 19.8%였으며, 둘 다 맞다고 생각하거나 둘 다 틀리다고 생각하는 의견이 각각 4.5%와 8.1%로 나타나 전체 12.6%로 나타났다.

(2) 화석

진화의 증거로서 제시되는 화석에 대한 관점을 알아보기 위하여 3번, 5번, 6번, 9번 항목을 제시하였으며, 이 중 3번과 6번 항목은 화석이 진화의 증거라는 진화론적인 지식주장이며, 4번과 5번 항목은 화석이 진화의 증거가 될 수 없다는 창조론적인 지식주장이다.

화석이 하등생물로부터 고등생물까지의 점진적인 발달을 보여준다는 주장에 대하여 70%가 긍정적으로 대답하였으며, 20%가 부정적으로 대답하였다. 또한, 많은 화석이 진화 과정 중에 있는 모습의 생물을 보여준다는 주장에 대해서 64%가 긍정적으로 대답하였으며, 22%가 부정적으로 대답하였다. 반면, 화석이 처음부터 완전한 모습의 생물을 보여주며, 진화과정을 보여주지 않는다는 창조론적인 지식주장에 대해서 21%가 긍정적으로 대답하였으며, 63%가 부정적으로 대답하였다.(표 4)

반면, 화석은 아메바로부터 사람으로까지 진화되었음을 증거한다는 구체적인 지식주장에 대해서는 오직 27%만이 긍정적으로 대답하였고, 47%가 부정적으로 대답하였다.

표 4. 화석에 관한 관점

진화와 관련된 지식 주장	매우 그렇다	그렇다	잘모르겠다	그렇지 않다	매우 그렇지 않다	무응답	합계
3. 화석은 아래지층에서 윗지층의 순서에 따라 하등생물로부터 고등생물까지의 점진적인 발달을 보여준다.	18 (15.7)	62 (53.9)	9 (7.8)	15 (13.0)	8 (7.0)	3 (2.6)	115 (100)
4. 화석은 처음부터 완전한 모습의 생물만을 보여준다.	7 (6.1)	17 (14.8)	16 (13.9)	62 (53.9)	10 (8.7)	3 (2.6)	115 (100)
5. 지층에서의 화석은 진화의 순서와는 무관하게 출토된다.	4 (3.5)	32 (27.8)	20 (17.4)	48 (41.7)	7 (6.1)	4 (3.5)	115 (100)
6. 많은 화석이 진화과정 중에 있는 모습의 생물을 보여준다.	8 (7.0)	65 (56.5)	13 (11.3)	20 (17.4)	5 (4.3)	4 (3.5)	115 (100)
9. 화석은 생물이 아메바로부터 사람으로까지 진화되었음을 증거한다.	2 (1.7)	29 (25.2)	28 (24.3)	41 (35.7)	13 (11.3)	2 (1.7)	115 (100)

(3) 돌연변이와 자연선택

진화메커니즘으로서의 돌연변이와 자연선택에 관한 관점을 알아보았다. 18번 문항은 자연선택의 기능을, 19번과 20번은 돌연변이에 대한 내용이며, 17번과 21번은 돌연변이와 자연선택을 통한 진화에 대한 내용이었다.

'돌연변이를 통해 아주 다른 종류의 생물이 만들어질 수 있다'는 주장에 대해 긍정적으로 응답한 교사의 비율이 59.1%로 높게 나타났으며, 부정적으로 응답한 교사의 비율 역시 29.5%로 적지 않은 비율을 보여주었다.(표 5) 또한 '잘 모르겠다'라고 응답한 교사의 비율은 11.3%로 다른 항목들에 비하여 낮은 비율을 보여주는데 이는 교사들이 돌연변이에 대해 비교적 확고한 관점을 가지고 있는 것으로 보인다.

또한 '모든 돌연변이는 그 개체에 해로운 방향으로 일어나며, 진화의 요인이 될 수 없다'는 주장에 대해 긍정적으로 응답한 교사의 비율이 13.5%, 부정적으로 응답한 교사의 비율이 66.9%, '잘 모르겠다'라고 응답한 교사의 비율이 18.3%로 나타났다. 두 가지 항목을 통해 교사들의 많은 수가 돌연변이가 진화의 요인이라고 생각함을 알 수 있었다.

18번 항목인 '자연선택은 오직 존재하는 형질 중에서 선택하는 것이므로 진화가 아니라 보존의 기능을 할 뿐이다'라는 주장에 대해서는 33.9%가 긍정적으로 응답하였으며, 27.8%가 부정적인 대답을 하였다. 38.3%는 '잘 모르겠다'를 선택하였다. 이는 돌연변이를 많은 수의 교사들이 진화의 요인으로 보는 것에 비해 자연선택 자체에 대해 잘 모르거나 자연선택 자체가 진화를 일으키지는 않는 것으로 생각한다는 것이다.

'자연 선택 과정이 조금 나은 돌연변이나 조금 못한 돌연변이를 모두 도태시킨다'라는 주장에 대해서는 25.2%가 '매우 그렇다'와 '그렇다'라고 응답하였으며, 47.8%가 '매우 그렇지 않다'와 '그렇지 않다'를, 26.1%가 '잘 모르겠다'를 선택하였다. 교사들이 돌연변이가 주된 진화의 요인이며 자연선택과정에서 이들이 선택된다고 많은 수가 생각하고 있으나 단세포로부터 지금의 모든 생물로의 진화과정을 돌연변이와 자연선택이 설명해주지는 않는다고 생각함을 유추해볼 수 있으며 돌연변이와 자연선택을 통한 진화를 믿지 않는 교사도 상당수가 있음을 알 수 있다.

표 5. 돌연변이와 자연선택에 관한 관점

진화와 관련된 지식 주장	매우 그렇다	그렇다	잘모르겠다	그렇지 않다	매우 그렇지 않다	무응답	합계
17. 자연선택과 돌연변이를 통해 아메바와 같은 단세포 생물로부터 지금의 모든 생물로 진화되었다.	1 (0.9)	43 (37.4)	26 (22.6)	34 (29.6)	10 (8.7)	1 (0.9)	115 (100)
18. 자연선택은 오직 존재하는 형질 중에서 선택하는 것이므로 진화가 아니라 보존의 기능을 할 뿐이다.	6 (5.2)	33 (28.7)	44 (38.3)	29 (25.2)	3 (2.6)	0 (0.0)	115 (100)
19. 돌연변이를 통해 아주 다른 종류의 생물이 만들어질 수 있다.	10 (8.7)	58 (50.4)	13 (11.3)	29 (25.2)	5 (4.3)	0 (0.0)	115 (100)
20. 모든 돌연변이는 그 개체에 해로운 방향으로 일어나며, 진화의 요인이 될 수 없다.	4 (3.5)	12 (10.4)	21 (18.3)	68 (59.1)	9 (7.8)	1 (0.9)	115 (100)
21. 자연선택과정은 조금 나은 돌연변이나 조금 못한 돌연변이를 모두 도태시킨다.	3 (2.6)	26 (22.6)	30 (26.1)	51 (44.3)	4 (3.5)	1 (0.9)	115 (100)

(4) 인류의 기원

'유인원이 원인을 거쳐 사람으로 진화했다'는 주장에 대해 '매우 그렇다'와 '그렇다'라고 응답한 교사의 비율이 34.7%, '매우 그렇지 않다'와 '그렇지 않다'라고 응답한 교사의 비율이 33.9%, '잘 모르겠다'라고 응답한 교사의 비율이 31.3%로 비슷하게 나타났다. 또한, '과거에 유인원과 사람 사이를 이어주는 중간단계의 원인이 살았었다'라는 주장에 대해서는 '매우 그렇다'와 '그렇다'라고 응답한 교사의 비율이 39.2%, '매우 그렇지 않다'와 '그렇지 않다'라고 응답한 교사의 비율이 22.6%, '잘 모르겠다'라고 응답한 교사의 비율이 38.3%로 나타났다. '사람과 원숭이 같은 인간의 조상을 이어주는 확실한 중간단계가 화석으로 발견되지 않았다'라는 주장에 대해서는 '매우 그렇다'와 '그렇다'라고 응답한 교사의 비율이 48.7%로 높게 나타났으며, '매우 그렇지 않다'와 '그렇지 않다'라고 응답한 교사의 비율이 12.2%로 낮게 나타났고, '잘 모르겠다'라고 응답한 교사의 비율이 39.1%로 높게 나타났다.(표 6)

표 6. 인류의 진화에 관한 관점

진화와 관련된 지식 주장	매우 그렇다	그렇다	잘모르겠다	그렇지 않다	매우 그렇지 않다	무응답	합계
22. 유인원이 원인을 거쳐 사람으로 진화했다.	2 (1.7)	38 (33.0)	36 (31.3)	28 (24.3)	11 (9.6)	0 (0.0)	115 (100)
23. 과거에 유인원과 사람사이를 이어주는 중간단계의 원인, 즉 50% 원숭이, 50% 사람의 특징을 가진 생물들이 살았었다.	1 (0.9)	44 (38.3)	44 (38.3)	17 (14.8)	9 (7.8)	0 (0.0)	115 (100)
24. 사람과 원숭이 같은 인류의 조상을 이어주는 확실한 중간단계가 화석으로 발견되지 않았다.	8 (7.0)	48 (41.7)	45 (39.1)	13 (11.3)	1 (0.9)	0 (0.0)	115 (100)

다른 항목들에 비하여 인류의 진화에 대해서는 '잘 모르겠다'는 응답이 상대적으로 많이 나타났으며 유인원이 원인을 거쳐 사람으로 진화했다는 주장에 대해 진화되었다는 의견과 진화되지 않았다는 의견, 그

리고 잘 모르겠다는 의견이 비슷한 비율로 나타났다. 또한 과거에 중간단계의 원인이 살았다고 하더라도 이를 이어주는 중간단계가 화석으로 발견되지 않았거나 잘 모르겠다는 의견이 지배적으로 나타났다.

(5) 지질시대

'5억 7천만년 전부터 시작되었다고 하는 고생대, 2억 3천만년 전부터 시작되었다고 하는 중생대, 6천 5백만년 전부터 시작되었다고 하는 신생대와 같은 지질시대가 과거에 실제로 존재했다'는 주장에 대해 '매우 그렇다'와 '그렇다'라고 응답한 교사의 비율이 62.6%, '매우 그렇지 않다'와 '그렇지 않다'라고 응답한 교사의 비율이 7.0%, '잘 모르겠다'라고 응답한 교사의 비율이 30.4%로 나타났다. 이를 통해 지질시대에 대해서는 대부분의 교사들이 실제로 존재했다고 생각하고 있는 것으로 보인다. 지질시대의 존재에 대하여 '잘 모르겠다'는 비율은 30.4%로 나타났으며 존재하지 않았다는 의견은 7.0%밖에 되지 않는 것으로 보아 기존 항목들에 대해서 반진화론적인 기원관을 지니고 있던 과학교사들도 지질시대의 존재에 대해서는 소수만이 부정하고 대부분은 잘 모른다고 하거나 존재했던 것으로 생각함을 보여준다.(표 7)

지구의 나이에 대해서는 '지구의 나이는 6000년 정도이다'라는 주장에 11.3%의 교사들이 '매우 그렇다'와 '그렇다'를 선택하였으며, 50.5%가 '매우 그렇지 않다'와 '그렇지 않다'를, 37.4%가 '잘 모르겠다'를 선택하였다. 또한 '방사능 동위원소 연대측정에 의해 지구의 연대가 45억년으로 확실하게 밝혀졌다'라는 주장에 대해서는 '매우 그렇다'와 '그렇다'라고 응답한 교사의 비율이 60.0%, '매우 그렇지 않다'와 '그렇지 않다'라고 응답한 교사의 비율이 13.0%, '잘 모르겠다'라고 응답한 교사의 비율이 27.0%로 나타났다. 이는 50%이상의 많은 수의 교사들이 지구의 연대가 45억년이라고 생각하고 있으며 약13%의 과학교사들이 지구가

표 7. 지질시대에 관한 관점

진화와 관련된 지식 주장	매우 그렇다	그렇다	잘모르겠다	그렇지 않다	매우 그렇지 않다	무응답	합계
25. 5억 7천만년전부터 시작되었다고 하는 고생대, 2억 3천만년 전부터 시작되었다고 하는 중생대, 6천5백만년 전부터 시작되었다고 하는 신생대와 같은 지질시대가 과거에 실제로 존재했다.	7 (6.1)	65 (56.5)	35 (30.4)	4 (3.5)	4 (3.5)	0 (0.0)	115 (100)
26. 지구의 나이는 6000년 정도이다.	3 (2.6)	10 (8.7)	43 (37.4)	41 (35.7)	17 (14.8)	1 (0.9)	115 (100)
27. 방사능 동위원소 연대 측정에 의해 지구의 연대가 45억년으로 확실하게 밝혀졌다.	5 (4.3)	64 (55.7)	31 (27.0)	12 (10.4	3 (2.6)	0 (0.0)	115 (100)
28. 방사능 동위원소 연대측정법의 기본 가정과 실제 결과에 많은 문제가 있다.	3 (2.6)	29 (25.2)	60 (52.2)	19 (16.5)	3 (2.6)	1 (0.9)	115 (100)

젊다는 의견을 가지고 있음을 보여준다. 이 역시 다른 문항에서 반진화론적인 사고를 보여주었던 과학교사들도 지구의 연대에 대해 잘 모른다고 하거나 45억년이라는 생각을 지니고 있음을 보여준다.

'방사능 동위원소 연대측정법의 기본 가정과 실제 결과에 많은 문제가 있다'는 주장에 대해서는 '매우 그렇다'와 '그렇다'라고 응답한 교사의 비율이 27.8%, '매우 그렇지 않다'와 '그렇지 않다'라고 응답한 교사의 비율이 19.1%, '잘 모르겠다'라고 응답한 교사의 비율이 52.2%로 나타났다. 이는 여러 진화와 관련된 항목 중에서 '잘 모르겠다'의 비율이 가장 높은 항목으로 50% 이상의 과학교사들이 지구의 연대측정과 지질시대 분류에 영향을 주고 있는 방사성 동위원소 연대측정법에 대해 자세히 알지 못함을 의미한다. 이를 교사의 전공별로 이 항목에 대한 응답의 차이가 존재하는지 알아보기 위하여 교사의 전공과 28번 항목의 교차분석을 실시하였다. 교차분석 결과 '방사능 동위원소 연대 측정법의 기본 가정과 실제 결과에 많은 문제점이 있다'라는 항목에 대해 물리교사들은 '그렇지 않다'와 '잘 모르겠다'에 응답한 수가 많았으며, 화학교사는 '잘 모르겠다'에 많은 수가 응답하였다. 그에 비해 많은 수의 생물과 지구과학교사들은 '잘 모르겠다'와 '그렇다'라고 답을 하고 있음을 알 수 있다.

표 8. 25번과 26번 항목의 교차분석 결과

		(26번문항) 지구의 나이는 6000년 정도이다.					
		매우 그렇다	그렇다	잘 모르겠다	그렇지 않다	매우 그렇지않다	전체
(25번문항) 고생대, 중생대, 신생대와 같은 지질시대가 과거에 실재로 존재했다.	매우 그렇다 (전체%)	0 (0.0)	0 (0.0)	0 (0.0)	3 (2.6)	4 (3.5)	7 (6.1)
	그렇다 (전체%)	0 (0.0)	4 (3.5)	24 (21.1)	28 (24.6)	9 (7.9)	65 (57.0)
	잘 모르겠다 (전체%)	0 (0.0)	4 (3.5)	18 (15.8)	10 (8.8)	2 (1.8)	34 (29.8)
	그렇지 않다 (전체%)	0 (0.0)	2 (1.8)	1 (0.9)	0 (0.0)	1 (0.9)	4 (3.5)
	매우 그렇지않다 (전체%)	3 (2.6)	0 (0.0)	0 (0.0)	0 (0.0)	1 (0.9)	4 (3.5)
전체	빈도 (전체%)	3 (2.6)	10 (8.8)	43 (37.7)	41 (36.0)	17 (14.9)	114 (100.0)

지질시대에 대한 응답자들의 반응 유형을 좀 더 자세히 알아보고자 25번과 26번 문항에 대하여 교차분석을 실시하였다.(표 8)

교차분석의 결과 '지질시대가 실제로 존재했다'는 25번 문항에 '매우 그렇다'와 '그렇다'에 응답하고 '지구의 나이는 6000년 정도이다'라는 26번 문항에 '그렇지 않다'와 '매우 그렇지 않다'라고 응답하여 지질시대가 확실히 존재했다고 생각하는 교사는 전체의 38.6%였으며, 지질시대는 존재하였으나 6000년 정도인지는 잘 모르겠다고 대답한 교사는 21.1%였다.

반대로 지질시대는 실제로 존재하지 않았으며, 지구의 나이는 6000년 정도라고 생각하는 교사는 전체의 4.4%로 나타났으며, 둘 다 잘 모르겠다고 대답한 교사는 15.8%로 나타났다.

3. 문항의 평균 분석

가) 가장 진화론적인 응답을 보인 지식주장

진화와 관련된 지식주장에 대한 관점을 좀 더 자세히 알아보기 위하여 전체 32개 문항의 응답에 대한 평균값을 조사하였다. 32개 문항 중, 진화론적인 견해를 나타내는 문항에서는 '매우 그렇다'에 1, '그렇다'에 2, '잘 모르겠다'에 3, '그렇지 않다'에 4, '매우 그렇지 않다'에 5의 값을 주었고, 진화론에 반대하거나 창조론적인 견해를 나타내는 문항의 경우에는 '매우 그렇다'에 5, '그렇다'에 4, '잘 모르겠다'에 3, '그렇지 않다'에 2, '매우 그렇지 않다'에 1의 값을 주었다. 결과적으로 진화론적인 견해에서 '매우 그렇다'는 1, '그렇다'는 2, '잘 모르겠다'는 3, '그렇지 않다'는 4, '매우 그렇지 않다'는 5의 값을 나타내게 된다.

문항의 평균분석을 통하여 보았을 때, 가장 진화론적인 응답을 보인 지식주장들은 표9와 같다. 이 지식주장들은 2.23에서 2.51까지의 평균을 받은 것들이다. 내용을 살펴보면, 중학교 과학교사들은 지구의 연대는 45억년으로 지질시대는 실제로 존재하였고 화석이 하등생물로부터 고등생물까지의 점진적인 발달을 보여준다는 기원관을 가지고 있었다.

표 9. 가장 진화론적인 응답을 보인 지식주장

지식주장 문항	N	평균	표준편차
3. 화석은 아래 지층에서 윗 지층의 순서에 따라 하등생물로부터 고등생물까지의 점진적인 발달을 보여준다.	112	2.40	1.127
20. 모든 돌연변이는 그 개체에 해로운 방향으로 일어나며, 진화의 요인이 될 수 없다.	114	2.42	0.911
25. 5억 7천만년 전부터 시작되었다고 하는 고생대, 2억 3천만년 전부터 시작되었다고 하는 중생대, 6천5백만년 전부터 시작되었다고 하는 신생대와 같은 지질시대가 과거에 실제로 존재했다.	115	2.42	0.805
26. 지구의 나이는 6000년 정도이다.	114	2.48	0.943
27. 방사능 동위원소 연대 측정에 의해 지구의 연대가 45억년으로 확실하게 밝혀졌다.	115	2.51	0.842
29. 조물주에 의해 6일 동안에 모든 생물들이 종류대로 창조되었다.	115	2.50	1.127
32. 무생물로부터 단세포 생물이 생겨났고, 이것이 다양한 생물로 진화하였으나 필요한 단계마다 조물주가 개입하였다.	115	2.23	0.809

또한 돌연변이가 이러한 진화의 요인이 될 수 없다는 항목과 지구의 나이가 6000년 정도라는 항목, 그리고 무생물로부터 단세포 생물이 생겨났고, 이것이 다양한 생물로 진화하였으나 필요한 단계마다 조물주가 개입하였다는 항목과 생물이 6일 동안 조물주에 의해 창조되었다는

항목에는 부정적인 의견이 많이 나타났다. 이는 과학교사들은 지구의 나이는 45억년이며, 돌연변이를 진화의 요인으로 보고 있음을 의미하며, 조물주에 의해 6일 동안 창조되었다는 주장이나 진화의 단계마다 조물주가 개입하였다는 부분에는 부정적인 의견을 많이 가지고 있음을 알 수 있다.

나) 대체로 진화론적인 응답을 보인 지식주장

문항의 평균분석을 통하여 보았을 때, 대체로 진화론적인 응답을 보인 문항들은 표10과 같다. 이 주장들은 2.54~2.96까지의 평균값을 가진 것들이다. 이러한 문항들의 내용을 살펴보면, 화석과 시조새가 진화의 증거가 되는 것과 상동기관, 척추동물의 배 발생 과정, 돌연변이와 자연선택설에 의한 진화 및 생물의 진화 등의 항목으로 주로 중학교 과학교과서에서 다루고 있는 내용들과 유사함을 엿볼 수 있다.

표 10. 대체로 진화론적인 응답을 보인 지식주장

지식주장 문항	N	평균	표준편차
1. 우주와 그 가운데 있는 모든 것은 진화의 산물이다.	111	2.80	1.242
2. 우주와 그 가운데 모든 것은 창조주에 의해 창조되었다.	112	2.86	1.192
4. 화석은 처음부터 완전한 모습의 생물만을 보여준다.	112	2.54	1.056
5. 지층에서의 화석은 진화의 순서와는 무관하게 출토된다.	111	2.80	1.043
6. 많은 화석이 진화과정 중에 있는 모습의 생물을 보여준다.	111	2.54	1.016
7. 시조새는 파충류에서 조류로 가는 중간단계의 화석임이 틀림없다.	110	2.96	0.989
10. 박쥐의 날개, 사람의 팔, 고래의 앞지느러미의 기본 골격구조가 같은 것은 원래 같은 조상으로부터 진화했음을 보여주는 것이다.	113	2.74	1.084

지식주장 문항	N	평균	표준 편차
11. 여러 동물의 골격의 기본구조가 같다는 것은 동일한 설계자에 의해 설계되었다는 것을 나타낸다.	112	2.96	0.981
13. 척추동물의 한 개체의 배 발생과정이 계통발생을 반복한다는 헥켈의 진화 재연설은 오늘날에도 여전히 타당하다.	113	2.77	0.906
15. 태아의 전체 발생과정은 오직 사람의 특징만을 보여준다.	113	2.72	1.065
19. 돌연변이를 통해 아주 다른 종류의 생물이 만들어질 수 있다.	115	2.66	1.083
21. 자연선택과정은 조금 나은 돌연변이나 조금 못한 돌연변이를 모두 도태시킨다.	114	2.76	0.934
23. 과거에 유인원과 사람사이를 이어주는 중간단계의 원인(猿人), 즉 50% 원숭이, 50% 사람의 특징을 가진 생물들이 살았었다.	115	2.90	0.936
31. 화학진화를 통해 무생물로부터 단세포 생물이 생겨났고 수십억 년이 지나면서 이것이 진화과정을 거쳐 오늘날의 다양한 생물들로 진화하였다.	115	2.64	1.002

다) 대체로 반진화론적인 응답을 보인 지식주장

문항의 평균분석을 통하여 보았을 때, 대체로 반진화론적인 응답을 보인 주장들은 표 11과 같다. 이 주장들의 평균은 3.04~3.43의 값을 가진 것들이다.

'골격의 기본 구조가 같다는 것과 그 조상이 같다는 것을 연결지을 특별한 이유가 없다'는 항목에 대체로 반진화론적인 응답을 보였는데, 이는 과학교사들이 상동기관을 진화의 증거로 보면서도 그 논리에 대하여서는 다소 부정적으로 생각하고 있음을 나타낸다. 또한, 유인원을 거쳐 사람으로 진화했다는 인류의 기원과 인류의 중간화석에 대해서는 진화론에 대해서 다소 부정적인 의견이 많이 나타났다. 진화의 메커니즘으로는 교사들이 돌연변이가 주된 진화의 요인이며 자연선택과정에서 이들이 선택된다고 많은 수가 생각하고 있으나 단세포로부터 지금의 모든 생물로의 진화과정을 돌연변이와 자연선택이 설명해주지는 않는다고 생각하며, 태아의 발생과정에서 나타나는 목 부분의 주름이 사람이 어류로부터 진화했다는 증거는 되지 못한다고 생각한다.

표 11. 대체로 반진화론적인 응답을 보인 지식주장

지식주장 문항	N	평균	표준편차
8. 시조새는 부분적으로 파충류의 특징을 보이지만 완전한 새이다.	112	3.14	0.899
9. 화석은 생물이 아메바로부터 사람으로까지 진화되었음을 증거한다.	113	3.30	1.034
12. 골격의 기본 구조가 같다는 것과 그 조상이 같다는 것을 연결지을 특별한 이유가 없다.	113	3.04	1.017
14. 태아의 발생과정은 사람의 조상이 물고기였음을 보여준다.	111	3.26	1.006
16. 태아의 발생초기에 나타나는 목 부분의 주름은 어류로부터 진화했다는 증거이다.	112	3.29	0.915
17. 자연선택과 돌연변이를 통해 아메바와 같은 단세포 생물로부터 지금의 모든 생물로 진화되었다.	114	3.08	1.032
18. 자연선택은 오직 존재하는 형질 중에서 선택하는 것이므로 진화가 아니라 보존의 기능을 할 뿐이다.	115	3.09	0.923
22. 유인원이 원인(猿人: 원숭이 사람)을 거쳐 사람으로 진화했다.	115	3.07	1.015
24. 사람과 원숭이 같은 인류의 조상을 이어주는 확실한 중간단계가 화석으로 발견되지 않았다.	115	3.43	0.817
28. 방사능 동위원소 연대측정법의 기본 가정과 실제 결과에 많은 문제가 있다.	114	3.09	0.793

4. 기원 교수방법에 대한 관점 조사

연구문제 2는 중학교 과학교사들의 진화를 가르치는 방법에 대한 관점을 알아보고자 하였다. 진화를 가르치는 방법에 대한 관점은 기원에 대한 이론들의 본질과, 기원에 대한 이론들의 교수의 근거, 대안적 이론 교수의 근거, 기원에 대한 수업방법과 기원에 대한 교육 자료의 필요성의 측면에서 조사하였다.

가) 기원에 대한 이론들의 본질

문항 2와 3은 창조론과 진화론의 본질에 대한 관점에 대하여 조사하였다.

'진화론은 과학이지만 창조론은 신앙이다'라는 관점에 대해서 55.9%의 교사들이 '매우 그렇다'와 '그렇다'라고 응답하여 많은 수의 교사들이 창조론은 신앙의 차원으로 생각함을 알 수 있으며, 26.0%의 교사들은 '매우 그렇지 않다'와 '그렇지 않다'라고 응답하여 전체 교사의 약1/4은 진화론은 과학이고 창조론은 신앙이라는 의견에 동조하지 않음을 알 수 있다.

또한, '진화론과 창조론, 모두 경험할 수 없는 과거의 시간에 대한 이론이다'라는 관점에 대해서는 59.1%의 교사들이 '매우 그렇다'와 '그렇다'로, 12.2%의 교사는 '잘 모르겠다'로, 26.9%의 교사들은 '매우 그렇지 않다'와 '그렇지 않다'라고 응답하였다. 이는 약 71.3%의 교사들이 생명의 기원에 대한 어느 이론도 모두 경험할 수 없거나 잘 모르겠다고 응답하여 생명의 기원에 대한 불확실한 생각을 가지고 있음을 유추해 볼 수 있다.

나) 기원에 대한 이론들의 교수 근거

문항 4는 '창조론과 진화론, 두 이론 모두 과학적 자료를 근거로 소개할 수 있는 타당성을 갖고 있다'는 관점으로 기원에 대한 이론들인 창조론과 진화론 두 이론 모두를 가르칠 타당성이 있는가를 알아보았다. 그 결과 35.6%의 교사들은 '매우 그렇다'와 '그렇다', 23.5%의 교사는 '잘 모르겠다'로, 39.1%의 교사들은 '매우 그렇지 않다'와 '그렇지 않다'라고 응답하였다. 두 이론을 모두 가르칠 타당성이 있다는 의견에 동의하는 관점과 동의하지 않는 관점이 다소 비슷하게 나타나며 '잘 모르겠다'는 의견이 23.5%나 나타나 교사들의 의견이 분산되어 나타났다.

다) 대안적 이론 교수의 필요성

문항 1은 창조론 교수가 필요한가에 대한 의견을 물었다. '중학교 3학년 과학의 진화를 가르칠 때, 창조론도 함께 소개해야 한다'는 의견에 '매우 그렇다'와 '그렇다'라고 응답한 교사가 57.4%로 나타났으며, '잘 모르겠다'가 13.9%, '매우 그렇지 않다'와 '그렇지 않다'가 26.9%로 나타나 많은 수의 교사가 중학교 3학년 과학의 진화를 가르칠 때 창조론도 함께 소개해야 한다고 응답하였다.

라) 기원에 대한 수업 방법

5번 문항부터 10번 문항은 기원에 대한 수업방법을 질문하였다.

'진화단원을 가르칠 때 교과서에 나와 있는 진화내용만을 그대로 설명한다'는 관점에 대하여 51.3%가 '매우 그렇다'와 '그렇다'라고 응답하였으며 38.2%가 '매우 그렇지 않다'와 '그렇지 않다'라고 응답하였다. 51.3%는 교과서의 내용을 중심으로 진화를 설명하고 있으며, 나머지

48.7%는 '잘 모르겠다' 와 '그렇지 않다', '매우 그렇지 않다'를 선택하여 교과서의 내용만을 그대로 설명하지는 않는 것으로 보인다.(표 12)

'진화론만을 가르치나 창조론을 언급할 필요성을 느낀다'라는 항목에 대하여서는 46.9%가 '매우 그렇다'와 '그렇다'라고 응답하였으며, '잘 모르겠다'는 13.0%, '매우 그렇지 않다'와 '그렇지 않다'는 35.6%로 나타났다.

'학생들이 질문할 경우, 창조론을 언급하는 편이다'라는 항목에 대해서는 60.0%가 '매우 그렇다'와 '그렇다'라고 응답하였으며, '잘 모르겠다'는 2.6%, '매우 그렇지 않다'와 '그렇지 않다'는 34.7%로 나타나 많은 수의 교사들이 학생들의 질문을 받을 때 창조론을 언급하는 것으로 나타났다.

'신앙과 과학의 한계를 분명히 하여 창조론은 과학적 설명이 아니라고 가르친다'는 항목에 대하여는 30.4%가 '매우 그렇다'와 '그렇다'라고 응답하였으며, '잘 모르겠다'는 16.5%, '매우 그렇지 않다'와 '그렇지 않다'는 49.5%로 나타났다. 30.4%의 교사는 창조론은 신앙이라고 하는 반면, 49.5%는 창조론은 과학적 설명이 아니라고 가르치지는 않는 것으로 나타났다.

'진화단원을 가르칠 때, 교과서에 있는 내용을 기초로 하되, 진화의 한계와 그 대안인 창조론에 대해서도 소개한다'는 항목에 66.1%의 교사들이 '매우 그렇다'와 '그렇다'라고 응답하였으며, '잘 모르겠다'는 11.3%, '그렇지 않다'는 19.1%, '매우 그렇지 않다'는 0.9%로 나타났다. 다른 항목들보다 '매우 그렇다'와 '그렇다'의 응답이 많이 나타난 항목으로 66.1%의 교사들이 교과서의 내용을 기초로 하되, 진화의 한계와 그 대안인 창조론에 대해 소개하는 것으로 나타났으며, '그렇지 않다'는 19.1%로 나타났고, '매우 그렇지 않다'는 응답은 0.9%밖에 나타나지 않았다.

또한 '진화단원을 가르칠 때, 생명과 종의 기원에 대한 두 이론인 창조론과 진화론을 비교해 주고 학생들이 선택하도록 한다'는 항목에 대하여는 48.7%가 '매우 그렇다'와 '그렇다'라고 응답하였으며, '잘 모르겠다'는 13.9%, '그렇지 않다'는 34.8%로 나타나 두 이론을 모두 비교해 주고 학생들이 선택하도록 하는 교사의 수가 그렇지 않은 교사의 수보다 많은 것으로 나타났다.

표 12. 기원에 대한 수업방법

진화를 가르치는 방법에 대한 관점	매우 그렇다	그렇다	잘모르겠다	그렇지 않다	매우 그렇지 않다	무응답	합계
5. 진화단원을 가르칠 때, 교과서에 나와 있는 진화내용만을 그대로 설명한다.	5 (4.3)	54 (47.0)	8 (7.0)	38 (33.0)	6 (5.2)	4 (3.5)	115 (100)
6. 진화단원을 가르칠 때, 생명과 종의 기원에 대한 두 이론인 창조론과 진화론을 비교해 주고 학생들이 선택하도록 한다.	6 (5.2)	50 (43.5)	16 (13.9)	40 (34.8)	0 (0.0)	3 (2.6)	115 (100)
7. 진화단원을 가르칠 때, 교과서에 나와 있는 내용을 기초로 하되, 진화의 한계와 그 대안인 창조론에 대해서도 소개한다.	7 (6.1)	69 (60.0)	13 (11.3)	22 (19.1)	1 (0.9)	3 (2.6)	115 (100)
8. 학생들이 질문할 경우, 창조론을 언급하는 편이다.	4 (3.5)	65 (56.5)	3 (2.6)	35 (30.4)	5 (4.3)	3 (2.6)	115 (100)

진화를 가르치는 방법에 대한 관점	매우 그렇다	그렇다	잘모르겠다	그렇지 않다	매우 그렇지 않다	무응답	합계
9. 신앙과 과학의 한계를 분명히 하여 창조론은 과학적 설명이 아니라고 가르친다.	5 (4.3)	30 (26.1)	19 (16.5)	52 (45.2)	5 (4.3)	4 (3.5)	115 (100)
10. 진화론만을 가르치나 창조론을 언급할 필요성을 느낀다.	2 (1.7)	52 (45.2)	15 (13.0)	35 (30.4)	6 (5.2)	5 (4.3)	115 (100)

마) 기원에 대한 교육자료의 필요성

문항 11번과 12번은 기원에 대한 교육 자료의 필요성에 대하여 질문하였다. '생물교과서의 생명의 기원과 종의 기원에 대한 수업을 준비할 때 진화론을 지도할 수 있는 교육 자료가 충분하다'는 관점에 대하여 24.3%가 '매우 그렇다'와 '그렇다'라고 응답하였으며, 20.9%가 '잘 모르겠다', 52.3%가 '매우 그렇지 않다'와 '그렇지 않다'라고 응답하였다.

또한 '생물교과서의 생명의 기원과 종이 기원에 대한 수업을 준비할 때 창조론을 지도할 수 있는 교육 자료가 필요하다'라는 관점에 대하여 47.0%가 '매우 그렇다'와 '그렇다'라고 응답하였으며, 19.1%가 '잘 모르겠다', 30.5%가 '매우 그렇지 않다'와 '그렇지 않다'라고 응답하였다.

52.3%의 과학교사들이 현재의 진화에 대한 교육 자료가 충분하지 않다고 생각하였으며, 47.0%의 과학교사들이 기원에 관한 수업을 준비할 때 창조론을 지도할 수 있는 교육 자료가 필요하다고 응답하였다.

5. 결 론

본 연구 결과를 가지고 연구 문제에 대한 결론을 내려보았다.

우리나라 중학교 과학교사들 중 우주가 진화의 산물이라고 생각하는 교사는 45.2%였으며 우주가 창조되었다고 생각하는 교사는 26.1%로 나타났다.

진화에 관련된 지식주장들에 대한 중학교 과학교사들의 관점의 빈도와 평균값을 조사해 본 결과 가장 진화론적인 의견을 1로, 가장 반진화론적인 의견을 5로 두었을 때, 각 문항의 평균값이 2.5~3.4로 나타났다.

각 문항 중에서, 중학교 과학교사들은 지구의 연대가 방사능 동위원소 연대 측정에 의해 45억년으로 밝혀졌고, 지질시대가 실제로 존재하였으며, 화석이 하등생물로부터 고등생물로까지의 점진적인 발달을 보여준다는 주장에 대해 가장 진화론적인 응답을 보였다.

또한, 중학교 과학교과서에서 다루고 있는 화석과, 시조새, 상동기관, 척추동물의 배 발생과정이 진화의 증거이며, 돌연변이와 자연선택에 의해 진화가 이루어졌다는 주장에 대해서 대체로 진화론적인 응답을 보여주었다.

그러나 인류의 기원에 대해서는 진화론적인 의견에 부정적인 견해가 다소 많았으며, 단세포로부터 지금의 많은 생물로의 진화과정을 돌연변이와 자연선택이 모두 설명해주지는 않는다고 생각하였다. 특히, 인류의 기원에 대해서는 유인원이 원인(猿人)을 거쳐 현재의 사람으로 진화되었다는 주장이나, 태아의 발생과정에서 나타나는 목 부분의 주름이 사람이 어류로부터 진화했다는 증거라는 주장에 부정적인 견해가 다소 많이 나타났다.

진화를 가르치는 방법에 대한 관점을 조사하여 본 결과, 중학교 과학교사들의 55.9%는 진화론은 과학이지만 창조론은 신앙이라고 생각하였으며, 26.0%는 그렇지 않다고 응답하였다. 또한 71.3%의 과학교사들이 생명의 기원에 대한 어느 이론도 모두 경험할 수 없거나 잘 모르겠다고 응답하여 생명의 기원에 대한 불확실한 생각을 가지고 있음을 알 수 있었다.

진화단원을 가르칠 때 57.4%의 과학교사가 창조론도 함께 소개해야 한다고 응답하였으며, 실제로 가르칠 때, 66.1%의 교사들이 교과서의 내용을 기초로 하되 진화의 한계와 그 대안인 창조론에 대해 소개하는 것으로 나타났으며, 48.7%가 창조론과 진화론을 모두 소개해주고 학생들이 선택하도록 한다고 응답하였다.

이는 진화에 관련된 지식주장들에 대해 반진화론적이거나 창조론적인 응답을 보인 수보다 훨씬 많은 수로서, 교사들 자신이 창조론적인 가치관을 지니고 있지 않다 하더라도 수업에는 창조론에 대해서도 소개하고 학생들이 선택하도록 하고 있음을 알 수 있다. 적어도 각 문항에 대해 약 50%의 교사들이 어떤 방법으로든지 수업중에 창조론을 소개하는 것으로 응답하였다. 한편, 52.3%의 과학교사들이 현재의 진화에 대한 교육 자료가 충분하지 않다고 생각하였으며, 47.0%의 과학교사들이 기원에 관한 수업을 준비할 때 창조론을 지도할 수 있는 교육자료가 필요하다고 응답하였다.

또한 교사의 배경에 따른 기원에 대한 관점의 차이를 조사해본 결과 종교에 따라 관점의 차이가 존재함을 알 수 있었다. 이는 생명의 기원에 대한 교사의 관점이 지식자체에 의해 결정되기 보다는 교사들의 세계관에 의해 영향을 받음을 보여주는데, 이러한 결과는 교사뿐 아니라 학생들의 경우에도 동일하게 나타나고 있다.(박신영, 석사학위논문) 따라서 생명의 기원은 단순히 개념의 이해 차원보다는 교사나 학생들의 세계관에 의한 영향을 고려해야 할 필요성이 제기된다. 앞으로 이러한 교사와 학생의 세계관을 고려하여, 생명의 기원에 대한 수업의 자료와 방법의 체계적인 연구가 수행될 필요가 있다고 본다.

참고문헌

길원평, 「기원관이 청소년에게 미치는 영향」, 『창조』제142호, 한국창조과학회, 2005.

박신영, 「생물의 진화에 관한 고등학생들의 관점 연구」, 전남대학교 교육학 석사학위논문, 2002.

양승훈 · 우현기, 「기원에 관한 고교생들의 의식구조 조사」, 『경북대논문집』 제45호, 1988.

임번삼, 『잃어버린 생명나무를 찾아서[하]』, 두란노, 2002.

정완호 · 차희형 · 최진복, 「교사들이 제시한 생물학적 오개념 조사」, 『한국과학교육학회지』제12(1)호, 1992.

조성관, 「7차 교육과정 중등학교 과학의 생물영역에서 진화내용의 분석 및 고찰」, 한국교원대학교 교육대학원 석사학위논문, 2003.

최주영, 「중등생물 교사들의 진화론 지도 과정에서 제기되는 창조론과 그 지도방안에 관한 실태조사」, 경상대학교 교육대학원 석사학위논문, 1999.

Geisler, N. L. and Anderson, J. K., Origin science : *A proposal for the creation-evolution controversy*, Michigan : Baker Book House, 1987.

Routledge, M. L., & Warden, M. A., Evolutionary theory, the nature or science & high school biology teachers : Critical relationships, *The American Biology Teacher*, 62(1), 2000.

가톨릭 교회 안에서 청소년의 문화로서 또래관계

조 발 그 니

목포가톨릭대학교 교수, 천주교 광주대교구 소속 사제

목 차

1. 머리말

오늘날 사회에서 종교의 역할은 "인간에게 영적인 평안을 주고 바람직한 도덕과 윤리적 가치를 정립"(노혁, p.50)하는 데 있다. 특별히 청소년 시기는 정체성의 확립과 가치관 형성의 기초가 되는 때이다. 따라서 이 시기에 교회가 그들의 가치관 형성에 중요한 역할을 하는 것이 교회의 사회적 기능이다. 그럼에도 "한국가톨릭교회 내에서 청소년과 교육의 문제는 목소리는 높았으되, 실질적 관심과 배려는 항상 부족했다."(문용린, p.24) 다행히 1995년 "한국 천주교 사목 지침서"를 시작하여, 일부 교구들의 시노드(synod)(시노드란 가톨릭교회에서 교회 안에 중요한 문제가 있을 때 이를 해결하기 위해 개최하는 자문기구의 성격을 띤 회의를 말한다. 특히 교구 시노드는 교구의 최고 통치권자인 교구장 주교가 교구 공동체 차원에서 교구 안의 사제와 수도자, 일반신자 등 교구 구성원들의 대표자인 대의원을 소집해 하는 회의이다.)들은 청소년 문제의 중요성과 그들의 교육을 주요 의안으로 제시하였다. 그러나 많은 연구들이 교회 안팎에서 이뤄졌지만 연구의 방법이나 이론의 체계를 갖추지 못한 실정이다. 스미스 외(Smith et al.)는 종교사회학적 견지에서 청소년에 대한 연구가 체계적으로 이뤄지지 않았던 이유를 다음과 같이 주장하고 있다. 첫째, 이론이나 방법에 있어 체계적, 경험적 연구가 이뤄지지 않았다. 이론이나 방법론의 차원에서 깊이는 물론 학제간 연계된 연구가 부족하였다. 그래서 예를 들면 청소년의 도덕형성은 물론 신앙발달을 위한 사목적 모델을 제안하는 데 한계가 있었다. 둘째, 대부분의 경험연구가 과거의 연구를 답습하는 수준이며 변하는 세대상을 반영하지 못하였다. 지금까지의 연구들은 이론적인 연구에 치우쳐 경험적인 자료를 이용하는 데 한계가 있었고, 그 자료를 바탕으로 하는 연구가 부족하였다. 셋째, 종교성을 다차원적으로 개념화하여 측정하지 않아 종교의 복잡하고 다양한 특징을 제대로 관찰하였다고 할 수 없다. 따라서 종교성의 측정과 같은 양적 연구 방법은 물론 심층면담과 같은 질적 연구 방법이 필요하다.(Smith, C., R. Fairs, M. L. Denton & M. Regnerus, pp.111-133)

또한 종교가 청소년에게 미치는 영향에 대한 체계적 이론화 작업이 부족했다. 스미스(Smith)는 종교가 미국 청소년에게 미치는 영향에 대한 이론화를 시도하였는데, 그의 주장은 다음과 같다. 첫째, 종교는 청소년들에게 도덕규범을 제공한다. 종교는 종교 구성원이 배워야 할 도덕규범을 제공하고, 청소년들로 하여금 이 도덕규범을 받아들여 삶의 선택과 실행을 하도록 안내한다. 둘째, 종교는 청소년들에게 영적인(spiritual) 경험을 제공한다. 종교는 죽음, 고통과 같은 인간이 해결할 수 없는 문제에 답을 제공하는 영적 체험을 하게 한다. 셋째, 종교는 청소년에게 삶의 모델을 제공한다. 종교는 성인, 또래집단과 더불어, 삶의 안내가 될 수 있는 모델을 제공하는데, 이들은 청소년의 삶에 있어서 영향을 끼치는 종교의 도덕규범의 실행에 있어 모범이 되고, 자신의 행동을 비춰보는 대상이 된다. 넷째, 종교는 청소년들에게 공동체의 지도자로서 역할을 할 수 있는 기회를 제공한다. 종교는 종교 활동을 통해 실제 적용가능한 공동체 생활 기술, 리더십 기술을 청소년들이 관찰하고, 배우고 실행할 수 있는 자리를 제공한다. 다섯째, 종교는 청소년들에게 대처기능(coping)을 제공한다. 종교는 스트레스 상황에서 지지하고 희망을 주고 안내를 해주어 삶의 문제를 대처하고 이해하는데 중요한 기능을 한다. 여섯째, 종교는 청소년들에게 문화자본으로서 역할을 한다. 종교 안에서 청소년은 여러 가지 문화적 체험을 하고, 사회에서 적용 가능한 여러 가지 문화자본을 제공받는다. 일곱째, 종교는 청소년들에게 사회자본으로서 역할을 한다. 종교는 남녀노소, 여러 계층은 물론 가족 밖의 사람들과 접촉을 제공하고, 그들과의 연결망을 촉진한다. 여덟째, 종교 그 조직을 통해 청소년들에게 네트워크를 형성하도록 돕는다. 종교는 청소년들에게 부모와 다른 성인들과의 경험을 체험하도록 하고, 청소년들에게 더 많은 정보를 제공하고, 인간관계의 폭을 확대시킨다. 아홉째, 종교는 청소년들에게 보다 넓은 인간관계를 가능하게 한다. 종교는 국가적, 초국가적 종교기관과 연결이 가능하고,

청소년 시기 다른 지역 공동체와 만남을 가능하게 하며, 이를 통해 청소년의 지평과 욕구를 성장시킬 수 있다.(Smith, pp.17-30) 요컨대, 그에 따르면 종교는 공동체를 통해서 청소년들에게 영향을 줄 수 있으며, 공동체와 연계하여 청소년에게 바람직한 사회화 기능을 수행한다고 볼 수 있다. 스미스가 시도한 청소년에 대한 종교의 영향의 이론화 작업에서도 종교가 청소년에게 도덕규범을 제공하고 이를 실천하는 안내자로서 역할을 하는 것을 알 수 있다.

한편, 제2차 바티칸 공의회에서는 "청소년들이야말로 청소년들을 위한 제일선의 사도로써, 자기들이 살고 있는 사회 환경을 고려해서 자기들 사이에서 자기들을 통해서 사도직을 수행할 것이다."(사도직에 관한 교령, 12항)라고 한다. 따라서 청소년 복음화의 열쇠는 누구보다 청소년 스스로에게 있다고 할 수 있다. 오늘날 종교지도자들은 직면하고 있는 전통적인 의무감, 상담에 대한 필요성의 증가, 교인들 상호간의 관심이라는 문제에 대한 해결책으로 또래사목을 제시하고 있다.(이동수, pp.87-115) 이와 같은 이유로 조재연은 청소년 복음화의 방안으로 또래사목을 제안하였다.(조재연, pp.94-105) 그는 또래사목이란 "청소년들이 자신의 또래인 다른 청소년들을 위해서 사목을 수행하는 것, 즉 같은 또래 청소년들이 서로에게 예수 그리스도의 구원을 중재하는 것이라"(조재연, p.9) 정의한다. 그러나 조재연의 연구는 경험 연구로 이어지지 않아 교회 내 청소년의 문화에서 또래관계가 어떤 역할을 하며 어떤 영향을 미치는지를 면밀히 탐색하는 데 한계가 있다. 이러한 한계를 극복하기 위해 교회 안에서의 청소년 문화에 대한 실증적 연구가 필요하다. 이 연구는 청소년의 목소리를 생생히 들을 수 있는 심층면담을 통해 가톨릭교회 안에서 청소년의 문화로 볼 수 있는 또래관계에 대한 선행연구를 보완하였다.

"질적 연구는 관심 있는 사회현상에 대한 구성원들의 의미(동기, 신념,

가치, 상황정의 및 해석)를 그들의 시각과 맥락 속에서 이해하고 분석하되 주로 비수량적인 방법에 의존하는 연구이다."(김미숙, p.46) 지금까지 사회학이나 교육학과 같은 경험학문에서는 주로 양적 접근이 선호되어 왔다. 그러나 양적 접근은 연구결과가 추상적이며 일반적이라서 현장에서 구체적으로 적용할 때 어려움을 겪으며, 기존이론이나 가설 검증에 치우치기 때문에 현재 일어나고 있는 상황이나 현상을 간과할 수 있고, 연구자의 시각에서 연구가 진행되기 때문에 현장 구성원들의 시각이나 이해의 반영이 충실히 이루어지기 어렵다. 반면, 질적 연구는 관심 있는 현상에 대하여 깊이 있게 그 과정과 맥락을 연구할 수 있고, 복잡한 현상을 기술하는 데 유용하며, 현장의 목소리와 이해관계를 상세하게 내부자의 입장에서 알 수 있고, 독자에게 현장의 상황을 일반인의 언어로서 생생하게 보고할 수 있으며 현상에 대한 귀납적이며 잠정적인 그러나 설명적인 이론을 창출할 수 있다.(Creswell, pp.50-57) 이러한 이유로 이 연구는 질적 연구의 한 방법인 심층면담을 이용하여 교회 내 청소년의 또래문화에 대하여 살펴보고자 한다.

머리글을 통해 살펴볼 때, 교회 내 청소년의 문제를 살펴보는 것은 중요한 일이다. 그러나 많은 연구들이 경험연구로 이어지지 않고, 그저 이론으로 끝나는 데 한계가 있다. 그래서 종교가 청소년에게 미치는 영향을 탐색하기 위하여 그들의 문화 중 또래관계를 살펴보는 것은 이론을 체계화하는 데 도움이 된다. 나아가 청소년 시기에 또래관계가 중요함을 인식할 때 이를 통한 종교교육과 프로그램을 위한 기초를 마련하는 것이 필요하다. 따라서 위와 같은 연구의 필요성과 목적을 위해 이 연구는 우선 심층면담의 방법과 절차를 설명하고 청소년의 또래관계 및 교회 안에서 청소년의 또래문화와 이를 통한 도덕성 형성의 가능성을 선행연구와 심층면담을 통해 탐색하였다.

2. 몸 말

가) 심층면담의 절차 및 분석

심층면담은 선행연구의 결과를 보완하고 경험적 자료를 바탕으로 청소년의 입장에서 교회 내 그들의 목소리를 듣기 위해 실시되었다. 심층면담의 대상은 광주광역시 북구 소재 A 남자 중학교 학생 2명, 동구 소재 B 여자 중학교 학생 3명, 남구 소재 C 여자 중학교 학생 2명과 강진군 읍 소재지 E 여자 고등학교 학생 2명 총 9명을 면담하였다. 면담대상 학생들은 모두 천주교 신자이고, 학교에서 선정한 이유는 표집에 있어서 치우침이 없는 집단을 선정하기 위해서였다.

이 연구는 Creswell이 제시한(Creswell, pp.559-576) 면담지침을 따랐다. 그 구체적 절차는 다음과 같다. ① 면담자 확인 ② 사용할 면담 유형 정하기 ③ 면담하는 동안 질문과 대답의 녹음을 위한 도구 마련 ④ 면담 동안 메모 ⑤ 면담을 이끌기 위한 적절한 장소 확보 ⑥ 연구에 참여를 위한 면담자로부터 동의 얻기 ⑦ 계획을 지니나 유연하기 ⑧ 첨가적 정보를 얻기 위해 탐침(探針, probe) 사용 ⑨ 면담이 끝날 때 감사를 표시하기이다.

심층면담은 2006년 11월에서 12월 중 방과 후에 실시하였다. 심층면담은 연구자가 직접 시행하였다. 면담자는 면담에 대한 소개와 비밀보장 유지에 대한 설명을 면담 동의서를 통해 실시한 후, 참여 학생들의 서명을 받았다. 모든 면담의 내용은 음성녹음기를 이용하여 녹음되었다. 면담 절차는 반 구조화된 면담 지침서를 활용하였으나 질문의 절차와 방법은 융통성 있게 참여자에 따라 달리 실시되었다. 면담 시간은 개인에 따라 다르나 약 40분 정도 소요되었다.

면담 결과의 분석은 Mason이 제시한(김두식 역) 분석절차를 따랐다.

먼저 녹음된 자료와 면담동안 노트를 해 둔 자료를 풀어쓰기를 하였다. 자료를 정리하기 위해서 횡단적, 범주적 지표화 방법을 사용하였다. 이 기법은 연구자가 획일적인 일련의 지표범주들을 자신의 자료에 체계적으로 일괄적으로 부여하는 것이다. 연구자는 풀어쓰기 된 자료를 여러 번 읽어가면서 공통된 주제를 발견하고 다시 읽기를 하면서 형광펜으로 마크하였다. 각각의 변인에 따라 정리된 자료를 컴퓨터로 문서화하고 다시 읽어가면서 세부적 특징을 탐색하여 주제를 발굴하였다. (주제를 발굴하는 방법은 Creswell(2002)이 제시한 일상적인 주제, 예상되지 않는 주제, 분류하기 어려운 주제, 주요한 그리고 소수 주제로 나누는 방법을 따랐다.) 심층면담 분석에서 나오는 모든 이름은 연구자가 임의적으로 정한 가명이다.

나) 청소년의 또래관계

청소년 시기, 또래에 의한 사회적 관계는 성숙한 사회인이 되기 위해 필요한 사회적 기술을 습득하도록 해주고, 청소년 자신이 주위로부터 사회 정서적 지원을 받고 있다는 느낌을 통해서 안정된 정서를 갖게 도와주며, 자아 개념과 도덕성 발달에 기여한다.(곽금주, p.78) 따라서 청소년 시기 또래관계는 그들의 사회적 발달에 중요한 요인이 된다. 또한 청소년들은 또래관계를 통해서 자신의 정체를 확인하고, 동질의식을 갖게 된다.(Hecht, D. B., H. M. Inderbitzen and A. L. Bukowski, pp.153-160)

특히, 또래관계의 영향력은 어떤 연령에서보다 청소년기에 가장 강하다. 청소년기에는 중요한 타인들과의 관계가 변화되며 재구성되는데 또래관계의 중요성이 점차 증가하게 되어, 또래들은 점진적으로 사회적 관계에서 이전에 부모가 차지했던 중심적인 위치를 차지하게 된다. (강영배 · 김기헌 · 이은주 역, pp.237-240)

청소년 시기에 또래 집단의 기능을 보면, 첫째, 또래집단은 사회적 지원과 안정감을 제공해준다. 청소년은 부모로부터 독립하기를 원하고 이 때 친구의 존재는 자신과 유사한 갈등을 지니고 있다는 동정적인 피드백과 안정감을 제공하여 긴장해소에 도움을 준다. 둘째, 또래집단은 준거집단으로서의 역할을 한다. 인간은 자기와 비슷한 사람끼리 비교하는 경향이 있기 때문에 어떤 연령이든 준거집단이 필요하다. 급격한 변화를 겪는 청소년기에는 자신의 경험과 행동을 판단하는데 기준이 되는 준거집단이 특히 더 필요하게 된다. 셋째, 또래집단은 보다 성숙한 인간관계를 형성할 기회를 제공한다. 청소년은 친구관계에서 무엇을 기대하고 무엇을 기대하지 말아야 하는지 또 성적 성숙과 함께 이성친구와 어떻게 사귀어야 하는지 배우게 된다. 넷째, 자신의 정체감을 추구하는 과정에서 또래집단은 중요한 역할을 한다. 새로운 역할을 시험해보고자 할 때 또래와의 상호작용을 통해 격려를 받을 수 있으므로 긍정적인 자아상을 발견하게 된다.(정옥분, pp.112-150)

심층면담에서 청소년들은 또래관계가 그들의 삶에서 중요한 요소라고 진술하였다.

(1) "우정(을) 더 지켜서(…)"

> **종교가 맞으니까 무슨 얘기를 해도…. 기독교인 친구랑은 많이 배타적인데요. 같은 천주교니까 말하면 응~ 맞어. 이래요. 기도 내용도. 사실 말을 잘 안하거든요. 그냥 장난스럽게 나 무슨 기도 하고 싶다 그런 말 예를 들면 남자친구…. 그 사람이 나 좋아했음 좋겠다.**(김혜준)

김혜준의 경우에서처럼 청소년들은 끼리끼리 어울리게 되고 배타적인 관계를 형성하기도 하였다. 이미 청소년들은 행동반경이 가정에서 학교로 변화되어 많은 시간을 학교에서 보낸다. 이에 따라 그들은 또래관계를 통해 사회적 관계를 형성하며, 이 집단의 성원들로부터의 승인

여부와 소속여부가 사회성 발달이나 정서발달과 자아형성에 중요한 영향을 주게 된다.(김형태, 박사학위논문) 따라서 주로 또래집단의 구성원은 "서로 유사한 성향을 가질 뿐만 아니라 그러한 유사성을 높이기 위해 서로 영향을 주고받는다. 그러한 집단의 구성원이 되는 것은 개인에게도 도움이 되며, 그것이 집단의 규칙에 대한 동조압력"(강영배 · 김기헌 · 이은주 역, p.241)이 되기도 한다. 따라서 어떤 또래관계를 형성하느냐에 따라 사회관계의 질이 달라질 수 있다.

> **(담배피우는 친구에게) 이야기 해줘봤자 들을 애들이 아니에요.**(오경근)
> **저는 (비도덕적 행위를) 그냥 하는 건 냅둬요. 그냥 신경 안 써요. 신경 쓰는 것도 좋은 것은 아닌 거 같아요.**(이기선)

오경근과 이기선의 경우에서처럼 자신들과 친한 친구가 아닐 경우에는 전혀 관심을 갖지 않는 경우도 있었다. 이는 청소년 시기에 유사한 성향을 지니지 않는 경우 동질집단(예를 들어 같은 반)이더라도 동질성을 찾는다거나 유대관계를 형성하지 않을 수도 있다는 말이다.

> **(생일잔치에 빠지게 되면) 이야기에 조금씩 못 끼게 되고 이런 게 있으니까….**(조정희)
> **(친구가 부정행위를 할 경우) 그만큼 친하니까 말했다가 지금은 선생님한테 보이는 거보다 애들 친구들끼리가 더 그러거든요(중요하거든요). 저희 때는…. 그냥 선생님한테 차라리 혼나고 얘랑 우정 더 지켜서… (그게 더 중요한 것 같아요).**(신봄)

조정희와 신봄의 경우와 같이 청소년들은 또래관계에서 소외될까 두려워한다. 그래서 친구들과 모임에서 빠지게 될 때 혼자만이 따돌림을 당할까 걱정하기도 하고, 때로는 부정행위와 같은 행위에서도 또래관계에서 소외되는 것을 두려워하여 모르는 척 하는 것을 '우정'으로 생각하였다.

(버스 무임승차할 때) 그러면 나는 맘에 안 들지만 그 친구들하고 쑥 따라가요. 제가 약간 성격적으로도 휩쓸리기를 잘하거든요.(조정희)

요즘 애들이 술을 먹고 그러잖아요. 아니면 나 엄마가 못 나가게 해서 거짓말을 치고 원래 시내를 가는데 도서관에 간다 할 거다. 너랑 같이 간다 했으니까 너희 엄마한테 너도 그렇게 말해야 된다. 들키면 나도 들키니까.(신봄)

(친구 때문에 거짓말을 할 때) 나 할 때도 쟤가 저렇게 해주라고 해야 되니까.(신봄)

(출입금지 구역에서 사진 찍을 때) 근데 분위기가 다 좋고, 사진 찍자 찍자 그러는데 저만 안 들어가기도 뭐하고 그래가지고 (그냥 들어가요).(윤빛나)

조정희, 신봄, 윤빛나의 경우는 또래관계를 유지하기 위해 반사회적 행위를 인식하고 있음에도 또래비행동조가 이뤄지는 것을 알 수 있다. 즉 청소년 시기 또래관계의 중요성은 또래동조의 압력으로 작용하여 청소년들은 친구들의 비행에 암묵적으로 동의하거나 혹은 잘못된 행위임을 알고 있음에도 그 행동에 동조하는 것으로 보인다. 이미 왕따와 같은 청소년의 또래문화를 청소년들은 암암리에 인식하고 있다. 따라서 그들의 의식 안에서 옳다고 생각하지 않는 행동에도 오히려 또래의 행동에 동조하는 것이 그들의 또래관계를 유지하고 그 관계를 확인하는 계기가 됨을 알 수 있다.

한번씩 관심 없을 때도 있고요 저한테 맘에 드는 애한테 뭐라 하면 제가 뭐라 해요.(박기헌)

(학교 컴퓨터 쓰고, 급식비 안 내고 우유 먹을 때) 제가 컴퓨터 하고 있으

면 하지 말라고 그러고, 우유 급식 안 냈는데 먹으면 애들 못 먹으니까 그러지 말라(해요).(윤빛나)

그러나 반대로 박기헌과 윤빛나의 경우에서처럼 친구들의 비도덕적 행위에 동조하지 않거나 오히려 행동의 변화를 위해서 노력하는 경우도 있었다. 위와 같은 진술은 또래들이 반사회적 행동을 하도록 조장할 수도 있지만, 더 많은 경우에 그렇게 하지 못하도록 할 수도 있다(이희연, pp.155-173)는 연구와 일치하였다.

(2) "오빠는 베스트 프렌드"

심층면담의 결과, 청소년 시기에는 가정에서의 대화나 친분관계에서 형제자매를 먼저 꼽는 것으로 보인다. 그래서 부모와 못하는 이야기도 형제자매들끼리 하는 것으로 나타났다.

오빠하고는 베스트 프렌드에요.(김혜준)

[집에서 가장 누구랑 가장 많이 말해?] 언니랑 이야기를 더 많이 해요.(박한별)

[누구랑 사실대로 말해?] 언니요. 말하면 더 이해를 잘 해주니까. 서로 "맞아 맞아" 이렇게 서로 공감하니까. 엄마한테 저 사실 거짓말 치고 이렇게 놀았어요. 이러면 언니는 진짜? 나도 원래 저러기로 했는데 그랬었어.(신봄)

김혜준, 박한별, 신봄의 진술은 청소년 시기 또래관계가 무엇보다도 중요하고, 자신들과 공감대를 이루는 또래들과의 관계가 형성되며 이를 통해서 자신의 정체성을 확인한다는 것을 알 수 있다. 그래서 가족 안에서도 부모보다는 같은 세대를 살아가는 형제자매들과 더 많은 이야기를 나누는 것을 알 수 있다. 또 그들 안에 부모가 모르는 비밀을 서로 공유하거나 지지와 위로를 받는 것을 알 수 있다.

우리신학연구소가 실시한 분석에 따르면 청소년들은 자신의 고민거리들을 친구와 가장 많이 의논하는 것으로 나타났다. 이를 구체적으로 살펴보면, 서울(1996) 53.5%, 제주(2001) 62.6%, 마산(2001) 52.2%, 서울(2002) 28.7%, 통계청(2004) 63.6%의 청소년이 자신의 고민을 친구나 선·후배에게 상담하는 것으로 나타났고, 그 다음으로 어머니를 꼽았다.(이미영, 2006년 7월 17일) 청소년들은 부모, 학교 선생님, 교리교사, 성직자나 수도자보다 형제, 자매와 같이 동일세대를 살아가는 청소년들을 대화의 상대자로 생각하였다.

위와 같은 우리신학연구소의 결과와 심층면담의 결과는 조재연이 제안한 또래사목의 가능성을 지지하는 결과이다. 이를 좀더 살펴보기 위하여 교회 안에서 청소년의 또래관계를 탐색할 필요가 있다.

다) 교회 안에서 청소년의 또래 관계

종교는 인간에게 자신의 존재 의미 내지는 삶의 의미를 발견하도록 도와주고, 동시에 사회구성원으로서의 바른 역할을 해낼 수 있도록 인도해주는 심리적 기능과 사회적 기능을 수행하고 있다. 따라서 종교활동은 청소년에게 직·간접 영향을 미쳐 청소년들의 원만한 인격을 개발하고 풍부한 정서를 함양시킴으로써 인생에 대한 긍정적 태도를 갖게 하고 자신의 생활만족에 의미 있는 영향을 미친다.(이성혜·전미경, pp.43-58) 그리고 교회 안에서 청소년은 또래와 관계 맺기를 원하며 무엇보다도 어딘가에 소속되기를 갈망하고 있다. 곧 강한 소속감과 어딘가에서 인정받고, 받아들여지기를 바라고 있다.(조재연, pp.94-98)

(1) "친구가 간다하면 가요"

심층면담에서 청소년들은 교회활동의 참석에서조차 또래의 참석 유무가 더 중요하다고 하였다.

(친구랑 초등학교 졸업 한 후에) 학교가 갈라져 가지고요. (성당에 이제) 안다녀요…. 친구랑 같이 (성당에) 나갔는데요…, 걔 때문에 제가 갔어요. 안 갈라 해도.(박기헌)

친구가 (성당 행사에) 간다하면 가요.(박한별)

지금 (성당에) 좀 안 나가고 있거든요. ○ ○ 이도 안 나오고, ○ ○ 이도 안 나오고, ○ ○ 이도 안 나오고, ○ ○ 이도 안 나오고, 저도 안 나오고, 한 다섯 명 안 나올 거예요.

박기헌, 박한별, 신봄의 경우에서처럼 청소년들은 친구가 교회 활동 참여를 하지 않으면 자신도 하지 않는다고 진술하였다. 청소년들은 종교의 본질적 기능인 신과의 만남이나 신과의 대화와 같은 이유보다 또래와의 유대관계가 교회활동의 중요한 이유임을 말하고 있다. 그래서 청소년시기에는 종교의 본질적 목적보다 또래와의 관계에 따라 교회생활을 하는 것으로 보인다.

또한 성당이 친구를 만나고 그들과 교제를 하는 장소의 역할을 하였다.

친구라도 있어야 미사시간에 떠들거나 미사 끝나고 집에 같이 오고 그러는데, 혼자 가면 이상하게 쳐다봐요…. 중학교는 중학교 애들끼리 놀고, 고등학교 올라가야 선생님이랑 놀고 언니랑 놀고 더 많이 참여도 하고, 저녁까지 더 남고, 우리끼리 더 놀자(그러거든요). 내심 나도 언니 오빠들처럼 놀고 싶은데….(신봄)

신봄은 혼자 성당 가는 것이 오히려 이상하다고 생각하고, 고학년이 될수록 성당에서 오래 놀 수 있는 기회가 있는 것을 내심 부러워하고 있었다. 이는 청소년의 신앙발달의 모습을 보여준다고 할 수 있다. 올포트와 로스(Allport & Ross)에 의하면, 외재적 종교성향의 사람들은 종교를 여러 방면에 수단적으로 이용할 수 있다. 안정감이나 위안뿐만 아니라 사업을 위한 접촉이나 정치적 힘을 획득하려는 동기를 지닌다. 그래서 이들은 표면적으로만 교회에 가는 신자일 수도 있다. 반면에 내재적 종교성향의 사람들은 신앙을 그 자체로서 최상의 가치가 있는 것으로 간주한다. 이들은 종교 활동에 주체적으로 참여한다. 그들에 의하면, 종교성장은 외재적 종교성향에서 내재적 종교성향으로 발달한다고 하였다.(Allport, G. W., & Ross, pp.432-443) 따라서 또래관계에 따라 교회 활동에 참여하는 이들은 아직 종교성이 발달되지 않는 상태일 수도 있다.

(2) "주일 성당에 가면 꼭 만나고"

그러나 아래 조정희의 경우에서처럼 교회활동이 오히려 중학생이 되어 다른 학교로 진학한 이후 소원해질 수 있는 또래관계를 지속시킬 수도 있다. 이는 앞의 박기헌 등의 경우와 반대의 모습을 지니는 것으로 또래관계가 교회활동을 통해 강화되는 모습을 보여주고 있다.

> XXX(성당 모임) 하는 친구가 초등학교부터 친했던 친구라서 서로 모르는 게 없어서요. 학교는 떨어져 있는데 주일에 성당 가면 꼭 만나고 무슨 일이 있거나 이러면 저녁에라도 전화해서 서로 고민 이야기 하고(해요).(조정희)

또한 조정희와 신봄이 진술하듯이, 교회 안에서 청소년들의 만남은 단지 교제만이 아니라 그들의 신앙적 성숙을 위한 나눔을 가능하게 하고, 연대의식을 갖게 하였다. 또한 또래 형성을 위한 교회활동이라고 하더라도 그 상황이 지속되었을 때 자연스레 신앙심이 생기리라 확신하였다.

> 성당 친구들은 XXX 모임을 하고 있거든요. XXX 이야기 자주하고 그 담에 강론이나 교리 그런 이야기 주로 해요. 제가 힘든 일이 있거나 그럴 때 (같이) 기도를 더 하게 되고 난 왜 이럴까 이런 생각보다는 (같이) 기도나 이런 걸로 많이 도움도 받았던 거 같아요.(조정희)
>
> (성당) 다니다 보면 또 신앙심이 생기기도 하고…(그러잖아요).(신봄)

위의 진술은 교회 내에서 또래관계가 지속적일 때 종교 성숙이 되고, 종교 내에서 만남이 단지 친교를 위한 만남이었을 경우 신앙적 성숙으로 이어지지 않음을 보여준다. 올포트와 로스의 말대로, 종교성이 외재적 종교성향에서 내재적 종교성향으로 성장하기 위해서는 교회 내에서 또래관계가 형성될 때, 더 촉진될 수 있다. 또한 심층면담에 참가한 중 3과 고 1은 종교성이 변화하는 시기이다. 파울러(Folwer)의 신앙발달단계에 따르면 이 시기가 2단계 신화적 — 문자적 신앙의 단계에서 3단계 종합적 — 인습적 신앙으로 넘어가는 단계이다. 즉 종교의 가르침을 무조건 받아들이는 상태에서 인지능력의 발달로 인해 판단 분석하는 시기이다.(사미자 역, pp.219-242) 또한 미국인을 대상으로 한 연구에서 종교심성의 급속한 변화가 가장 많이 나타나는 연령층은 15-16세이고, 이런 변화의 평균적 연령은 남자가 15.5세 여자가 14.5세로 나타났다.(문용린, pp.1067-1074) 따라서 특히 이 시기에 종교 성숙이 이뤄지기 위해서는 교회의 노력이 더 필요하다는 말이다.

한편, 천주교 서울대교구 시노드 설문조사에 따르면(천주교서울대교구, pp.292-296), 주일학교 청소년 중에서 60%가 또래들과 가장 친하다고 응답을 하였다. 또한 이들은 주일학교 활동에서 가장 좋은 점으로 친구 등 다른 사람들과의 관계를 좋게 할 수 있다(30.5%)를 꼽았다. 또한 우리신학연구소의 분석에 따르면, 청소년에게 가장 긍정적인 영향을 준 것은 친구관계로 평가되었다. 대전교구의 2000년도 조사에서는 청소년들에게 구체적으로 주일학교에서 무엇을 얻고 있느냐는 질문에서 친교를 얻고 있다는 청소년이 전체의 52.5%로 가장 높게 나타났다. 이는 교회 내 또래문화가 그동안 중요한 관심주제가 되지 않았으나 청소년들이 주일학교를 통한 또래관계 형성을 가장 중요한 것으로 여기고 있다는 것을 알 수 있다. 실제로 주일학교 안에서 청소년들끼리는 어떤 인간관계를 맺고 있는가라는 질문에 대해 또래 친구들과는 70%(서울, 2002)정도가 친하게 지낸다고 응답하였다.

그럼에도 사목자와 같은 교회지도자들은 이와 같은 청소년의 관점과는 다른 면을 보이고 있다. 사목자나 부모들은 주일학교의 중점 교육분야나 주일학교에서 얻을 수 있는 것으로서 인간관계를 상대적으로 낮게 평가하였다. 주일학교의 중점교육 분야에서 마산(2001, 교사)은 신자로서의 기본자세(36.9%)를 다음으로 인간관계(23%)를, 서울(2002, 교사)은 인성교육(42.7%) 다음으로 인간관계(32%)를, 서울(2002, 사목자)은 신자로서의 기본자세(41.7%), 인성교육(30.9%) 다음으로 인간관계(12.6%)를 꼽았다. 또한 주일학교에서 얻을 수 있는 것에 대해 신앙심을 꼽은 응답은 학생이 44.3%(제주, 2001)인데 비해 사목자는 83.3%(제주, 2001)로 아주 높게 나타난 반면 친구·우정(친교)이라고 꼽은 응답은 사목자가 0%(서울, 1996)로 아주 낮게 나타났다.(이미영, pp.10-18)

이처럼 사목자들과 같은 교회지도자들과 청소년들은 주일학교와 같은 교회활동을 보는 입장이 달라 보인다. 이는 교회지도자들이 생각하는 대로 교회활동을 통해 신앙심이나 신자로서 기본자세를 성장시키기 위해서는 청소년들의 또래관계에 먼저 개입할 필요가 있음을 확인시켜준다. 앞의 심층면담에서 연구자는 중요한 차이를 지적하고 싶다. 박기헌, 박한별, 신봄의 경우, 그들이 교회 안에서 특별한 활동이 정기적으로 없는 반면, 조정희의 경우, 정기적인 성당 모임이 또래 간의 유대관계를 유지시키는 것으로 사료된다. 따라서 교회 안에서 청소년의 또래관계 형성을 위한 정기적이고 청소년의 자발적인 참여가 가능한 모임이 마련되어야 하고 이를 위한 구체적인 프로그램이 요청된다.

한편, 교회 내 왕따와 비행과 같은 청소년 문제에 대한 질문에서, 청소년들은 대전(2000)과 제주(2001)의 조사 모두 왕따가 있다는 응답보다 비행청소년이 있다는 응답이 높게 나타났다.(이미영, p.27) 이는 교회를 다니는 청소년들이 더 많은 성비행을 저지른다는 김정규의 연구결과(김정규, p.118)와 부합된다. 즉 불량청소년들은 교회를 단지 이성교제를 위한 수단으로 생각하고 교회를 만남의 장소로 여기고 있다는 것과 연관하여 생각할 수 있다. 교회가 교제장소일 때 즉 청소년을 위한 구체적이고 정기적인 모임을 제공하지 않을 때 종교는 비행을 위한 만남의 장소가 될 수 있다.

라) 교회 안에서 청소년의 또래문화와 도덕성

종교의 사회적 기능은 여러 가지이지만 청소년 시기에는 무엇보다도 도덕성 형성을 들 수 있다. 종교가 도덕성 형성에 관계가 있다는 주장은 다음과 같다. 첫째, 종교성이 도덕성을 형성하도록 조장한다. 종교경험이 도덕성 형성과 관계를 지녀, 종교유무나 종교출석에 따라 더 높은 도덕성을 보였다.(권승혁, pp.59-84; 김정규, pp.120-123; 전성표, p.1071) 둘째, 종교성이 친사회적 행위를 하고 건전한 생활양식을 갖게 한다. 종교성이 높을수록 친사회적 행동을 하는 경향이 있으며, 종교성이 낮을수록 자살시도, 약물복용, 혼전(婚前) 성관계 등의 비행행동을 하는 경향이 있다.(김정규, pp.120-123; Benda, B. B., & Corwyn, R. F., pp.81-92; Scheepers, pp.157-176) 셋째, 종교는 힘든 생애사건을 극복하는데 있어서 사회적 지원의 원천으로의 역할을 한다.(김광기 · 강은덕 · 김상현 · 신매숙, pp.179-199; Batson, pp.29-45)

또한 종교교육이 청소년 도덕성 형성에 관련이 있다는 보고도 있다. 종교교육은 도덕성, 세계관, 신화, 종교체험 등과 관련되어 있으며, 사회화 과정에 결정적으로 중요한 역할을 한다. 또한 종교교육에는 종교의 도덕적인 가르침이 내포되어 있으며, 개인의 윤리 및 당면한 공공의 문제와 관련해서 종교의 도덕적 가르침을 표명한다. 이와 같이 종교교육과 인성교육 혹은 도덕교육을 연결시키는 전통은 아주 오래 된 것이며, 종교교육이 청소년의 정체성 확립을 위한 역할을 수행하기도 하고, 종교에서 제시하는 가치, 규범, 윤리 등은 도덕성 발달에 중요한 기여를 한다고 주장한다.(Hill, pp.103-117) 청소년 시기에 적어도 1000시간 종교교육을 또래집단 안에서 실시할 때, 도덕성을 형성하는 데 영향을 미친다는 보고도 있다.(Gunnoe, pp.613-622)

그러나 우리나라의 연구는 청소년 도덕형성과 같은 행동 및 인성발달과 종교성의 관계에 대한 연구는 미흡하고 오히려 종교의 유무와 같은 종교변인들이 가장 적은 영향을 미치는 것으로 나타났다.(정하성, pp.164-183) 또한 종교집단과 무종교집단은 종교성에서 통계적으로 유의한 차이를 보였으나 도덕성에 차이가 없었고, 종교집단 안에서도 개신교 집단과 천주교 집단은 종교성에서 통계적으로 유의한 차이를 보여 개신교 집단이 천주교 집단보다 높은 평균 점수를 나타냈으나, 도덕성에는 유의한 차이를 보이지 않았다. 이는 종교집단 간 종교성의 차이가 도덕성의 차이로 이끌어지지 않아, 종교성이 높을수록 도덕성이 높다고 추론할 수 없다는 말이다. 결국 종교성이 도덕성에 영향을 미치기 위해서는 다른 변인이 필요하고, 특히 또래관계가 도덕성 사이에서는 중요한 역할을 한다는 점을 시사한다.

한 연구에 따르면, 종교집단에서 종교성과 도덕성의 관계에서 또래관계의 조절효과(예언변수와 결과변수 간 관계에 대한 연구결과가 일관성을 갖지 못하였거나 기대와 달리 약할 경우 어떤 제3의 변수가 예언변수와 결과변수 간 관계의 방향과 강도를 변화시키는 변수가 있는 것이라 예상한다. 그리고 이 제3의 변수를 조절효과(moderating effect)라고 한다.)를 살펴 볼 때 또래관계 영향에 따른 도덕성의 조절효과가 통계적으로 유의하였다. 이는 또래의 비행행동에 동조하지 않을수록 종교성이 높았고 종교성과 또래동조가 상호작용하여 도덕성에 영향을 미친다는 말이다. 즉 종교성이 높지만 또래동조가 낮을 때 도덕성의 수준은 낮게 된다고 해석할 수 있다는 말이다. 이는 또래관계가 높을 때 도덕성에 영향을 미치지만 또래관계가 낮을 때 종교성은 도덕성에 영향을 미치지 않는다는 말이다.(조발그니, pp.325-351) 요컨대, 교회 안에서 청소년의 도덕성을 관찰하고자 할 때 또래관계를 같이 살펴보는 것이 중요하다. 그럼에도 교회가 청소년의 교회활동의 참여에만 매달려 그들의 도덕성을 끌어올리는 데는 소홀한 것이 아닌가 하는 점이 있다. 심층면담은 이를 잘 설명하고 있다.

(1) “우리 성당 오빠 많아”

> 요즘 성당에서 ‘전화번호 적으라’고 하거나 ‘새로운 친구 데리고 올게요’ 그러면 ‘그래 그럼 달란트 많이 줄게’ 이러고, 또 ‘새로운 친구 데려와’ 이러면 맛있는 거 많이 준비해놓고 (애들 많이 오게 해요).(신봄)
>
> 나이 좀 많이 들면 거의 다 뭘 알 때는 성당은 그냥 친구 사귀고 남자친구나 여자 친구를 교회나 성당에서 많이 한다(사귄다) 해가지고 다니는 애들도 있어요. (교회를) 찾아서 어디가 오빠들 많은데, 어디가 여자들 많은데, 이러면서 안 다녔던 애들이 한쪽으로 몰리는…. ‘우리 성당 오빠 많아. 너희 성당 한 번만 가 봐도 돼?’ 그래서 한 번 갔다가 안 간 애들이 더 많아요. (신봄)

신봄의 경우에서 보듯이, 교회가 청소년의 교회 밖 또래관계를 교회 내로 끌어들이는 데만 노력을 하는 것이 아닌가 하는 의구심이 든다. 즉 교회가 단순히 출석요구를 강조하고 있는 것으로 보였다. 교회에서 교회출석이나 비신자 전교에 관심을 두고 청소년의 프로그램이나 청소년의 또래관계에 주의를 두지 않을 때 청소년들은 교회를 그저 만남의 장소나 교제의 장소로만 여기게 될 수 있다.

> 계속 다니는 애들은 '오빠가 저기에 많이 있다' '여기에 많이 있다' 이래도 거기 한 번씩만 갔다 오지. 자기 성당은 잘 안 끊는 거 같아요.(신봄)

신봄의 위의 진술은 종교적 목적이 아닌 단순한 만남이나 교제를 이유로 참석한 것은 지속적으로 교회참석과 관련이 없고, 또래형성도 되지 않는 것으로 보인다. 교회가 청소년들에게 만남의 장소를 제공하지만 적절한 개입을 하지 않는다거나 단순히 교회 활동 참여를 독촉하는 데에 머무르게 될 때 종교교육은 지속적으로 이루어질 수 없다. 즉 교회에서 새로운 친구를 데려오거나 교회 출석을 위해 보상을 제공하는 것은 외적 동기를 부여할 수는 있지만 더 큰 보상이 주어지지 않을 때 포기될 수 있다. 그러나 내적 동기가 부여될 수 있도록 프로그램을 개발하고 내적 동기를 부여할 수 있는 또래들이 많이 있을 때 교회활동은 물론 도덕성 형성을 기대할 수 있다. 따라서 청소년의 교회활동에 대한 자발적 참여를 유도할 기회가 필요하다.

(2) "착한 일도 더 많이 하게 되는 것 같고"

> 착한 일도 더 많이 하게 되는 거 같고…. 종교 단체에서 돕는 일 같은 거 많이 하면, 성당 같은 데서 그런 걸 한다 그러면 제가 성당을 다니니까 그 쪽으로 좀 더 많이 도와주게 되고….(윤빛나)

교회 내에서 적절한 개입을 할 경우, 청소년의 친사회적 행위를 독려할 수 있을 것이다.

윤빛나의 진술은 교회가 일반적으로 친사회적 행동을 할 기회를 제공하고, 봉사활동을 할 수 있는 기회를 청소년들에게 마련해주리라 기대한다는 것을 알 수 있다. 또한 그런 기회를 제공할 때 참여할 의사가 있음을 보여주는 것이다. 우리신학연구소의 분석에 따르면, 주일학교에서 봉사활동을 한다면 약 70%이상의 청소년들이 해보고 싶다고 응답하였다.(이미영, p.19) 이는 청소년들은 기회가 마련되면 봉사활동에 대한 관심이 높고, 교회가 그러한 기회를 제공해주리라고 기대한다는 의미이다.

교회는 조직망을 형성하고 이를 통해 사회자본 및 문화자본을 제공한다. 교회조직을 통해 봉사활동과 같은 친사회적 행동의 기회는 청소년의 도덕성 형성에 자극이 되는 것이다. 또한 봉사활동과 같은 교회 내 활동이 또래들과 함께 하는 것으로 조직적이고 정기적일 경우, 청소년들의 교회 내 유대관계를 지속시킬 수 있을 것이다. 교회 내 활동이 청소년의 친사회적 행위를 조장하고 반사회적 행위를 예방할 수 있다는 점을 시사한다. 청소년들이 교회 내 봉사활동과 같은 교회 활동에 자발적인 참여를 한다면 '또래사목자'로서 역할을 수행할 가능성이 있다. 따라서 교회 안에서 청소년의 또래관계는 그들의 봉사활동과 같은 외적 활동(ad extra)과 더불어 교리교육과 같은 내적 활동(ad intra)이 모두 또래관계를 강화하고 이들의 관계가 교회의 내외적 활동과 연관될 때 교회의 사회적 기능이 제대로 수행될 수 있다.

교회에서 조직한 봉사활동은 청소년들이 또래들과 자발적으로 교회 안에 참여할 수 있는 기회이다. 이를 통해 청소년들은 또래들과 관계를 형성하고 중요한 인간관계를 형성할 수 있다. 또 콜버그(Kohlberg)가 제시한대로 그들 안에서 도덕적 딜레마의 상황을 체험하며 도덕성의 발달이 이루어 질 수 있다.(강희천, pp.31-53) 교회는 이와 같은 봉사활동을 통해 청소년의 종교 활동을 장려하고 그들이 가야할 방향을 제시하고 그 활동들 안에서 도덕성 형성을 기대할 수 있다.

3. 꼬리말

이 연구는 교회 안팎으로 청소년의 문제가 중요함에도 많은 연구가 이뤄지지 않았고 특별히 교회 내 청소년의 또래 문제에 대한 경험적 연구가 이뤄지지 않은 상황에서 선행연구를 살펴보고 심층면담으로 이를 보완하여 교회 내 청소년의 또래문화를 살펴보았다.

이 연구의 결과는 다음과 같다. 첫째, 청소년시기에 또래 관계는 무엇보다 소중하다. 청소년들은 자신들과 공감대를 이루는 또래들과 관계를 형성하고 그 관계 안에서 자신의 정체성을 확인하였다. 청소년들은 또래들 행동에 동참하여 그들의 반사회적 행동에 암암리에 동조하기도 하지만, 친근한 관계에서는 또래들의 행동에 대해서 개입하고, 또래의 행동수정을 위해서 노력하는 것을 알 수 있다. 또한 부모보다는 형제나 자매에게 더 깊은 이야기를 나누고, 친구들과의 의사소통을 통해 많은 교감을 나누는 것으로 나타났다.

둘째, 교회 안에서 청소년의 또래문화는 신앙 안에서 더 확고해 진다는 것을 알 수 있다. 이 시기에 청소년들은 친구 따라 다른 종교나 다른 교회에 가보기도 하지만 그것이 신앙으로 이어지지는 않으며, 교회 내 또래관계가 형성되지 못할 경우, 지속적인 교회 활동이 이뤄지지 않는다는 것을 알 수 있다. 따라서 교회 안에서 또래관계가 지속될 때 종교적 성숙을 기대할 수 있다.

셋째, 교회 내 또래관계 안에서 청소년의 도덕성 형성을 위한 봉사활동과 같은 친사회적 프로그램이 필요하다. 교회는 청소년들에게 교회

출석을 독려하거나 외부친구를 데리고 오기를 장려하지만 오히려 이러한 교회의 노력이 청소년들에게 교회를 교제의 장소로만 생각하게 하는 오해의 소지가 있었다. 또한 만남의 장소로서 교회가 활용될 때 교회 내 또래관계는 형성되지 않았다. 그러나 청소년들은 교회 내 봉사활동과 같은 친사회적 행위를 기대하고 있다. 또한 이러한 교회 내 활동에 참여하기를 원하고 있었다.

위의 결과는 다음과 같은 것을 논의할 수 있다. 첫째, 청소년시기에 또래관계가 중요하다는 것을 감안하여 청소년의 바람직한 또래관계 형성을 위한 제반시설, 인력 양성, 사회적 노력이 필요하다. 특히 교회는 오래전부터 청소년의 도덕형성이 이뤄지고, 만남의 장소인 만큼 청소년에 대한 관심과 배려가 필요하다. 따라서 '또래사목자'를 양성하더라도 한번의 양성으로 끝나는 것이 아니라 끊임없는 재양성과 교육이 필요하다. 왜냐하면 또래사목자인 청소년 역시 동일시기를 살아가는 청소년이기 때문이다.

둘째, 교회 내 청소년의 또래관계가 중요하고 이들의 또래관계를 통해서 종교적 성숙이 이뤄진다는 것을 인지하여야 한다. 따라서 청소년의 종교교육은 물론, 그들이 교회 안에서 머물 수 있도록 교회기관의 노력이 필요하다. 또한 우리신학연구소의 분석에서 나타나는 대로, 주일학교는 청소년의 친교에 많은 도움을 준다는 것을 고려하여 그들의 또래관계 형성을 위한 관심이 필요하고, 종교교육에서도 그들의 친교에 대한 배려가 필요하다. 나아가 조재연에 의해 제안된 또래사목의 방향도 신중하게 고려하고 발전할 수 있도록 많은 연구가 필요하다. 그러나 청소년의 특성을 고려하고 그들의 또래관계를 살펴보아야 한다. 특히 이때는 또래동조비행이 쉽게 이뤄지는 시기이다. 이러한 또래비행동조는 또래를 통해 자신의 정체성을 파악하는 청소년 시기의 특징이다. 또한 청소년 시기는 다양성을 배격하고 자신과 유사하지 않거나 동조하지 않는 이들에 대해 배타적이다. 이로 인해 왕따와 같은 문제가 생기는 것을 감안할 때 다름을 인정하고 차이를 받아들이는 프로그램과 활동이 필요하다.

셋째, 교회 내 청소년의 또래문화가 종교의 사회적 역할인 도덕성 형성과 관계가 있다는 것을 고려하여야 한다. 따라서 교회 안에서 청소년의 교제가 단순한 교제로 그치지 않고 청소년 서로 간 사회적 자본을 형성하고, 관계망을 확충하는 것 뿐 아니라 도덕적으로 성숙되기 위해서는 이들을 위한 적절한 교육과 개입이 필요하다. 따라서 종교교육은 물론, 종교 활동에 있어서도 이 부분에 대한 세심한 연구와 노력이 필요하다. 청소년들은 봉사활동과 같은 교회 내 참여를 원한다. 또한 정기적인 모임의 교회 내 프로그램은 많은 청소년들에게 교회의 출석을 유도할 수 있지만 후속프로그램이나 교육이 이뤄지지 않아 교회 내 청소년의 또래관계가 지속되지 않는 것을 인지할 필요가 있다.

이 연구는 교회 안에서 청소년의 또래문화에 관하여 선행연구과 이를 보완하기 위해 심층면담을 시도하여, 그에 관한 구체적이고 밀도 있는 생생한 목소리를 발굴하였고, 또래사목의 비전을 위한 경험적 연구를 시도한 것에 의의가 있다. 또한 선행조사의 단편적인 분석을 재활용하여 청소년의 또래관계가 교회 안에서 중요하다는 것을 부각시켰다는 것에 의의가 있다. 그러나 심층면담을 시행함에 있어, 연구자와 면담자가 동일하여 신분이 노출되어 제한적인 답변을 얻었을 수도 있고, 부지불식간에 청소년들의 반응에 영향을 미쳤을 수도 있다. 또한 우리신학연구소의 조사에 의존하여 연구자의 주장에 한계가 있을 수 있다. 따라서 후속 연구에서는 좀 더 구체적인 조사와 연구를 통해 청소년을 위한 프로그램과 방안이 마련되어야 한다. 나아가 이 연구에서 이루어진 교회 내 청소년 또래문화의 실태를 참조하여 다양한 프로그램과 이를 활용한 교리교육이 이뤄지기를 기대한다.

참고문헌

강영배 · 김기헌 · 이은주 역, Coleman, J. C., & Hendry, L. B. 저, 『청소년과 사회: 청소년기의 심리, 건강, 행동 그리고 관계의 본질』, 파주: 성안당, 2006.

강희천, 「도덕발달을 위한 종교교육」, 『연세논총』, 26:1, 1990.

곽금주, 「또래간 사회적 관계: 부정적 측면에 관한 개관」, 『한국심리학회지: 발달』 13:3, 2000.

권승혁, 「도덕성 발달과정의 자기보고 분석」, 『도덕교육학연구』 3, 2002.

김광기 · 강은덕 · 김상현 · 신매숙, 「종교성이 청소년의 건강행동에 미치는 영향: 서울 · 경기지역 고등학생을 중심으로」, 『보건과 사회과학』 16, 2004.

김두식 역, Mason 저, 『질적 연구방법론』, 서울: 나남출판, 2002.

김미숙, 「양적 방법과 질적 방법의 통합에 대하여」, 『교육사회학연구』 16:2, 2006.

김정규, 「청소년 일탈과 성의식에 대한 종교의 영향」, 『청소년학연구』 13:2, 2006.

김형태, 「청소년기 자아정체감의 발달 및 측정에 관한 연구」, 대전: 충남대학교 박사학위논문, 1988.

노 혁, 「청소년 복지를 위한 교회자원의 활용방안에 관한 연구」, 『한국청소년연구』 23, 1995.

문용린, 「한국 천주교회의 청소년과 교육」, 『사목』 223, 1997.

문용린, 「도덕성의 형성과 발달」, 『교육학 대백과사전』, 서울대학교 교육연구소 편.

사미자 역, Fowler, J. 저, 『신앙의 발달단계』, 서울: 한국장로교출판사, 1987.

이동수, 「기독교 교양과목 수업의 활성화 방안에 대한 일고: 또래학습과 소그룹 이론에 근거해서」, 『대학과 복음』 6, 2002.

이미영, 「각 교구 청소년 관련 조사에 나타난 청소년 사목의 모습」, 우리신학연구소, 2005, http://www.wti.or.kr에서 2006년 7월 17일 인출.

이성혜 · 전미경, 「청소년의 종교 활동과 생활만족도에 관한 연구 – 개신교회에 출석하는 고등학생을 중심으로」, 『한국가정관리학회지』 24:3, 2006.

이희연, 「청소년 또래문화 조사연구」, 『한국청소년연구』 17, 1994.

전성표, 「개신교인과 무종교인 사이의 도덕성 차이와, 개신교인의 도덕성에 미치는 종교적 영향」, 『한국사회학』 34, 2000.

정옥분, 『청소년발달의 이해』, 서울: 학지사, 1988.

정하성, 「청소년 육성을 위한 종교시설의 활용방안」, 『한국 청소년 연구』 8, 1992.

조발그니, 「청소년의 종교성과 도덕성: 배경변인별 차이와 관계 분석」, 광주: 전남대학교대학원 박사학위논문, 2007.

조발그니, 「청소년의 종교성과 도덕성: 배경변인별 차이와 관계 분석-광주 · 전남 지역을 중심으로」, 『종교교육학연구』 24, 2007.

조재연, 「청소년은 교회에서 무엇을 바라는가? - 관계와 공동체를 강화하는 사목」, 『사목』 304, 2004.

조재연, 「청소년 사목 활성화 방안에 관한 연구-또래사목을 통한 청소년 사도 양성을 중심으로」, 서울: 가톨릭대학교대학원 석사학위논문, 2005.

천주교 서울대교구 시노드 사무국, 『청소년 · 청년 의안 준비 위원회 설문조사 결과 보고서』, 서울: 천주교 서울대교구, 2002.

Allport, G. W., & Ross, J. M., “Personal religioius orientation and prejudice”, *Journal of Personality and Social psychology*, 5(1967).

Batson, C. D., “Religion as prosocial: Agent or double agent?”, *Journal for the scientific study of religion*, 15:1(1976).

Benda, B. B., & Corwyn, R. F., “Religion and delinquency: the relationship after considering family and peer influences,” *Journal for the Scientific Study of Religion* 36:1(1997).

Creswell, J. W., *Educational research: planning, conducting, evaluating quantative and qualitive research*, Upper Saddle River, N. J.: Merrill Prentice Hall, 2002.

Gunnoe, M. L.,& Moore, K.A., "Predictors of Religiosity among youth aged 17-22: A longitudinal study of the national survey of chidren", *Journal for the scientific study of religion* 41:4(2002).

Hecht, D. B., H. M. Inderbitzen and A. L. Bukowski, "The relationship between peer status and depressive symptoms in children and adolescents", *Journal of Abnormal Child Psychology*, 26:2(1998).

Hill, J., "Christian moral education", *Journal of Religious Ethics*, 9:1(1981).

Scheepers, P., Grotenhuis, M. T., & Slik, F. V(der)., "Education, religiosity and moral attitudes: Explaining cross-national effect differences," *Sociology of Religion* 63:2 (2002).

Smith, C., R. Fairs, M. L. Denton & M. Regnerus, "Mapping American Adolescent Subjective Religiosity and Attitudes of Alienation Toward Religion: A Research Report", *Sociology of Religion* 64(2003).

Smith, C., "Theorizing Religious Effects Among American Adolescents", *Journal for the Scientific Study of Religion* 42:1(2003).

제2부 : 종교의 다양성

다종교 사회와 종교의 자유

윤이흠

불교 입장에서 본 종교차별의 실태와 해법

박광서

정산종사의 화합정신

김영훈

다종교 사회와 종교의 자유

윤 이 흠

서울대학교 명예교수

목 차

1. 서론: 다종교 사회를 보는 시각의 문제

다종교 사회에서 야기되는 모든 문제는 기본적으로 "종교의 자유"에 대한 이해와 해석의 차이에서 비롯된다. 그러면 다종교 사회가 역사적으로 어떤 위치에 있는가를 살펴볼 필요가 있다. 고대로부터 종교가 하나밖에 없는 "유일종교 사회"는 사실상 존재하지 않았다. 가까이 보면 어떤 사회에나 종교가 여럿이 공존하는 이른바 다종교 상황을 지니고 있었다.

그런데 전근대 사회에는 한 종교가 시대를 주도하는 "특정 종교 주도 사회"를 이루고 있는 것이 보편적이었다. 이러한 사회에서 주도종교는 타종교를 탄압하고, 주변종교들은 탄압의 정도를 약화시키기 위하여 타협을 하거나 순교를 감당하여야 했다. 따라서 특정 종교 주도사회에서 주도종교는 종교의 “자유”가 “인간의 기본 권리”로 인정되지만, 주변 종교에게는 종교의 자유나 권리가 실질적인 의미가 없게 된다. 권리와 자유는 사회에서 보장될 때만 현실적으로 존재하게 되기 때문이다.

진정한 의미의 다종교 사회는 현대사회에 들어오면서 그 참된 모습을 갖추게 되었다. 예컨대 중세의 유럽은 가톨릭이 주도하는 사회였으며, 종교개혁 이후 서유럽국가들은 개신교가 주도하는 사회를 이루었다. 그러나 현대에 와서는 가톨릭과 개신교를 포함한 기독교인들이 그들의 영토 안에 있는 타종교인들의 종교의 자유를 인정하기에 이르렀다. 따라서 기독교 이외의 종교인들도 그들의 종교의 자유를 주장하게 되었다.

그러나 오늘날에도 기독교가 주류를 이루고 있기 때문에, 유럽과 미국을 포함한 서양사회에서는 종교문제를 “기독교 주도사회”에서 가졌던 사유형식에서 완전히 벗어나지 못하고 있다. 따라서 현대 다종교 사회의 문제를 이해하는 데, 기독교 중심의 이해와 해석의 특성을 벗어나지 못하고, 유일신관의 신념전통에 입각하여 타종교를 이해하는 태도를 무의식적으로 벗어나지 못하고 있다. 이러한 서양의 사회적 관념과 지성 전통이 우리나라의 법체계에도 영향을 주었기 때문에, 우리의 법체계가 현재 한국적 다종교 상황에서 야기되는 문제들을 해결하는 데 한계가 있다.

이러한 한계는, 2008년에 전례 없이 불교가 대통령을 향하여 종교의 편향정책을 썼다는 주장을 하면서, 다종교 사회 안에서 일어나는 종교문제를 새롭게 드러내고 있다. 이 사건은 쉽게 지나가서는 안 될 중요한 의미를 지니고 있다. 그것은 단순히 일시적으로 한 특정 종교가 대사회적으로 자기 주장을 하는 사건이 아니라, 현대 다종교 사회에서 일어날 수 있는 전형적인 사회적 갈등이 표면화된 것이기 때문이다.

이에 대해 현 정부에서는 공직자의 종교차별 규정을 신설하여 종교인들의 불만을 해소하려는 조치를 취하고 있다. 이러한 정책적 대안은 임시로 불을 끄기 위한 조치 이상의 의미를 가질 수도 없고, 또 그 효과도 기대할 수 없다. 이러한 모든 문제가 오늘 한국사회가 처한 다종교 상황에서 비롯되었다는 점을 상기할 필요가 있다. 이런 맥락에서 먼저 다종교 상황에 관하여 논의하기로 한다.

2. 한국의 다종교 상황 이해의 두 길

한국사회는 세계종교사에서 보기 어려운 다종교 상황을 이루고 있다. 예컨대 유교(한문문화권), 불교(인도문화권), 기독교(유일신관문화권), 그리고 그리스의 인본주의(종교는 아니지만 교육제도에 주도적 영향)와 같은 세계 4대 고전종교 및 문화전통이 모두 우리사회 안에 공존하면서, 그 어느 것도 오늘의 한국사회를 대표하지 못한다. 그리고 구석기 시대로부터 내려오는 무속, 한국 민족종교와 오늘도 태어나는 신종교 등이 공존한다. 이는 공간적으로는 유라시아 대륙의 전역, 그리고 시간적으로는 구석기시대로부터 오늘에 이르기까지 여러 종교들이 모두 공존하면서도, 한국사회는 그 어느 것도 주도적인 위치에 있지 않는 형태의 다종교 상황을 이루고 있다는 것이다. 이러한 사회는 중국이나 일본은 물론 세계 어느 곳에서도 찾아볼 수 없다. 결론적으로 말해서, 주도적인 종교가 없는 우리나라는 세계종교사에서 다시없는 "현대 다종교 사회의 모델"을 이루고 있다.

종교는 절대신념체계(絕對信念體系)이며 또한 세계관(世界觀)이다. 따라서 다종교 사회에는 여러 절대신념체계와 세계관이 공존하고 있다. 개별 종교는 그들의 신념체계가 절대적이라고 하는 "절대확신"을 지닌다. 그런데 "절대"는 결코 둘이 있을 수 없기 때문에, 다종교 사회에서는 각 종교가 상대화될 수밖에 없다. 현대사회 안에서 모든 종교는 우열이 구별될 수 없다. 다시 말해서, 현대사회의 건강한 지성적 판단에 의하면, 어느 한 종교가 타종교보다 우월하다는 객관적인 기준을 찾을 수 없다. 그러므로 종교는 모두 동일한 권리를 사회 안에서 인정받게 된다. 그렇다고 개별종교가 스스로의 절대확신을 지니고 살아가며 또 사회에 자신의 절대신념을 전하는 자유가 거부되어서도 안 된다.

이처럼 현대 다종교 사회에서는 종교가 자신의 절대신념체계를 지키고 또 사회에 전파하는 권리 곧 "종교의 자유"를 주장할 수 있어야 하며, 또 사회에서는 이를 보호해야 한다. 그러나 모든 종교들이 각각 자신의 "종교의 자유"를 주장하고 또 사회에 전파하게 될 때, 다종교 사회의 질서가 파괴되는 것은 당연한 일이다. 다종교 사회의 파괴는 곧 현대 국가사회질서의 거부이며 또한 파괴가 된다.

여기서 우리는 다음과 같은 두 가지 점을 상기하게 된다. 첫째, 자유는 권리이며 모든 권리는 책임을 전제로 한다는 사실이다. 종교의 자유가 인간의 "기본 권리"임을 아무도 부인하지 않는다. 그렇다고 기본권을 주장하는 것이 현대사회 질서를 거부하거나 위태롭게 하는 것까지 허용해도 되는 것인가? 과연 인간의 기본 권리로서의 종교의 자유가 허용될 수 있는 한계는 어디까지이며, 그 허용의 근거는 어디 있는가를 자문하게 된다.

둘째, 지금까지 종교의 자유를 논하고 또 그 논쟁의 근거에서 법질서를 세울 때, 주로 ① 개인과 신앙공동체를 포함한 "특종 종교"의 종교의 자유와 ② 사회질서 곧 사회규범 사이의 Ⓐ 직선관계의 맥락에서 이해하고 있었다. 이는 결국 주도종교가 살아있는 사회상황에서 종교의 자유를 논의하는 맥락을 유지하고 있다는 사실을 의미한다.

현대 다종교 사회가 안고 있는 핵심적인 문제는 절대신념체계와 절대신념체계들이, 쉽게 말해서 강력한 세계관과 세계관들이 모여서 자신의 절대성을 지키고 전파하기 위하여 경쟁하는 과정에서 오는 마찰과 혼동에 있는 것이다. 이때 "종교의 자유"는 다종교 사회에서 자기 팽창주의의 모습으로 쉽게 나타나게 마련이다. 이처럼 현대종교사회의 핵심적 문제가, 예컨대 서양의 기독교 중심사회에서는 종교자유를 논할 때, 주변의 문제로 밀어 버리는 경향을 갖고 있었다. 역대 우리 정부 역시 이러한 태도를 갖고 있었다는 점을 부인할 수 없다.

따라서 현대 다종교상황이 지니고 있는 핵심문제는 ① 특정종교와 ② 특정종교 그리고 ③ 사회규범이라는 Ⓑ 삼각관계에서 이해하고 해석해야 할 것이다. 삼각관계에서 볼 때, 종교문제의 핵심은 결국 종교 간의 관계질서를 해치느냐 아니면 새로운 단계로 발전시키느냐에 관건이 있다.

이처럼 특정종교와 사회규범 사이의 Ⓐ 직선 관계와, 종교와 종교사이의 상황과 사회규범 사이의 Ⓑ 삼각관계에서 다종교상황의 문제를 이해하는 것은 상당한 차이를 가져온다. 이를 우리는 우리의 종교사회에서 일어나는 예들을 통하여 살펴보기로 하자.

3. 특정종교와 사회규범 사이의 직선관계의 현실

지금까지 한국사회에서는 종교 간의 갈등을 피하자고 하는 것을 잠재적으로 인정하고 또 지켜왔다. 그러나 현실적으로는 개별 종교들이 사회에 대하여 자신의 종교자유를 주장하고 또 확대하려는 노력을 게을리하지 않았다. 결과적으로 종교들은 자신의 세계관을 사회를 개선하고 전파하기 위하여, 포교와 선교를 하는 과정에서 경쟁의식이 첨가되면서 사회팽창주의를 갖게 되었다. 다종교 사회에서 종교적 팽창주의가 가장 위험하다는 사실을 우리는 더 논의할 필요가 없을 것이다. 다만, 종교는 절대신념체계이기 때문에 종교 간의 경쟁과 마찰이 사회에서 가장 경계해야 할 위험이라는 사실을 간과해서는 안 될 것이다.

이러한 종교의 팽창주의는 결국 타종교의 존재와 사회규범이라는 "삼각관계"를 직시하지 못했을 때 쉽게 나타난다. 특정종교가 자신의 절대신념체계에 대한 절대확신에 입각하여 사회에 포교하는 이른바 "일직선 관계"의 맥락에서 팽창주의로 나가는 것은 당연한 일이기도 하다. 우리사회의 종교들이 바로 이러한 일직선 관계에서 벗어나지 못하기 때문에 팽창주의의 일변도로 치닫고 있는 것이다.

구태여 실례를 들 필요 없이, 특정 종교 안에서 종교 세력들 사이에 권력다툼에 의하여 어려운 문제가 발생한 경우에, 이를 종교계 안에서 해결하지 못하면 법정이라는 사회규범에 심판을 맡기는 경우가 허다하다는 사실을 우리는 모두 잘 알고 있다. 이는 절대신념체계를 지키고 있는 종교가 그의 성스러운 신념체계 밖의 사회규범에 자신들의 운명을 맡기는 것이다. 한 마디로 이는 종교의 자유 대신에, 사회규범에 따른다는 태도이다. 이처럼 종교의 자유를 스스로 지킬 수 없는 경우에는 사회규범을 따른다. 반대로 일상적인 경우에는 종교자유의 행사가 사회규범을 초월한다고 주장한다. 그 예가 한국 종교들이 아직도 국세(세금)를 내지 않는 경향을 갖고 있다는 사실이다.

정부도 종교문제는 되도록 외면하고 있는 것이 사실이다. 예컨대 2008년 여름에 불교계의 항의에 정부는 서둘러 국가공무원 복무규정에 종교차별금지 규정을 만들고, "공직자종교차별신고센터"를 설치해 10월 1일부터 열기에 이르렀다. 이는 엄밀한 의미에서 정부가 개별종교와 일대일의 "직선관계"에서 종교문제의 현안을 임시적으로 피해가는 것에 불과하다. 이보다 근본적으로 역대 우리정부는 삼각관계에서가 아니라 일직선관계의 맥락에서 우리사회의 종교문제를 보고 있었다. 이러한 시각은 우리의 헌법에서 나타난다.

헌법 제19조는 "모든 국민은 양심의 자유를 가진다"고 하였으며, 제

20조에는 "① 모든 국민은 종교의 자유를 가진다. ② 국교는 인정되지 아니하며, 종교와 정치는 분리된다"라고 명기하고 있다. 양심의 자유의 대표적인 것이 바로 종교 신행(信行)의 믿음과 행동의 자유이다. 20조-1항(①)은 포괄적으로 종교의 자유를 보장한다는 의미를 지니고, 2항(②)은 정치권력과 정부가 종교에 관여하지 않는다는 내용을 담고 있다. 이 두 항목을 결합하면, 종교의 자유는 무한 보장하되, 사회규범의 관리자인 정부는 종교자유를 저해하지 않는다는 부정적 표현이 된다. 이러한 허점을 보완하기 위하여 제37조에는 ① 국민의 자유와 권리는 헌법에 열거되지 아니한 이유로 경시되지 아니한다. ② 국민의 모든 자유와 권리는 국가안전보장 · 질서유지 또는 공공복리를 위하여 필요한 경우에 한하여 법률로써 제한할 수 있으며, 제한하는 경우에도 자유와 권리의 본질적인 내용을 침해할 수 없다. 이상과 같이 헌법에 명기되지 않는 사항도 국가안전보장과 질서유지 그리고 공공복리를 위하여 제한할 수 있다는 점을 밝히고 있다.

그런데 제37조 조항 역시 종교의 자유와 공권력의 정당한 행사와의 직접관계에 치중하고 있다. 제2항에서 국가안전보장과 질서 그리고 공공복리를 위하여 종교자유를 포함한 "모든 자유와 권리"를 제한할 수 있다고 하였다. 제37조는 사회의 안전과 질서 그리고 공공복리를 위하여 종교의 자유를 제한할 수도 있다는 의미를 지닌다. 이때 사회의 안전과 질서를 확립하는 책임의 주체가 개별종교일 수도 있고 또는 개별종교들 상호 간의 연합관계일 수도 있다. 아마도 제37조가 종교 간의 상호연합체로 해석된다면 다종교 상황의 문제를 삼각관계의 맥락에서 해석하는 길이 열릴 것이다. 그러나 우리사회에서 삼각관계의 시각으로 다종교 사회의 문제를 명확하게 해석하고 있다고 말하기에는 어려운 점들이 있다. 한 마디로 우리는 아직까지 다종교 상황의 문제를 본격적으로 다루고 있지 않다고 해야 할 것이다.

결론적으로 개별종교의 입장에서는 자신의 종교적 신념체계와 사회규범 사이의 일대일의 직선관계에서 종교의 자유과 권리를 해석하고, 사회규범을 주관하는 정부와 행정체계에서는 주로 개별종교가 종교자유와 권리를 주장할 때 공공이익의 저해요인이 발생하는 것을 제한하는 데 관심이 집중되고 있다. 따라서 세계에서 그 예를 찾아볼 수 없는 전형적인 현대사회의 다종교 상황을 안고 있는 한국의 종교문제를 이해하고 해석하기 위하여 우리는 다종교 상황의 문제를 본격적으로 이해할 필요가 있다.

4. 종교의 자유와 책임의 준거

종교의 자유는 기본적으로 "신앙의 자유"와 "신앙행위의 자유"를 포함한다. ① 신앙의 자유는 내면적 믿음과 확신에 관한 자유이며, 본질적으로 양심의 자유이기 때문에 인간의 기본 권리로서 무한보장이 되어야 한다. 다음으로 ② "신앙행위의 자유"는 다시 아래의 두 요인으로 구성된다. 신앙행위자(개인 또는 집단)의 ⓐ 신앙내적 행위의 자유와 ⓑ 대사회적(對社會的) 행위의 자유를 지닌다. 이를 종합하면 아래의 표로 요약된다.

종교의 자 유	① 신앙의 자유	내적 양심의 자유	보장
	② 신앙행위의 자유	ⓐ 신앙내적 행위의 자유	보장
		ⓑ 대사회적 행위의 자유	책임수반

위의 표에서 보는 바와 같이, ① 신앙의 자유는 다종교 상황에서 모든 종교에게 보장되어야 하기 때문에 까다로운 문제가 없다. 그러나 ② 신앙행위의 자유는 다시 둘로 갈라지면서 ⓐ 신앙내적 행위의 자유

는 보장이 되어야 하지만, ⓑ 대사회적 행위의 자유는 책임이 수반되어야 한다.

결론적으로 종교의 자유는 무한보장될 수 있는 것이 아니며 종교의 대사회적 행위는 사회규범에 대한 책임을 져야 한다. 종교의 자유 역시 그 책임이 뒤따를 때 비로소 완전한 의미를 지니게 된다.

종교의 대사회적 행위의 자유가 책임을 져야 할 준거가 어디에 있는가 하는 데는 두 가지 선택이 있다. 먼저, 특정종교 주도상황에서 주도종교의 가치관과 일반사회규범이 동일한 것이기 때문에, 종교인은 일반사회규범을 수행하는 것이 의무가 된다. 그 예를 들면, 조선조사회에서는 유교의 세계관을 수용하고 행하는 것이 곧 당시의 사회규범을 수행하는 것과 같은 것이었다. 따라서 유교와 다른 세계관을 지닌 불교를 박해하고, 조상의 제사를 거부하는 천주교인은 국기를 거부하였기 때문에 처형을 하였던 것이다. 따라서 국민의 절대다수가 추종하는 주도종교의 가치관이 국가의 사회규범이 되는 맥락에서 신앙의 자유가 종교와 국가가 일직선의 관계를 맺게 되는 것은 당연하다. 이러한 일직선 관계에서 종교인은 사회규범에 대한 책임을 수행할 때 사회는 만족한다.

그러나 현대 민주사회에서 사회규범은 특정한 종교적 세계관에 근거한 것이 아니라 사회에서 합의를 이루고 있는 가치관에 근거한다. 사회적으로 합의를 이루는 주체의 단위는 역시 다양한 가치관이고 그 신념들이다. 다시 말해서 그 단위는 곧 세계관이며 종교전통이다. 따라서 종교인이 그의 자유를 주장하기 위한 책임 수행의 준거는 곧 다종교 질서가 된다. 이처럼 다종교 사회에서 종교의 대사회적 자유의 준거는 곧 다종교 사회의 질서를 유지하고 보호 발전시키는 책임이다.

이처럼 현대 다종교 사회에서 종교의 자유는 기본적으로 다종교 사회의 질서를 보호 발전시키는 데 있다. 이에 관하여 다종교 상황의 질서 역시 현대사회의 일반 규범과 다르지 않다고 반론을 할 수가 있다. 그런 주장이 완전히 틀린 것은 아니다.

그러나 다만 현대 종교와 사회규범을 일대일의 직선관계로 해석하는 경우에는 다종교 사회에서 종교들 간의 경쟁과 그로 인한 팽창주의를 극복하는 사회적 지혜를 제시할 수 없게 된다. 그것은 다종교 사회의 문제를 해결하는 보수적이고 수동적인 태도이다.

반면에 다종교 사회에서 종교와 종교의 관계와 현대 민주사회의 규범 사이의 삼각관계의 시각으로 현대 종교문제에 접근하면, 다음과 같은 창조적 문화 영향력을 발휘할 수 있게 된다.

첫째, 삼각관계 안에서는 종교와 종교가 다종교 사회에서 현실적으로 야기되는 문제들을 직시하고 이를 극복하기 위하여 상호 대화를 시작하게 된다. 둘째, 종교 간의 대화는 결국 서로의 존재를 인정하는 단계에 이른다. 셋째를 보게 되면, 비로소 다종교 사회의 질서가 창조되기 시작한다. 그것은 세계종교사에서 지금까지 이루지 못하였던 새로운 인류문화의 단계로 진입하는 것을 의미한다.

절대신념체계인 종교가 타종교를 인정하는 것은, 타종교의 절대성을 수용하고 나아가 자신의 신념체계의 상대성을 받아들이는 것을 의미한다. 따라서 종교간 대화와 타종교의 수용은 인류문화사에서 지금까지 이룩하지 못하였던 장벽이 아닐 수 없다.

이 어려운 과제를 현재의 종교들은 수용하지 않으면 안 되는 상황에 처했다. 첫째, 현대 사회문화 상황을 거부하고 신비주의 주장에 빠져있지 않는 한, 현대종교가 과거의 태도에서 벗어나지 않는 한, 점점 더 현대사회에서 뒤처진다는 사실을 부인할 수 없다. 우리는 특히 한국종교의 주류를 이루는 종교인들은 이러한 역사적 흐름을 인정해야 한다는 사실을 알고 있다. 그런데 이러한 역사적 현실을 거부하는 일부 극렬 신앙인들은 타종교의 멸망을 기원하고 나아가 절대신념에 입각하여 자신의 신념내용이 세상 끝까지 전파되어야 한다고 주장하기 때문에 결과적으로 종교적 팽창주의를 사회에 만연시키고 있다. 우리나라에서 종교적 팽창주의는 신비주의적 기복신행에 뿌리를 두고 있다. 기복은 곧 이기주의 동기에서 세속적 욕망을 추구하는 현상이다.

따라서 신비주의적 기복사상의 만연은 한국의 종교들 자체를 현대사회에서 외면당하게 할 뿐만 아니라 현대 다종교 사회의 질서를 창조하는 데 넘어가기 어려운 장벽이 되기도 한다. 그것은 현대사회의 바람직한 발전을 위해서도 해롭다.

5. 결론: 다종교 사회 질서의 비전과 그에 이르는 길

우리는 앞에서 점점 더 팽창주의로 치닫고 있는 한국의 종교 현실을 직시하였다. 그리고 팽창주의의 뒤에는 신비주의적 기복사상이 자리잡고 있다. 이러한 일련의 현실로 인하여 우리의 종교들은 너나 할 것 없이 상대방을 사회적 세력으로 여기게 되었다. 그리하여 선거 때마다 신도수를 힘입어 정치세력과 손을 잡으면서, "종교와 정치는 분리된다(헌법 제20조 20항)"는 헌법정신을 정면으로 무시하고 있다. 종교는 사실상 우리사회의 제일세력 실체로 등장하여 아무것도 두려워할 필요가 없게 되었다. 종교는 신자의 수와 그들로부터 받는 거대한 경제력에 힘입어 사회적으로 무소불능의 세력으로 등장하게 되었다. 그들은 우리사회의 종교와 사회규범이라는 일직선적 관계에서 그들의 "종교의 자유"를 주장하면서 무소불능의 자리에 오르게 된 것이다.

여기서 우리는 현재 우리나라의 헌법정신이 잘못된 것이 아니라, 현대의 다종교 상황이 아직 충분히 전개되지 못한 1960~70년대에 만들어졌기 때문에 나타난 현상이라는 사실을 지적하고 싶다. 그러나 이러한 헌법조항에 담긴 정신은 현대 다종교 상황에서 일어나는 신비주의적 기복행위와 종교의 경쟁적 팽창주의, 그리고 정치세력을 요리하는 사회세력으로 등장하는 우리나라의 종교상황의 문제를 극복하기에는 불가능하다는 사실이 분명하다.

현재 한국의 다종교 상황이 안고 있는 문제를 해결하는 대안은 넓은 안목과 장기적인 비전에 입각하여 찾아야 한다. 그러기 위하여 우리는 다음과 같은 문제들을 체계적으로 고찰해야 할 것이다.

① 먼저 종교계에서 우리의 종교현실이 종교계 자체에도 저해요인이 되고, 나아가 사회발전에도 해롭다는 사실을 인식할 수 있도록 체계적인 플랜을 세운다.

② 종교 간의 대화와 협력을 증진시킬 수 있는 현실적이고 효과적인 플랜을 찾아 종교계가 능동적으로 참여할 수 있는 실질적인(행사위주가 아니라) 플랜을 세울 필요가 있다.

③ 이러한 일련의 과정을 통하여, 종교인과 종교단체가 그들의 종교자유를 보장받기 위하여 다종교 사회의 질서를 지키고 보호해야 한다는 책임을 지게 유도한다.

④ 이러한 모든 노력은 결코 정치나 행정력에 의하여 이루어질 수 없는 것이기 때문에 종교계와 학계 그리고 문화계가 공동으로 협력하고 노력하여야 가능한 것이다.

이러한 모든 노력은 결과적으로 한국의 종교들이 조속히 현대 다종교 사회질서를 존중하게 하는 것으로 이어진다. 그런데 한국의 종교들이 현대 사회질서에 능동적으로 참여하지 못하는 이유는 각 종교의 교단 지도자들이 그들의 전통성을 지나치게 고집하기 때문에, 젊고 창조적인 종교사상가들을 길러내지 못하는 데 있다. 창조적인 젊은 교리학자 또는 신학자들이 보수적인 교조주의의 수정을 요구하는 경우에는 종교체계에서 소외되거나 제거된다. 따라서 새로운 변화가 어렵게 된다. 결과적으로 각 종교에서 창조적인 젊은 종교사상가들이 등장하여 우리의 종교계를 새롭게 변화시킬 때 한국의 다종교 사회질서가 창조되고 또 유지 발전될 것이다. 이를 위하여 한 마디로 종교계의 교리학과 신학의 발전을 도모하여야 한다. 종교계의 모든 학자들이 각성하고 또한 사회발전을 위하여 정부에서도 적극적으로 지원할 필요가 있다.

끝으로 세계에서 그 유례를 찾을 수 없는 한국의 다종교 사회에서 다종교 사회의 질서를 창조한다는 것은 곧 오늘의 지구촌의 문제를 해결하는 모델이 될 것이다. 왜냐하면 오늘의 지구촌의 기본적인 문제 중의 하나가 바로 종교 간의 갈등과 마찰을 극복하고 다원주의질서를 공유하는 것이기 때문이다. 우리는 바로 이러한 기로에 서있다. 우리가 안고 있는 문제를 해결할 때, 우리는 세계사회의 주역의 역할을 할 수 있기 때문이다. 이 모든 현재의 문제와 미래의 가능성이 다종교 사회에서의 종교의 자유를 종교와 종교 그리고 사회규범이라는 삼각관계의 시각으로 이해하고 해석하는 데 달려있다는 사실을 상기할 필요가 있다.

불교 입장에서 본 종교차별 실태와 해법

박 광 서

서강대학교 교수, 종교자유정책연구원 공동대표

목 차

1. 종교파동, 우리 사회 흔들다

최근 몇 년 사이 종교 관련 사회문제가 자주 거론되고 있다. 학교 내 종교자유를 주장하며 단식까지 했던 강의석군 사건, 서울시를 하나님께 바쳐버린 이명박 전 서울시장, 시 예산을 선교사업에 쓰려했던 정장식 전 포항시장 등 공교육현장과 공직사회에서 사적인 종교가 과잉 표출됨으로써 국민의 기본권이 제한되거나 비신자들을 소외시킨 종교문제가 연달아 불거졌다.

지난해(2007년)만 해도 종교문제는 언론의 도마 위에서 떠난 적이 거의 없다. 목사들이 삭발까지 하며 한나라당(現 새누리당)과 함께 기어코 개정 사학법을 무력화시키는 것을 보며 국민들은 "목사들이 왜?" 하며 혼란스러워했다. 헌팅턴이 우려했던 '문명의 충돌'을 실감케 해준 무모한 아프간 선교행위와 피랍사태, 또 그 후 '딴 세상 사람들' 같은 일부 개신교인들의 언행으로 인해 국민 모두가 함께 볼모가 되어 짜증스러운 여름을 보내야 했다.

종교가 사회통합의 기능은커녕 분열과 갈등의 진원지로 전락한 듯하다. 최근 여론조사에서 국민 셋 중 둘은 우리 사회가 종교 편향적이며 종교로 인한 갈등을 해소할 법제화가 필요하다고 생각하는 것으로 나타났다. 2007년 대선 직전 전국의 대학교수 153명이 응답한 설문조사에서도 '차기 대통령이 깨야 할 한국의 금기' 다섯 가지 중 '종교계 비판'이 첫 번째로 꼽혔다. 우리 사회의 종교파동이 더 이상 사회통합과 국가발전의 발목을 잡아서는 안 되며, 성역으로만 여기기보다 이제는 공개적으로 논의해야 할 시점이라는 것이다.

행복한 삶에 도움이 될 것이라고 믿기에 인간은 종교를 가지려 한다. 우리나라는 불교 등 전통종교 외에 기독교는 물론 이슬람교까지 자리잡아가면서 종교 전시장이라 할 만큼 다종교 · 다문화 사회가 되었다. 다원화 사회에서 함께 살아가려면 다양한 전통이나 종교에 대한 열린 마음과 상호 존중이 필요함은 두말할 나위 없다.

그러나 다종교 사회에서 공존과 평화를 위협하는 것은 한국 개신교의 근본주의를 바탕으로 한 종교적 배타주의가 그 원인이자 배경임은 물론이다. 서로 '다른 것'을 인정하지 않고 '그른 것'이라고 가르치면서 '타문화와 타종교를 무시하고 파괴'하는 것을 선교 성과로 자랑스럽게 내세워 왔던 결과다. 단순히 몇 사람의 부주의나 실수가 아니다. 무례한 전도 행태와 이기적 패거리 문화, 그리고 모든 국민이 공유해야 할 공공영역마저 독점하려는 공격적 선교지상주의로 인한 국민의 피로감은 감내하기 어려운 수준까지 누적되었다. 오죽하면 "다종교 국가 중 한국만큼 비기독교인으로 사는 데 불편을 느끼는 나라는 없다"는 말까지 있겠는가. 이해가 걸린 현안마다 정치인들에게 압박을 가하고 물리적으로 저항하거나 왜곡하면서 기득권 수호에 혈안이었던 주류 보수 개신교 세력을 국민들은 똑똑히 보아 왔다. 서울시청 앞에서의 개신교 대형집회 때는 성조기 물결이 넘쳐나고 어떤 목사는 영어로 기도했다고 하니 이런 코미디가 어디 있겠는가. 권력화의 길을 달려온 '힘 숭배'의 종교라는 면목을 유감없이 드러내는 장면이 아닐 수 없다.

종교인은 자신이 믿는 종교에 대한 우월감으로 인해 선·포교의 사명감과 함께 어느 정도 심리적인 배타성을 갖게 되는 것은 자연스러운 일일지도 모른다. 그러나 그러한 자부심을 내면의 자산으로 삼아 현실의 삶에서 다른 이들보다 더 포용적이고 긍정적이며 생산적인 모습으로 나타날 때 그 종교의 가치가 드러나는 것 아니겠는가. 선교를 염두에 둔다고 해도 그 표현과 행위는 타종교인들이 불편해하지 않을 정도라야 한다. 과도한 종교 행위가 자칫 "자비와 사랑 대신 소외와 차별, 자유와 소신 대신 편견과 굴종, 배려와 관용 대신 증오와 폭력을 조장"하여 사회악으로 기능하기 시작하면 차라리 종교가 없는 게 낫다는 생각까지 하게 된다. 종교 전쟁으로 얼룩진 뼈아픈 인류 역사를 돌이켜 볼 때 종교가 과연 선(善)과 정의(正義)의 근원인지 헷갈리게 된다. 9·11 사태를 연상시키는 맨해튼 배경의 "종교 없는 세상을 상상해 보라!"는 영국 BBC의 한 광고가 차라리 신선하다.

어느 학자는 한국사회를 종교적으로 '불안한 동거' 상태라고 했다. 그만큼 폭발 잠재력을 가진 종교 갈등 문제가 곳곳에 잠복해 있다는 얘기다. 그렇지만 종교적 병리 현상을 이해하고 치유하기 위한 각계의 노력이 우리 사회의 건강성을 확인해 주고 있어서 그나마 다행스럽다. 종교의 오염이나 무례, 더 나아가 종교적 차별과 폭력 등 인권침해까지 감당하면서 살아야 하는 현실을 불교인과 불교계의 입장에서 진단하고 해소방안을 생각해 보고자 한다.

2. 범불교도대회, 종교차별에 저항하다

2008년 8월 27일 오후 시청 앞 광장에서 '헌법파괴 종교차별 이명박 정부 규탄 대회'가 열렸다. 수도 한 복판에서 1만여 명의 스님 포함 20만 불자들이 정부에 항의하는 대회를 치른 것은 세계불교사에 없었던 일이라 세인들의 주목을 받기에 충분했다. 내부의 이해관계나 다툼도 일시 접고 27개 불교 종단과 거의 모든 불교 단체가 일치단결하여 한 목소리를 낸 것도 이례적이다. "장로 대통령, 불교 통합 이루다." 한 시사주간지의 표제제목이 눈에 띈다. 불교는 화합과 상생의 종교로 알려져 있고 타종교의 허물을 들추거나 정권과 싸우는 데 익숙지 않다. 그래서 불교도대회가 더욱 특이한 현상이라고 할 만하다. 11월 1일 '종교차별금지 입법 촉구와 사회갈등 해소를 위한 대구경북 결의대회'에는 3만여의 불자들이 모였다. 규탄대회에서 촉구 · 결의대회로 수위가 낮아졌지만 뚜렷하게 해소된 것이 없는 상황에서 물밑으로는 상당 기간 상호 긴장감이 유지될 것으로 보이며, 어쩌면 그것이 서로의 건강성 회복에 도움이 될지도 모르겠다.

무엇이 불교도들을 거리로 나오게 했을까. 7월 말 조계종 총무원장이 교회에 가서 투표를 해야만 했던 희한한 일이 있었고 게다가 조계사 앞에서 불쾌하게 검문을 당하고 난 뒤 불교계 분위기가 격해진 것은 사실이지만, 그것만으로 불교계가 불끈해서 집단행동을 했다고 생각하면 지나치게 단순화한 것이다. 그동안 쌓였던 반기독교 정서에 새 정부 들어서서 기독교공화국으로 가는 게 아니냐는 불안감을 주는 공직사회의 종교 차별적 사건이 연이어 터졌고, 이러한 공격적 행태가 종교집단 내부에서 자정 제어되는 모습을 보이기보다 오히려 공적 영역에까지 확대 재생산되는 현실이 장로 대통령 임기 내내 이어질 것이라는 우려와 불신 때문에 국민과 불자들의 불만이 폭발한 것으로 보는 것이 타당할 것이다.

많은 불교인들이 집결해 세속인들과 다를 바 없이 세과시하는 것이 불교적이냐고 지적하기도 한다. 지혜와 관용의 종교답게 더 성숙한 방법이 있지 않겠느냐고 하면서 말이다. 그러나 지혜는 현실을 직시할 때 생기고, 관용은 힘 있는 자의 언어다. 더 이상 초세간적이고 시비를 걸지 않는 넉넉한 종교로 포장할 여유가 없다. 불쾌와 박탈감의 반복을 모른 척하고 참는 것만이 능사가 아니며, 오히려 자기 합리화나 자기기만일 수도 있다며 나선 것이다.

종교 간 상황 인식에 대한 온도차가 큰 것은 숨길 수 없다. 상당수 개신교인들은 자신들이 당연히 할 일을 했을 뿐 무엇이 잘못 되었는지 깨닫지 못하기 때문에 위헌적이고 반사회적 공격성에 대해 자각 증상이 거의 없다고 봐야 한다. 그러나 범불교도대회는 불교계의 피해 과민증 때문이라기보다 개신교계의 가해 불감증이 근본 원인이라는 것이 일반적인 견해다. 대통령이나 경찰청장이 진정성 있는 사과를 하지 않는 배경이기도 하다. 범불교대회 직후 이명박 대통령은 "무엇을 사과해야 할지 모르겠다. 내 입장에선 당혹하다"라고 말했고, 어청수 경찰청장은 대통령의 지시에 사과를 '해치우듯' 하려다가 되려 반감만 증폭시키지 않았던가. 공존과 상생을 위해 어쩌면 종교과잉과 종교차별을 바로잡기 위한 '살풀이'는 거쳐야 할 통과의례일지도 모른다.

종교 갈등은 장로 대통령 이승만 정권 때부터 있어 왔다. 하지만 당시만 해도 기독교세는 주목받을 만큼 크지 않았다. 그러나 기독교의 성장과 함께 사찰방화, 불상파괴, 부처님오신날 조계사 앞 찬송예배, 스토커 수준의 선교, 길거리에서 '예수천국 불신지옥'이란 밀착 협박, 단군상 · 장승 · 제단 파괴, 문화 이질감으로 인한 가정 분란 등 무례하고 폭력적인 종교행위가 만들어낸 파열음이 사회불안의 징조로 경고신호를 보낸 지 오래다. 그럼에도 불구하고 우리나라는 지난 반세기 산업화 · 민주화 · 투명화 · 평등화라는 사회적 화두에 몰두해 온 나머지 종교문제에 우선순위를 둘 수 없었다. 또 유일하게 대응할 만한 종교 세력인 불교마저 최근까지도 내부의 정화문제에 매달려 외부 변화에 적응할 여유가 없었고 정치의식의 진화도 미미했던 것도 사실이다. 결국 문제가 터질 때마다 사회이슈화 하지 못하고 어물쩍 넘겨왔던 관행이 내성을 키워 더 큰 사회적 비용을 치르고 있는 것이 아닌가 싶다. 그러나 이제는 다르다. 기독교는 더 이상 소수 종교가 아니며 오히려 우리 사회에 가장 영향력이 큰 거대종교로 성장하여 그에 걸맞은 사회적 책임을 요구받기 시작했다. 게다가 민주화와 함께 높아진 국민의 권리의식과 개혁세력의 등장으로 잠에서 깨어난 불교계의 사회의식은 종교차별과 종교인권 침해 관행을 더 이상 용납할 수 없다는 분위기로 바뀌었고, 스스로 권력이 되고자 하는 일부 종교계와 이에 야합한 정치권을 거부하며 저항하기 시작한 것이다.

건국 초기부터 친기독교로 일관한 정책 때문에 지난 수십 년 간 불교가 홀대를 받아온 것은 세상이 다 아는 바이다. 군승제도 도입(68년), 부처님오신날 공휴일 제정(75년), 불교방송 개국(90년)이 군목(48년), 크리스마스(49년), 기독교 방송(54년)에 비해 각각 20년, 26년, 36년이나 뒤처진 것도 파행적 기독교 우대정책의 결과임은 두말할 나위 없다.

이명박 대통령도 2004년 서울시장 시절 '서울시를 하나님께 봉헌'하여 물의를 일으키더니, 2005년 청계천 준공식 때도 "하나님이 해주신 것이기에 먼저 목사님을 모시고 예배를 드리고 테이프를 끊었다"고 자랑했을 뿐만 아니라, '사찰이 무너지라'고 기도하는 부산의 청년부흥회에 동영상 축사를 보내기도 해 불자들의 가슴에 깊은 상처를 남겼다. 2007년 8월 한나라당 경선에서 대선후보로 선출된 직후 그가 국립묘지에 이어 가장 먼저 달려간 공식방문지는 한국기독교총연합회였다는 사실은 무엇을 말하는가. 현직 목사가 청와대 비서관이란 사실도 일반

국민으로서는 이해가 안 된다. 종교 편향적인 소위 '고소영' 인사로 비기독교인들을 소외시키더니, '촛불집회의 배후를 언급하면서 '사탄의 무리' 운운했던 추부길 목사가 물러나온 다음에도 김진홍 목사의 비서를 역임했던 박영모 목사가 다시 청와대에 입성했고, 부시 대통령과의 공식 만찬 자리에도 조용기 목사를 불러 기도를 하게 해 대통령 스스로가 정교분리에 대한 몰이해를 지속적으로 드러냈다. 포항시 예산의 1%를 성시화 운동에 지원하겠다고 했던 정장식 전 포항시장을 중앙공무원교육원장으로 화려하게 복귀시키는 부적절한 인사를 지켜 본 불자들은 배신감마저 느껴야 했다. 대통령이 이런 식이면 아랫사람들은 의기양양 종교색을 드러내 '과잉 충성'하기 마련이다.

장로 대통령의 종교 색깔 때문에 실용정부 8개월 동안 불거진 수십 건의 종교편향 사건들이 그 전 10년 간 있었던 종교문제 건수와 같다고 한다. 종교 갈등을 부추긴 정부로 낙인찍힐 만하다. 2008년 한 해 동안 발생한 대표적인 예 몇 가지만 꼽아 보자. 국토해양부가 주관하는 수도권 대중교통정보시스템 '알고가'에서 작은 교회까지 소개되면서 대형 사찰마저 의도적으로 모조리 빼버리더니, 어청수 경찰청장은 '전국 경찰복음화 대성회' 홍보 포스터에 조용기 목사와 나란히 사진을 게재해 공과 사를 구분 못한 채 권력을 특정종교에 어설프게 빌려준다는 비난을 받았고, 경기여고 교장은 불교문화재를 땅에 묻어버리는 등 공직사회의 연이은 반불교적 행위는 불자들의 분노를 사기에 충분했다. 주대준 청와대 경호처장은 언론 인터뷰에서 "정부 부처 복음화가 나의 꿈"이라고 했고, 오현섭 여수시장은 "기도회로 세계박람회라는 하나님의 큰 선물을 받았으니, 보답하는 길은 선교이고 주님의 복음을 증거하는 박람회가 되도록 하겠다"고 했다. 선교에 앞장선 공직자들의 의도적인 언행은 그칠 줄 모른다. 공정택 서울교육감은 평일 근무시간에 교장들을 대동하고 사학법 완전 폐지 통성 기도회에 참여한데다, '주님의 이름으로 문안드립니다' 라는 내용의 참석 독려 공문을 서울시교육청 전자문서시스템을 이용하여 학교에 보낸 것으로 밝혀져 정교분리에 위배되는 몰지각한 행태라는 비난을 받았다. 지난 달 국정감사에서는 소망교회 '금융인 선교회' 회장인 장병구 수협은행 대표가 직접 출연한 케이블TV 광고에서 "하나님의 깊은 사랑은 깊고 넓은 바다입니다. 주님의 사랑을 키우는 은행, 수협은행"이라는 멘트가 나온 것을 두고 공익기관의 장으로서 부적절하니 즉각 중단해야 한다는 지적을 받기도 했다. 게다가 장경동 목사는 막말을 해 불교계에 큰 상처를 주었다. "내가 경동교(장경동교)를 만들면 안 되듯이 석가모니도 불교를 만들면 안 되는 것이었다. 스님들은 쓸데없는 짓 하지 말고 빨리 예수를 믿어야 한다. 불교가 들어간 나라는 다 못산다." 방송스타라는 공인 신분의 종교지도자로서 해서는 안 되는 말이다. 요즈음 조계사 보시함에까지 '예수천국 불신지옥'이라고 찍힌 1천 원짜리 돈이 든 순복음 교회 봉투가 발견되는 걸 보면 쓴 웃음이 나온다.

공교육 현장에서 아직 성숙과정에 있는 학생들에 대해 가해지는 종교차별과 인권침해는 심각하다. 종교가 없거나 다른 게 무슨 죄라고 노예처럼 강제로 설교를 듣고 교리를 배우며 찬송가를 부르고 기도를 해야 하나. 기독교인에게 염불을 하라면 받아들일 수 있겠는가. 학생이나 학부모는 어떻게 대처해야 할지 몰라 답답해하다가 결국은 입시와 취업이라는 중대사를 핑계 삼아 마음속 상처만 남긴 채 적당히 타협하고 말지만 반감과 불신은 가슴 속 깊이 응어리로 남게 마련이다.

2004년 6월 헌법에 보장된 종교 자유를 위해 '예배 선택권'을 달라던 당시 대광고 학생회장 강의석 군 사건에 대해 2007년 10월 1심은 "종교의식 강요로 기본권을 침해당했다"는 강 군의 손을 들어 주었다. 그러나 2008년 5월 8일 고등법원은 "입학 당시 선서, 고2까지 별다른 의사표현 없이 참석했으므로 강제 교육이라고 보기 어렵다"며 원심을 뒤집었다. 평준화 제도 아래 학생과 학부모의 학교 선택권도 없고, 종교사학일지라도 중 · 고등학교의 경우 국고지원이 각각 82%, 51%가 넘는 반면 재단전입금은 평균 1.8%도 안 되어 실질적으로 공립학교나 마찬가지인데다, 더 본질적으로 언제 어디서든지 허용되어야 할 '개종의 자유'까지 고려하면, 청소년의 의사 결정권이나 종교 자유 등 약자인 학생 개인의 기본권보다 강자인 학교의 재량권을 지나치게 확대 해석한 항소심 판결은 상식적으로 받아들이기 어렵다. 더 꺼림칙한 것은 2심 재판장이 독실한 개신교인이자 대광고를 설립 운영하고 있는 교단 소속 교회의 장로라는 사실이다. 자신의 종교를 위해 결론은 미리 내려놓고 궁색한 변명을 찾으려 했을 것이고, 정치적 입김이 작용한 것 아니냐는 의혹마저 제기되고 있는 이유다.(전 국민의 관심사항이었던 대광고 사건은 2010년 4월 22일 대법원 전원합의체가 "종교사립학교의 종교교육보다 학생 개인의 종교자유가 더 우선하는 기본권"이라는 역사적 판결을 내림으로써 6년간에 걸친 학교 내 종교자유 논란에 종지부를 찍었다.)

전국적으로 170여 개의 개신교계 중 · 고등학교에서 15만여 명의 학생들이 자신들의 의사와 무관하게 강제로 예배를 보고 종교교육을 받아야만 하는 '종교 야만국'이자 '인권 후진국'으로는 선진사회 진입은 불가능하다. 또 학교에서 교직원 채용 시 자격 요건을 특정종교인으로 제한하는 것도 위헌 소지가 큰 종교차별이자 인권 침해이므로 시정하라는 국가인권위원회의 권고에 종교사학들이 끄떡도 하지 않는 현실에서 법치국가와 사회통합은 꿈꿀 수 없다.

종교 간 서로 배려하며 공존하기 위해 지켜야 할 최소한 선은 무엇일까. 사찰방화나 불상파괴 등 폭력행위, 그리고 공권력이나 국민의 혈세가 특정종교에 편향되게 사용되는 정책 등은 명백한 범죄행위인 만큼 아예 논외로 하자. 한 개인의 일상의 삶에서, 그리고 공인의 입장이나 공공영역에서 타인의 종교 인권을 침해하는 사례들 중심으로 종교차별의 현장을 살펴보자.

3. 종교언행, 역지사지(易地思之) 하라

종교 선택의 자유, 무신앙의 자유, 종교 공개 거부의 자유 등 내면의 소극적 종교의 자유는 인간의 기본권이므로 외부 행위로 나타나기 전에는 누구로부터도 자신의 종교를 강제로 말하게 하거나 자신의 종교와 다른 특정종교를 강요받지 않을 절대적인 권리다. 반면에 신앙 실행의 자유, 즉 대상이 있는 선 · 포교 행위와 같은 적극적 종교의 자유는 타인의 양심과 종교적 신념을 침해하면서까지 누릴 수 있는 무제한적인 권리일 수 없고, 따라서 타인의 기본권인 종교자유와 부딪치는 경계선, 바로 그 지점에서 멈춰서야 한다. 헌법적으로 말하면 종교 실행의 자유보다 내면의 종교자유라는 상위의 기본권이 항상 우선적으로 고려되어야 한다는 것이다. 마치 2004년 헌법재판소가 "담배를 피울 권리인 흡연권(吸煙權)은 상위의 기본권인 담배를 싫어할 혐연권(嫌煙權)을 침해하지 않는 한에서 인정되어야 한다"고 밝힌 논리와 동일하다.

개인의 종교 표현과 행위는 타자에 대한 배려가 기본이다. 역지사지(易地思之), 입장을 바꿔 놓고 생각하는 훈련이 필요하다. 상대의 고통도 헤아리지 못하면서 사랑을 말하는 것은 위선이다. 그런데 종교에 심취할수록 자신이 무심코 하는 말이나 행동이 타인에게는 불편하고 당황스러울 수도 있다는 점을 쉽게 잊게 된다. 문화적 편견, 종교적 우월감을 배경으로 한 배타적 언행, 타종교를 교묘하게 조롱함으로써 불쾌감을 유발하는 말, 타종교를 비하하고 노골적으로 적대감을 나타내는 행위, 심지어 스토커 수준의 도를 넘는 공격적 선교까지 다양한 방식으로 타인에게 상처를 주는 경우들을 생각해 볼 수 있다.

⊙ 무의식적, 습관적 언행

- 아무 때나 하나님, 관세음보살을 찾거나, 기도 또는 합장하는 것
- 특정종교에 대해 호 · 불호를 가볍게 말하는 것
- "크리스마스 선물 사주구요", "종교가 있느냐? 교회 다니느냐?"
- 가정통신문이나 명함에 특정종교 상징 또는 교리 써 넣어 배포
- 종교시설 아닌 곳에서의 결혼식 중 특정종교 기도 및 찬송 제의
- 강의 중 과목과 무관하게 자신의 종교 설명에 많은 시간 할애

⊙ 문화적 편견

- 장례 또는 제사 때 "절 못하겠다"
- 아예 제사 자체를 거부하기도
- 강남대 이찬수 교수, 불상에 절했다는 이유로 해직당해

⊙ 편애, 패거리문화

- 초등학생 일기 조사 후 교회 다녀온 아이들에게만 '칭찬 스티커'
- 교수 연구실에서 지도 학생들과 특정종교 공부하거나 특정종교인들끼리만 어울려 타종교인(비종교인 포함) 노골적인 왕따

⊙ 우월감 표현

- 큰 십자가, 염주 일부러 드러내기
- "교인(개신교인)이라 거짓말 못 한다"는 묘한 뉘앙스 풍기는 말
- "요즘도 불교 믿는 사람 있나요?" 등 황당한 말
- 일요일을 굳이 주일이라 표현

⊙ 타종교 비하, 조롱

- "석가모니 불교 만들지 말았어야, 스님들도 예수 믿어야, 못 사는 나라 종교" (장경동 목사)
- "머리 민 정신 나간 사람들, 중들, 웃기는 짬뽕, 싸가지 없는 사람들" (신일수 목사)

⊙ 폭언, 협박

- "믿지 않으면 지옥간다"
- 사탄, 마귀의 종교
- '사찰 무너지라'는 기도

⊙ 몰상식한 전도행위

- 스토커 수준의 무례한 선교(집 방문, 학교 내)
- 부처님오신날 불교의 상징인 조계사 앞에서 찬송예배
- 길거리에서 '예수천국 불신지옥' 협박조 선교(스님에게까지)
- 군 장교의 고압적 종교 강요(세례원서 배포, 비신자 반성문 강요, 염주휴대 금지 등)
- 초등교사의 종교교육, 기도 강요, 말 듣지 않는 학생 왕따

4. 공공영역, 종교색깔을 지워라

개인적인 종교언행에서 타인에 대한 배려가 없는 것도 문제지만, 공공영역에서마저 종교가 없거나 어떤 종교를 믿느냐에 따라 삶이 알게 모르게 불편하고 피곤한 사회는 후진 사회다. 국가기관 · 학교 · 공공장소 등 공공영역만이라도 종교색깔을 지워 종교와 무관한 국민 모두의 것으로 되돌려 놓는 것이 급선무다.

정치는 권력을 이용하여 희소 자원을 배분하는 과정인 만큼 종교적으로 엄정한 중립성을 요한다. 넓은 의미의 권력이란 '남을 복종시키거나 지배할 수 있는 공인된 권리와 힘'을 말한다. 정치권력이나 공권력을 떠올리는 것이 자연스럽지만, 권력이 정치 분야나 국가기관에만 있는 것은 아니다. 학교나 종교계는 물론 방송언론, 문화예술, 시민단체들도 공적인 영향력을 가진 권력기관일 수 있다. 권력을 행사할 수 있는 공인의 공개적인 행위는 국민 대중에게 그 파급효과가 크다는 점에서, 미리 동의를 구하거나 꼭 필요한 경우를 제외하고는 개인의 종교적인 신념을 드러내는 것을 삼가야 한다. 자칫 국민에게 상처를 주고 사회갈등을 일으켜 국민화합에 장애가 되기 때문이다. 위에 언급한 개인의 종교적 표현이나 행위도 공인인 경우 더 엄격한 잣대가 적용되어야 하는 것도 바로 그런 이유에서다.

국민으로부터 위임 받은 공직 신분을 이용한 종교 활동은 공권력의 사적 도용이며, '세속적 권력'과 '종교적 권위'를 함께 이용하는, 정교분리라는 사회합의를 정면으로 거스르는 위헌적 범죄행위라는 인식이 공직사회에 확고히 자리 잡아야 한다. 공직자가 자신의 종교 신념 때문에 타종교인이나 비종교인들을 불편하게 하거나 소외감과 박탈감을 느낄 정도로 종교차별까지 한다면 공직자로서는 치명적인 결격사유가 되므로 처벌하거나 퇴출하는 것이 마땅하다.

공직 사회 곳곳에 만연한 특정종교인 공직자들의 패거리문화도 사회분열을 조장하는 암적인 폐습이다. 일부 몰지각한 개신교인 공직자들이 자신의 지위를 이용해 도시선교 사업을 지원하는 소위 '성시화(聖市化)운동'도 편파적 정보제공이나 권력집행에 대한 의혹을 살 만한 대표적인 정교유착이다.

문제는 대통령을 포함한 일부 고위 공직자들의 편향적 종교 배경이다. 대통령이 "공직자들은 종교와 관련해 국민 화합을 해치는 언동이나 업무 처리를 해서는 안 된다"고 했다지만 공허하게 들린다. 종교문제로 국민을 갈라놓는 핵심 인물이 바로 대통령 자신이라는 사실을 모르는 건지 모르는 척하는 건지 알 수 없다. 대통령의 종교 색깔이 왜 권력행위로 비쳐지는지, 어떻게 사회혼란을 부추길 수 있는지 깊이 인식하지 못하는 불감증이 그 원인이다.

한편 공직자도 종교의 자유가 있는 것 아니냐고 못마땅해 하기도 한다. 물론 공직자도 자신의 종교를 신봉할 자유가 있다. 그러나 공직자는 모든 정책의 공평무사한 집행과 함께 종교자유 등 국민의 기본권 침해에 대한 관리감독의 책임이 있다. 게다가 일반인들과 달리 유무형의 권력을 행사할 수 있는 위치에 있다는 점에서 그 존재 자체가 '움직이는 권력'으로 간주된다. 따라서 고위 행정직이나 선출직 자치단체장의 공적 영역에서의 공개적인 종교행위를 단순히 사적인 종교생활로 믿어달라는 주문은 억지일 수밖에 없다. '무지'이든 '의도적'이든 공직의 신분을 망각한 채 특정종교 편향적 발언이나 행정행위를 하는 것은 사회분열을 조장하는 위험천만한 일이기 때문이다. 공인의 신앙생활은 '골방에서 기도하듯', 아니 '숨 쉬듯' 해야 하는 까닭이다.

공공장소나 행정시스템도 특정종교가 차지하거나 돈으로 살 수 없는 국민 모두의 공동자산이므로 누구나 종교적 부담 없이 공평하게 누릴 수 있어야 한다. 공공영역에서의 '종교중립' 훼손 사례들 중 위헌 소지가 큰 유형별 순서로 생각해 보자.

⊙ 공직사회, 공공기관의 종교차별, 정교유착

- 이력서 종교란, 세례명란, 종교 질문이나 조사
- 공식행사(이 · 취임식, 개원식, 입학식, 졸업식, 출정식 등)에서 기도, 예배 등 종교행위
- 개신교 공직자 기도모임 '홀리클럽' 및 '성시화운동'(국내외 50

여 개 본부)

- 정장식 전 포항시장(현 중앙공무원교육원장)의 시 예산 1% 성시화운동에 사용 계획
- 문봉주 뉴욕총영사의 교민 상대 '공개 성경강좌'
- 서찬교 성북구청장의 '교동협의회' 및 개인 선교행위
- 어청수 경찰청장 '경찰 복음화' 광고 포스터에 조용기 목사와 사진 게재
- 해외봉사단 선발 시 종교제한
- 송파구 교회 중심 대학생 멘토링단 모집, 운영
- 국고 지원을 받는 복지시설의 직원 채용 시 종교차별 및 수용자에 특정종교 강요
- 공기업 위탁업체 선·포교 행위 묵인(서울메트로 청소 용역회사 유니폼에 십자가)
- 이명박 서울시장 '서울시 하나님께 봉헌', 부산 '사찰 무너져라' 부흥회 축하 동영상
- 이명박 서울시장 청계천 준공 예배(하나님 역사 운운, 비기독교인 납세자 우롱)
- 대통령 취임식 때 구약성서 '기드온의 횃불' 상징물과 흡사한 문양 사용
- 지나친 종교 편향적 인사와 목사 정치
- 주대준 청와대 경호처 차장 "모든 정부부처 복음화가 나의 꿈" 발언
- 오현섭 여수시장 '복음박람회' 개신교 언론에 기고
- 공정택 교육감 교육청 전자문서 시스템 이용 기도회 홍보 및 참석(국민 93% 부적절)
- 검찰 수사관 불자 고소인에게 기도 강요

- 장병구 수협대표 개신교인들만을 위한 광고
- 수도권 대중교통정보시스템(알고가) 등의 사찰 누락
- 종교시설 투표소(국가인권위 시정 권고, 2010년 1월 25일 "종교시설 안에는 투표소를 설치하지 못한다"는 조항이 신설되어 공직선거법 개정이 이루어졌다.)
- 종교인 소득세 납부 거부 및 국세청의 직무유기
- 공직자의 부적절한 종교언급(장상, 김성이, 김하중 외)
- 일요일 종교행사를 이유로 한 국가시험 일요일 배제(성수주일) 입법 추진
- 송도 신도시 내에 특정종교 시설(선교역사기념관) 설치 및 지원

⊙ 공교육기관의 기본권 침해

- 종교사학의 예배강요와 종교교육 필수부과(대법원 상고 중), 성경 구입대금 임의 인출
- 종교사학(대학 포함)의 교직원 임용(국가인권위 시정 권고)
- 종교사학의 학생선발 시 종교제한(특정종교 특별 전형 및 제한)
- 국고지원을 받는 유치원 · 어린이집 · 종교사학 직원 채용시 종교차별과 특정종교 교육
- 국 · 공립학교(서울대, KAIST) 내에 특정종교 공간 설치(교회, 교육관, 창조관 등)
- 국공립학교 특정종교 행사에 장기 임대 계약(경기여고 일요일마다 교회에 임대)
- 교회를 이용한 공식 행사(졸업식 등)
- 교육청의 관리감독 소홀로 인한 종교인권 헌법수호 직무유기
- 중학교 축구부 학생 유니폼에 십자가 표시

◉ 공공장소의 종교 오염

- 공영방송에서 특정종교 언어(주일 등) 사용
- 길거리, 지하철, 경찰서 또는 청사 내 기도회, 예배, 선교행위 및 종교문화 행사
- 공공시설에 종교 선전 문구 및 종교 상징물 부착(강의실 십자가, 옥외광고 선교문구)
- 옥상 네온싸인 광고(불법이었던 교회 십자가 2008년 합법화)

◉ 언론 방송 및 기타 공공자산의 사적 이용

- MBC 13년 간(1980-1993) 선교용 비디오 방송
- 방송연예인의 과도한 종교 표현
- 공영방송을 이용한 국가대표 골 세리머니
- 천 원짜리 지폐 '예수천국 불신지옥'(국가자산 훼손)

5. 종교로부터 자유로운 세상

우리나라 같이 남북 · 이념 · 지역 · 빈부 · 계층 · 세대 · 남녀 등 각종 갈등구조가 중층으로 복잡하게 얽혀 있는 사회에서 종교 갈등마저 미리 예방하지 않는다면 더 큰 혼란이 생길 수도 있다. 어쩌면 심리적으로는 이미 종교 간 전쟁상태에 있는지도 모른다. 더구나 멀지 않은 미래에 우리 사회에 이슬람 근본주의 세력이 어느 수준으로 커지고 나면 이슬람과 개신교 간의 분쟁이 발생할 개연성이 크다는 점을 생각하면, 공적영역만이라도 개인의 종교에 관계없이 쾌적한 사회가 될 수 있도록 종교중립 제도와 의식을 뿌리내리는 것이 시급한 과제가 아닐 수 없다.

"공직자 자신이 종교행위가 범죄 행위라는 사실을 인식할 수 있는

사회적 환경을 만들어야 한다"는 어느 헌법학자의 말처럼, 공공영역을 종교로부터 자유롭게 하기 위해서는 공직사회의 의식 변화가 우선적으로 이루어지는 것이 중요하다. 그러나 제도의 변화 없이 의식의 변화를 바라는 것은 무리다. "모든 제도는 의식의 소산이며, 모든 의식 또한 제도의 소산"이라고 하지 않는가. 종교계 일각에서 개인 신앙의 문제를 법적으로 따지기 시작하면 부작용이 생길 수도 있다며 우려를 나타내기도 한다. 심지어 개신교의 경우 '역차별'이니 '핍박'이니 하면서 반감을 부추기기까지 한다. 그러나 일이 터질 때마다 "일부, 아랫사람이 (…) 본의 아니게 실수 (…), 관행, 관례, 오해"라는 변명이 반복되는 것은 상처와 불신만 더 깊게 할 뿐 문제의 근본적인 해결에 아무 도움이 되지 못한다는 것을 오랫동안 경험해 온 바다.

선진국에서는 개인의 종교자유의 보장이나 공적 영역에서의 종교중립이 잘 지켜져 상식화 되어 있는 것으로 알려져 있다. 미국의 종교차별 기준에 대해 언급한 뉴욕의 어느 한인 교수의 글이 생생하다. 우리나라의 후진적인 종교인권 상황과 비교되어 더욱 그렇다. 뉴욕주법(州法)에 따라 관공서와 모든 주립 · 시립학교 그리고 일정 규모 이상 기업체 신임 직원에게 의무적으로 실시되는 오리엔테이션에서의 'harassment (괴롭힘, 시달림)' 교육에 관한 내용이었다. "종교를 강요하는 것은 성희롱과 마찬가지로 취급되어 적극적인 전도(傳道) 자체가 금지되어 있다. 특정 종교를 이야기함으로써 상대방에게 불편한 상황을 초래하면 불법이 되는 것이다. 종교에 관한 차별은 성 차별, 성희롱, 인종차별, 동성연애자 차별과 함께 엄하게 규정되고 있다. 이를 위반하면 수백만 달러에 해당하는 소송이 따르고 개인은 물론이고 개인이 속한 단체, 학교, 회사도 책임을 져야 한다. 국가가 종교 편향을 보이는 것은 아주 잘못된 일이다. 종교 편향처럼 느끼게 한 것 자체가 잘못이다."

그러나 우리나라에서 국민화합과 종교평화를 개인이나 종교 집단의 선의에만 기대하기에는 너무 멀리 가버린 느낌이다. 그동안 피해의식에 불만이 쌓였던 불교계도 더 이상 자비니 관용으로 인내할 수만은 없다는 분위기다. 하지만 정작 불쾌하거나 차별이라고 느낄 때 개인 스스로 처리하기에는 심적 부담이 너무 크다. 어떻게 해야 할지도 모르고 어딘가 신고할 기관도 없으며, 마땅한 규제 또는 처벌 수단도 없어 답답한 것이 사실이다. 사회적 규범화 또는 법률적 제재가 불가피하며 최소한 '공직자의 종교중립' 입법이 필요하다는 목소리가 높아지고 있는 이유다.

물론 우리 헌법은 제11조에 "모든 국민은 법 앞에 평등하다. 누구든지 성별 · 종교 또는 사회적 신분에 의하여 차별을 받지 아니한다"고 밝히고 있으며, 제20조 1항은 "모든 국민은 종교의 자유를 가진다"고 명시함으로써 종교의 자유가 국민의 기본권임을 명백히 하고 있고, 2항은 "국교는 인정되지 아니 하며, 종교와 정치는 분리된다"고 못박고 있다.

그럼에도 불구하고 우리 사회에 종교 갈등의 골이 깊어진 것은 헌법 정신을 인권차원에서 구현하려는 노력의 부족과 구체적인 판례를 만들어온 전통의 부재로 인해 '자신의 종교가 중요한 만큼 다른 이의 종교도 중요하다'는 평범한 진리가 일상생활에 뿌리내리지 못한 결과라고 해야 할 것이다.

한편 일본 헌법 제20조는 1. "신앙의 자유는, 누구나 이것을 보장한다. 어떠한 종교단체도, 국가로부터 특권을 받거나, 정치상의 권력을 행사해서는 안 된다", 2. "누구도, 종교상의 행위, 축전, 의식 또는 행사에 참가하는 것을 강제 받지 않는다", 3. "국가 및 어떤 국가기관도, 종교교육 기타 어떠한 종교적 활동도 할 수 없다"고 되어 있어 한국 헌법 20조보다 훨씬 명확하게 다가오도록 표현되어 있는 것이 특이하다. 그만큼 종교 관련 조항에 깊은 고려가 있었다는 얘기 아니겠는가.

다행히 공직자의 종교 편향 또는 차별 행위에 대한 사회적 논란이 증폭된 2008년 MB정권 초기 수개월 사이 사회통합 저해 요인을 제거해야 한다는 공감대 형성과 함께 정부와 정치권에서 다양하게 제도화를 시도하고 있다.

우선 2008년 9월 문화체육관광부는 훈령 제44호를 제정, '공직자종교차별자문회의' 구성과 함께 '공직자종교차별신고센터'를 개설 · 운영함으로써 일단 통로를 마련하였다. 그러나 의욕과는 달리 단순한 종교문화 문제가 아니라 인권 · 교육 · 행정 · 법률 등 고도의 전문성이 복잡하게 얽혀있는 문제들이기에 그 실효성에 의문이 가시지 않아 더 지켜볼 일이다.

역시 범불교도대회 직후인 2008년 9월 대통령이 주관하는 국무회의에서 '국가공무원 복무규정'의 제4조(친절 · 공정) ① "공무원은 공사를 분별하고 인권을 존중하며 친절하고 신속 · 정확하게 업무를 처리하여야 한다"에 이어 ② "공무원은 직무를 수행함에 있어서 종교 등에 따른 차별 없이 공정하게 업무를 처리하여야 한다"를 추가 신설한 바 있다. 이어서 11월에는 국민권익위원회가 '공무원 행동 강령' 제6조를 "공무원은 직무를 수행할 때 지연 · 혈연 · 학연 · 종교 등을 이유로 특정인에게 특혜를 주거나 특정인을 차별해서는 아니된다"고 개정 · 공포함으로써 일단 공무원 사회에 종교문제에 대한 균형감각을 새롭게 주문하는 분위기를 형성하기 시작했다고 할 수 있겠다. 그러나 정부 차원의 '복무규정이나 행동강령' 개정만으론 '차별 행위 규정에 대한 구체성 부족, 징계사유 외 벌칙사유 부재, 임용권자의 자의적 해석 소지' 등의 이유 때문에 종교차별 해소책으로는 미흡하다. 더 근본적인 이유가 있다. 대통령령으로 재 · 개정이 가능하므로 대통령의 판단에 따라 쉽사리 변경이 가능하다는 점, 징계대상인 공무원이 처벌근거법이 없다며 행정소송을 할 경우 이중의 단계를 거쳐야 한다는 점, 그리고 공무원이 타인에게 종교차별을 하는 것이 아니라 자신의 직위를 이용하여 직접 종교 행위를 할 경우 처벌할 수 있는 법적 근거가 없어서 헌법 20조 2항인 '정교분리'를 실현하는 데 취약하다는 점 등을 고려하면 국가복무규정은 상징성에 머무를 가능성이 적지 않다. 국회에서 '공직자 종교중립법'을 의원입법화 해야 한다는 주장이 설득력을 얻고 있는 이유다.

최근 몇 차례 학술적 세미나와 함께 국회의원 중심으로 한 공청회 등 입법화를 위한 움직임이 있지만, 불교계의 분노가 잦아들면서 추진 행보는 가속도가 붙지 못하고 있다. 게다가 한국기독교총연합회가 "자신의 종교에 대해 외부의 강제를 받지 않을 자유와 자신의 종교적 확신을 선전하고 포교하는 것은 물론, 자신의 종교적 신념에 배치되는 타 종교에 대해 합법적으로 비교하고 반대할 수 있는 자유"마저 위축시킬 수 있다며 혼란스럽게 만드는 '입법화 반대성명'을 냈을 뿐만 아니라 입법화를 추진하는 의원들에 대한 압력을 가해 국회의원들이 눈치를 보는 등, 아직 사회적 합의까지는 갈 길이 멀다는 느낌을 지울 수 없다.

관행이란 이름으로 굳어진 우리 사회의 종교차별은 이제 사라져야 한다. 그것은 국민의 합의사항인 헌법에 대한 바른 이해와 평등한 시민으로서의 정당한 대우를 위한 지속적 관심과 끈질긴 저항으로 비로소 얻을 수 있는 열매임을 명심해야 할 것이다.

정산종사의 화합정신

— 삼동윤리를 중심으로 —

김 영 훈
영산선학대학교 교수

목 차

1. 들어가는 말

세계의 모든 종교가 인류의 화합과 생명공동체적 상생의 사상을 견지하는 것은 주지의 사실이다. 그러나 다른 한편으로는 오늘날까지 모든 종교가 화합의 정신을 보여주었다고 말하기는 곤란하다. 때때로 종교 지도자들은 자신들의 교의를 지나치게 강조하여 화합과는 반대되는 행동을 취해 왔고, 그것을 종교적 입장에서 정당화하거나 정치적 목적과 결합하여 종교 본연의 모습을 보여주지 못했던 경우가 있다. 이는 인류의 화합과 행복을 담보해야 하는 종교의 입장에서 볼 때 현실의 벽을 넘지 못한 불행한 일이 아닐 수 없다. 즉 각각의 종교가 지향하는 근본 목적은 인류의 행복 추구에 있지만 이념이나 방법에 있어서 다름이 있음을 인정하지 못하고 대립적 갈등을 초래하여 종교간 또는 종파간 배타적인 관계를 극복하지 못하고 있는 것이다.

그러나 이와 같은 갈등구조가 종교만의 문제는 아니다. 인간 사이의 문제에서부터 인종간 국가간 그리고 일체 생령들에게까지 다양하게 확산되고 있다. 물론 지구촌 사회를 만들고 생태적 환경을 생각하며 그 동안의 인간중심적 사고방식에 반성을 하고 있지만 아직도 인류가 극복하지 못하고 있는 고질적인 병폐인 종족주의, 성(Gender), 계급(Class) 등 해결해야 할 난제가 많다.

그런가 하면 글로벌사회와 함께 다국적기업의 횡포가 날이 갈수록 더욱 심해지고 있다. 강약의 대립적 구조가 가속화되고 있기 때문이다. 인류는 갈등구조에서 나타나고 있는 종교간 대립, 인간중심주의, 강약의 대립을 해결하기 위하여 공동의 실천 덕목을 찾고 있으며 끊임없이 노력하고 있지만 여의치 못한 것이 오늘의 현실이다. 따라서 본 연구에서는 작금의 갈등해소를 위한 방안으로 원불교 종법사였던 정산종사의 화합정신에 대해 삼동윤리를 중심으로 살펴보고자 한다.

삼동윤리에 대한 연구는 그 동안 여러 각도에서 많은 학자들에 의해 이루어졌다. 따라서 본인은 지금까지의 연구 성과를 토대로 하되 삼동윤리에서 화합정신의 의미를 좀 더 살펴보고자 한다. 그러기 위해서는 화합의 개념을 명확하게 정리할 필요가 있지만 본 연구에서는 정산종사가 삼동윤리를 통하여 이루고자 했던 화합정신(和合精神)에 국한하여 고찰하고자 한다.

2. 일원주의(一圓主義)와 삼동윤리(三同倫理)

가) 일원주의(一圓主義)

원불교의 태동은 1916년 교조(敎祖)인 소태산(少太山)(소태산은 원불교를 창건한 교조 박중빈의 號이다) 박중빈(朴重彬)의 대각으로부터 비롯한다. 창립기 원불교의 시대적 배경은 암울했던 일제시대를 배경으로 하고 있으며 토착단계에선 6 · 25로 인한 민족적 갈등이 극심한 상황을 거치게 된다. 아울러 서세동점(西勢東漸)이란 거센 물결과도 맞서야 하는 격동의 세월과 함께 한다. 따라서 원불교의 태동은 자연적으로 한반도에서 일어나는 갈등과 분쟁의 소용돌이 속에서 무언가 새로운 희망을 제시할 소명의식을 갖게 되었다고 할 수 있으며, 이러한 생각들의 일단을 경전이 담지하고 있다.

소태산은 대각의 심경을 "만유가 한 체성이며 만법이 한 근원이로다. 이 가운데 생멸 없는 도와 인과 보응되는 이치가 서로 바탕하여 한 두렷한 기틀을 지었도다."(『대종경』, 1: 1)라고 천명하고 개교 표어를 "물질이 개벽되니 정신을 개벽하자."라고 공표한다. 서양에서 밀려오는 물질문명을 바라보는 소태산의 관점과 만법의 회통성을 가늠할 수 있는 교설이다.

개교 표어는 원불교 개교의 동기에 좀 더 구체적으로 언급된다. "과학문명이 발달됨에 따라 물질을 사용하여야 할 사람의 정신은 점점 쇠약해져 물질의 노예생활을 면치 못하는 바 진리적 종교의 신앙과 사실적 도덕의 훈련으로 정신의 세력을 확장하고 물질의 세력을 항복받아 파란고해의 일체 생령을 광대무량한 낙원으로 인도한다."(『정전』, 1: 1)고 기술하였다. 물질문명에서 오는 병폐를 정신 세력의 확장으로 극복하겠다는 의미인 것이다.

대각일성(大覺一聲)은 원불교 신앙의 대상인 법신불(法身佛) 일원상(一圓相)(원불교는 불단에 불상대신 진리의 상징인 일원상을 모시고 신앙과 수행의 표본으로 받든다)으로 자리매김하게 된다. 그리하여 소태산 대종사는 일원상을 종지로 신앙과 수행을 병진하도록 하면서 은사상(恩思想)(원불교는 일원상을 신앙하는 信仰門에 四恩을 제시하고 그에 대한 구체적인 설명을 하고 있다. 사은은 천지은 부모은 동포은 법률은으로 이 네 가지 은혜는 우주만물이 살아가는 데 없어서는 살지 못하는 절대적인 은혜라고 본다. 또한 일원상의 내역이 곧 사은이며 사은의 내역은 우주 만유로서 천지 만물 허공 법계가 다 부처 아님이 없다고 전제한 후 사사물물을 부처로 모시고 받드는 불공을 강조한다)을 제시한다. 즉 우주의 모든 생명체는 서로가 떨어져서는 살 수 없는 은(恩)의 관계로 형성되어 있기 때문에 모든 생명체들이 상생적 관계임을 깊이 깨달아 화합하여야 함을 제시하였다. 이와 관련하여 소태산 대종사의 교설을 제시하면 다음과 같다.

> 세계의 모든 종교도 그 근본 되는 원리는 본래 하나이나, 교문을 별립하여 오랫동안 제도와 방편을 달리하여 온 만큼 교파들 사이에 서로 융통을 보지 못한 일이 없지 아니하였나니, 이는 다 모든 종교와 종파의 근본 원리를 알지 못하는 소치라 이 어찌 제불제성의 본의시리요. (…) 중략 (…) 그러므로, 우리는 우주 만유의 본원이요, 제불제성의 심인(心印)인 법신불 일원상을 신앙의 대상과 수행의 표본으로 모시고, 천지, 부모, 동포, 법률의 사은(四恩)과 수양 · 연구 · 취사의 삼학(三學)으로써 신앙과 수행의 강령을 정하였으며, 모든 종교의 교지(敎旨)도 이를 통합 활용하여 광대하고 원만한 종교의 신자가 되자는 것이니라.(『정전』, 1: 2)

세상의 모든 원리가 하나의 진리에 근원한다는 뜻으로 모든 종교들이 지향하는 상징의 원리는 동일함을 말하는 것이다. 소태산의 이러한 사상은 정산종사의 삼동윤리에 수용되어진다.

나) 삼동윤리(三同倫理)

소태산 대종사가 열반한 후 뒤를 이은 정산(鼎山) 종법사(宗法師)(宗法師는 교단을 대표하며, 主法으로서 교단을 주재하는 사람이다)는 삼동윤리(三同倫理)를 통하여 화합을 강조함으로써 원불교의 지향점 중 하나인 화합정신을 계승 발전시킨다. 정산종사는 열반을 앞두고 그동안 강조하였던 삼동윤리에 대해 제자들에게 설명하라 하는 바 여기서 한 제자의 설명에 삼동윤리는 일원대도에 근거한 대 세계주의라고 말하자 그 말이 옳다고 한다.

> "누가 한 번 삼동윤리를 설명해 보라." 시자의 청을 받아 김 대거 사뢰기를 "동원도리는 이 세상 모든 종교가 한 울안 한 이치인 것을 말씀하신 것이오며, 동기연계는 이 세상 모든 생령이 한 집안 한 권속인 것을 말씀하신 것이오며, 동척사업은 이 세상 모든 사업이 한 일터 한 일꾼임을 말씀하신 것이온 바, 이는 곧 대종사의 일원 대도에 근거한 대 세계주의로서 스승님께서 말씀하신 그대로 곧 천하의 윤리요 만고의 윤리가 되나이다." 말씀하시기를 "그 말이 옳으며, 세상의 대세가 차차 이 길로 돌아오고 있나니, 여러분이 먼저 잘 지키고 보급시켜서 우리의 법이 천하 만고의 대법이 되게 하라."(『정산종사법어』, 15: 37)

이는 일원주의에 바탕한 정산종사의 사상적 결산으로 소태산 대종사의 성업을 계승해서 모든 인류가 지녀야 할 도덕적 윤리를 밝힌 것이다.

다) 삼동윤리(三同倫理)의 선포

삼동윤리는 원불교 2대 종법사인 정산종사가 열반 1년 전 원불교 개교경축일(1961.4.26)에 발표한 법문으로 그 내용은 동원도리(同源道

理)·동기연계(同氣連契)·동척사업(同拓事業)이다. 기본 정신은 일원주의에 입각하여 앞으로 정치가와 사업가 그리고 종교와 인류가 크게 화합하여 대 세계주의를 구현하자는 것이다.

> 삼동윤리는 곧 앞으로 세계 인류가 크게 화합할 세 가지 대동(大同)의 관계를 밝힌 원리니, 장차 우리 인류가 모든 편견과 편착의 울안에서 벗어나 한 큰 집안과 한 큰 권속과 한 큰 살림을 이루고, 평화 안락한 하나의 세계에서 함께 일하고 함께 즐길 기본 강령이니라. 지금 시대의 대운을 살펴보면 인지가 더욱 열리고 국한이 점차 넓어져서 바야흐로 대동 통일의 기운이 천하를 지배할 때에 당하였나니, 이것은 곧 천하의 만국 만민이 하나의 세계 건설에 함께 일어설 큰 기회라, 오래지 아니하여 세계 사람들이 다 같이 이 삼동윤리의 정신을 즐겨 받들며, 힘써 체득하며, 이 정신을 함께 실현할 기구를 이룩하여 다 같이 이 정신을 세상에 널리 베풀어서 이 세상에 일대 낙원을 이룩하고야 말 것이니라. 그러므로, 이러한 좋은 시운에 이러한 회상을 먼저 만난 우리 대중들은 날로 달로 그 마음을 새로이 하고, 이 공부 이 사업에 더욱 정진하여 다 같이 이 좋은 세상 건설에 선도자가 되어 주기를 간절히 부탁하노라.(『정산종사법어』, 13: 35)

위 인용문에서 보듯이 정산종사는 삼동윤리를 선포하면서 서두에 "세계 인류가 크게 화합(和合)할 세 가지 대동의 관계"라고 밝히고 있다. 이는 미래세계에 온 인류와 생령이 상극의 울을 벗어나 상생화합(相生和合)으로 평화 안락한 하나의 세계에서 함께 일하라는 신념을 밝힌 것이다. 또한 "이 세상에 일대 낙원을 이룩하고야 말 것이니라." 하여 세 가지 큰 화합정신(和合精神)으로 사회의 갈등을 타파하고 낙원 세계를 건설하려는 의지를 표명하고 있다.

삼동윤리는 인류가 화합(和合)해야 할 세 가지 큰 원칙을 밝힌 것이며, 세계를 한울안 삼아 하나의 세계를 건설할 방법을 제시한 것이다.

천주교가 제2 바티칸 공의회(1962-1965)에서 타종교 포용론에 대한 입장을 결정하여 교황의 교서로 공표(1962년 10월 11일에 제2차 바티칸 공의회를 개최했다. 3년간 진행된 이 회의는 가톨릭 '쇄신'이 목적이었으며, 이 회의에서 근본주의와 다원주의의 절충인 포괄주의를 채택하고 타 종교에서도 구원받을 수 있다는 등의 내용을 공표한다. 한국천주교중앙협의회, pp.608-610 참조)한 것이 1962년 이후의 일임을 감안할 때 정산종사의 삼동윤리 선포는 종교역사상 매우 의미 있는 사안이라고 본다.

3. 삼동윤리(三同倫理)의 내용

가) 동원도리(同源道理)

동원도리는 삼동윤리의 첫째 강령으로 종교의 본질을 밝힌 부분임과 동시에 미래종교가 갖추어야 할 모습을 제시한 것이다. 모든 종교의 근본은 다 같은 한 근원의 도리임을 알아서 대동화합하자는 취지이며, 다종교시대에 종교적 화합을 도모하자는 것이다. 정산종사는 동원도리에 대하여 다음과 같이 말한다.

> 삼동윤리의 첫째 강령은 동원도리(同源道理)니 곧 모든 종교와 교회가 그 근본은 다 같은 한 근원의 도리인 것을 알아서, 서로 대동 화합하자는 것이니라. 이 세상에는 이른바 세계의 삼대 종교라 하는 불교와 기독교와 회교가 있고, 유교와 도교 등 수 많은 기성 종교가 있으며, 근세 이래 이 나라를 비롯하여 세계 각처에 신흥 종교의 수도 또한 적지 아니하여, 이 모든 종교들이 서로 문호를 따로 세우고, 각자의 주장과 방편을 따라 교화를 펴고 있으며, 그 종지에 있어서도 이름과 형식은 각각 달리 표현되고 있으나, 그 근본을 추구해 본다면 근원되는 도리는 다 같이 일원의 진리에 벗어남이 없나니라. 그러므로 모든 종교가 대체에 있어서는 본래 하나인 것이며, 천하의 종교인들이 다 같이 이 관계를 깨달아 크게 화합하는 때에

는 세계의 모든 교회가 다 한 집안을 이루어 서로 넘나 들고 융통하게 될 것이니, 먼저 우리는 모든 종교의 근본이 되는 일원 대도의 정신을 투철히 체득하여, 우리의 마음 가운데 모든 종교를 하나로 보는 큰 정신을 확립하며, 나아가 이 정신으로써 세계의 모든 종교를 일원으로 통일하는 데 앞장서야 할 것이니라.(『정산종사법어』, 13: 35)

정산종사가 바라본 당시의 종교적 상황이다. 삼대종교를 비롯한 다양한 종교들과 새로이 발생한 신종교들이 제각각 진리를 주장하지만 진리의 원천에서 볼 때 모든 종교가 같다는 것이다.

정산종사가 주장하는 진리의 원천은 일원의 진리이다. 일원의 진리란 우주의 근원적 진리를 원불교적 시각에서 상징적으로 표현한 것이다. 이에 대해 종교마다 해석상의 차이가 있을 수 있다. 그러나 종교가 구하고자 하는 본래의 궁극적 믿음에 대한 명칭이기 때문에 문화적 민족적 관습에서 비롯한 관념의 틀을 버리고 인류를 대동화합하도록 종교가 앞장서자는 뜻으로 받아들여야 한다.

헌팅턴(S.Huntington)은 『문명의 충돌』이라는 저서에서 전 세계를 기독교와 이슬람, 힌두교, 유교 등과 같은 종교를 중심으로 한 문명권들로 분류하고, 이들 문명권내의 종교들 사이에 경쟁과 분쟁이 불가피하다고 지적했다.(이휘재 역, pp.52-57) 헌팅턴의 이러한 충고는 정산종사의 종교간 화합정신을 더욱 가치 있게 하는 일이며, 21세기를 살아가는 종교인들에게 유의미한 것이라고 할 수 있다.

동원도리의 정신은 정산종사의 스승인 소태산 대종사의 사상을 계승한 것이다. 소태산의 어록 중에 다음과 같은 기록들이 있다.

"일원상과 인간과의 관계가 어떠하오니까." "우리 회상에서 일원상을 모시는 것은 과거 불가에서 불상을 모시는 것과 같으나, 불상은 부처님의 형체(形體)를 나타낸 것이요, 일원상은 부처님의 심체(心體)를 나타낸 것이므로, 형체라 하는 것은 한 인형에 불과한 것이요, 심체라 하는 것은 광대무량하여 능히 유와 무를 총섭하고 삼세를 관통하였나니, 곧 천지 만물의 본원이며 언어도단의 입정처(入定處)라, 유가에서는 이를 일러 태극(太極) 혹은 무극(無極)이라 하고, 선가에서는 이를 일러 자연 혹은 도라 하고, 불가에서는 이를 일러 청정 법신불이라 하였으나, 원리에 있어서는 모두 같은 바로서 비록 어떠한 방면 어떠한 길을 통한다 할지라도 최후 구경에 들어가서는 다 이 일원의 진리에 돌아가나니 (…)"(『대종경』, 교의품: 3)

"귀하가 여기에 찾아오심은 무슨 뜻인가." 목사 말하기를 "좋은 법훈을 얻어 들을까 함이로소이다." 대종사 말씀하시기를 "그러면 귀하가 능히 예수교의 국한을 벗어나서 광활한 천지를 구경하였는가." "그 광활한 천지가 어느 곳이오니까." 대종사 말씀하시기를 "한 번 마음을 옮기어 널리 살피는 데에 있나니, 널리 살피지 못하는 사람은 항상 저의 하는 일에만 고집하며 저의 집 풍속에만 성습되어 다른 일은 비방하고 다른 집 풍속은 배척하므로 각각 그 규모와 구습을 벗어나지 못하고 드디어 한 편에 떨어져서 그 간격이 은산철벽(銀山鐵壁)같이 되나니, 나라와 나라 사이나 교회와 교회 사이나 개인과 개인 사이에 서로 반목하고 투쟁하는 것이 다 이에 원인함이라, 어찌 본래의 원만한 큰 살림을 편벽되이 가르며, 무량한 큰 법을 조각조각으로 나누리요. 우리는 하루 속히 이 간격을 타파하고 모든 살림을 융통하여 원만하고 활발한 새 생활을 전개하여야 할 것이니 그러한다면 이 세상에는 한 가지도 버릴 것이 없나니라."(『대종경』, 불지품: 21)

정산종사 또한 이와 유사한 내용의 교설을 하는 바 다음과 같다.

시자 사뢰기를 제가 꿈에 "무저단하(無抵端下)"라는 한 글귀를 얻었나이다. 말씀하시기를 "밖으로 대질리지 아니함은 화합의 근본이요, 안으로 단정히 하심 함은 양덕의 근본이라, 좋은 글귀니 잘 지키라. 대개 너무 기승한 사람은 축 없고 겸손한 공부에 먼저 힘써야 돌아오는 인화 시대에 가히 대성을 보리라."(『정산종사법어』, 8: 37)

"萬和成圓 一心貫天"이라 하시니 "만인과 화합하여 원을 이루고, 한결된 마음으로 하늘과 통하라" 하심이러라.(『정산종사법어』, 8: 53)

위의 교설에서 볼 때 동원도리의 정신은 다양성이 존재함을 깨쳐 화합하자는 것이다. 개인과 개인, 교회와 교회, 국가와 국가, 인종과 인종 사이의 갈등은 물론이고, 타 종교와 거리를 두거나 배타성에서 발생하는 일체의 현상적인 문제가 근원적으로 같음을 인식하여 대동화합하자는 것이다. 특히 종교가 지나친 원리주의에 사로잡혀 이웃종교에 대한 이해와 대화의 문을 닫아버리거나 담을 쌓아가는 아집과 편견에 사로잡혀 인류의 화합에 짐이 되는 일을 하지 말자는 것이다.

비록 각각의 종교가 지녀온 관습이나 의례형식 등은 서로 다르지만 근본을 추구한다면 기본적인 목표나 궁극적인 이념은 다르지 않다는 것이다. 따라서 종교 본연의 목적인 인류 구원의 소명을 위해선 종교 앞에 가로놓인 절차적인 문제나 표면적 현상에서 나타나는 모든 장벽을 넘어서는 열린 시각이 되자는 것이며 이러한 점에서 동원도리가 21세기를 살고 있는 종교인들에게 전하는 함의는 소중하다고 본다.

나) 동기연계(同氣連契)

동기연계는 모든 인종과 생령이 근본적으로 하나의 기운으로 연계된 동포임을 알아서 서로가 화합하자는 것이다. 이에 대해 정산종사는 다음과 같이 밝히고 있다.

삼동윤리의 둘째 강령은 동기연계(同氣連契)니, 곧 모든 인종과 생령이 근본은 다 같은 한 기운으로 연계된 동포인 것을 알아서, 서로 대동 화합하자는 것이니라. 이 세상에는 이른바 사색 인종이라고 하는 인종이 여러 지역에 살고 있으며, 같은 인종 중에도 여러 민족이 있고, 같은 민족 중에도 여러 씨족이 여러 지역에 각각 살고 있으나, 그 근본을 추구해 본다면 근본되는 기운은 다 한 기운으로 연하여 있는 것이므로, 천지를 부모 삼고 우주를 한 집 삼는 자리에서는 모든 사람이 다 같은 동포 형제인 것이며, 인류뿐 아니라 금수 곤충까지라도 본래 한 큰 기운으로 연결되어 있나니라. 그러므로, 천하의 사람들이 다 같이 이 관계를 깨달아 크게 화합하는 때에는 세계의 모든 인종과 민족들이 다 한 권속을 이루어 서로 친선하고 화목하게 될 것이며, 모든 생령들에게도 그 덕화가 두루 미칠 것이니, 우리는 먼저 모든 인류와 생령이 그 근본은 다 한 기운으로 연결된 원리를 체득하여 우리의 마음 가운데 일체의 인류와 생령을 하나로 보는 큰 정신을 확립하며, 나아가서는 이 정신으로써 세계의 인류를 평등으로 통일하는 데 앞장서야 할 것이니라.(『정산종사법어』, 13: 36)

동기연계는 인종 간의 갈등구조 문제와 함께 인간중심주의에서 비롯되는 문제를 지적하고 있다. 즉 우주는 인간과 인간만의 관계가 아니라 모든 생명체들이 하나로 연결되어 있음을 자각해야 한다는 것이다. 모든 인류가 "천지를 부모 삼고 우주를 한 집 삼는 자리에서" 한 동포임을 깨닫고 나아가 우주만물이 한 기운으로 연결되어 있음을 말하는 것이다. 이는 장횡거(張橫渠)의 "민오동포(民吾同胞), 물오동포(物吾同胞)"와 정명도(程明道)·왕양명(王陽明)의 "물아일체지인(物我一體之仁)"등의 사해동포주의(四海同胞主義)와 같은 맥락이다.(김순임, p.515) 이에 대하여 정산종사는 다음과 같이 피력한다.

인지가 미개하고 계한이 편협한 시대에는 개인만을 본위로 하는 이기적 개인주의나, 한 가족을 본위로 하는 가족주의나, 한 단체 한 사회를 본위로 하는 단체주의나, 한 국가를 본위로 하는 국가주의가 각각 그 시대와 국한 안에서 인심을 지배하였고, 아직도 그 여풍이 도처에 남아 있음을 볼 수 있으나, 불보살 성현들은 일찍부터 이 모든 국한을 초월하여 세계를 본위로 하는 큰 정신을 주로 고취하시었나니, 이른 바 대자대비가 세계주의며,

인의의 정신이 세계주의며, 박애의 정신이 세계주의라, 이 모든 성인들은 천하를 일가로 보고 만민을 한 권속으로 삼아, 세계 인류가 다 같이 구제 받을 대 도덕을 제창하시었으며, 특히 불교에서는 세계와 인류뿐 아니라 시방세계 육도사생을 다 같이 본위로 하는 대 정신을 크게 창도하시었나니, 곧 세계주의의 극치라 할 것이니라.(『정산종사 법어』, 13: 32)

개인 · 가족 · 단체 · 민족 · 인종 · 국가 등 한정된 사고에서 벗어나 세계를 본위로 하는 세계주의를 고취하여 온 인류가 화합하여 더불어 살 것을 주장하고 있는 것이다. 또한 정산종사는 "우리가 모두 일원의 후손이니라. 앞으로는 종족이나 씨족의 구별을 특별히 따지지 아니하고 세계 사람들이 다 한 집안 자손으로 지내니라."(『정산종사 법어』, 15: 30)라고 하여 물아의 구분 없이 한 집안의 자손된 도리로 사는 세상이 올 것을 예시하고 있다. 아직도 인류가 극복하지 못하고 있는 고질적인 병폐인 종족주의, 성(Gender), 계급(Class)등의 난제를 해결하는 데 동기연계론은 적절한 의미를 담고 있다.(김도공, p.108) 그러나 세계주의가 도래한다하여 민족 · 국가 · 인종 · 씨족 · 부모 · 가족 · 형제 · 단체 등의 독자성을 부정하자는 것은 아니다. 너와 나의 간격을 넘어 세계주의를 구현하는 가운데 개개의 특성과 강점은 살리자는 것이다. 이에 대해 정산종사는 다음과 같이 말하고 있다.

현하 시국의 대운을 촌탁하건대 인지가 새로 개벽되고 국한이 점차 확장되어 바야흐로 대 세계주의가 천하의 인심을 지배할 초기에 당하였나니, 이는 곧 대도 대덕의 대 문명 세계가 건설될 큰 조짐이라, 이 주의는 지극히 원만하고 지극히 공변되어 모든 낡은 국한들을 돈연히 벗어나서 육도 사생이 다 같이 위 없는 낙원에서 공존 공영하게 하고야 말 것이니라. 그러나 또한 개인주의나 가족주의나 단체주의나 국가주의를 아주 없애자는 것이 아니라, 세계주의를 본위로 하여 그 강령 하에 이 모든 주의를 잘 운용하고 보면 대세계주의낙원(大世界主義 樂園)을 건설하는 데 또한 도움이 있을 것이니, 이러한 좋은 시운에 처하여 전무후무한 대도 회상의 창립 사도가 된 우리 대중들은 먼저 각자의 마음에 세계 일가의 큰 정신을 충분히 확립하며, 그 큰 정신을 세상에 널리 베풀어서, 일체 생령과 함께 광대무량한 큰 낙원의 생활자가 되기를 더욱 발원하며, 날로 달로 마음을 새로이 하고 이 공부 이 사업에 더욱 정진하여, 원만구족하고 지공무사한 대 세계주의의 선도자가 되어 주기를 간절히 부탁하노라.(『정산종사 법어』, 13: 33)

세계주의를 본위로 하되 개인주의, 가족주의, 단체주의 등이 존중되는 공생공영의 길을 모색하자는 것이다. 즉 인류애를 구현함에 있어서 개인이나 단체가 일방적으로 희생되어서는 곤란하다는 말이다. 비록 개인이라 할지라도 그 개인 또한 다른 만물과 동떨어져 있는 것이 아니라 항상 연계되어 있기에 그 하나를 제외한 화합이란 진정한 화합이 될 수 없는 것이다. 인류가 화합하기 위해서는 세계주의의 구현이 당연한 명제이지만 개인의 생명과 권익도 또한 소중함을 일깨우는 말이다. 소수자의 권익이 강조되는 현대사회에서 더욱 돋보이는 교설이라고 본다.

그러나 동기연계론의 화합정신은 인간 중심의 대동화합에 머무르지 않고 금수·초목에게까지 화합할 것을 강조하고 있다. 동기연계론은 모든 인류와 만물이 서로 연결되어져 있다는 유기체적(有機體的) 인간관(人間觀) 및 자연관(自然觀)을 바탕으로 삼은 것이다.(류병덕) 정산종사는 "불교에서는 세계와 인류뿐만 아니라 시방세계 육도사생을 다 같이 본위로 하는 정신을 크게 창도하시었나니, 곧 세계주의의 극치라 할 것이니라."(『정산종사 법어』, 13: 37)라고 하여 세계주의의 극치는 전 우주의 생명체가 연기되어 있음을 깨닫는 데 있다고 밝히고 있다. 인간 중심적 사고에서 벗어나 동식물을 포함한 모든 생령들이 없어서는 살

수 없는 유기체임을 알아 공존의 길을 모색해야 한다는 것이다.

인류는 그동안 자연을 무차별적으로 개발하여 생태학적 문제를 초래하였고 이제는 그로 인하여 인류에게 위기가 되돌아오고 있다. 인간중심주의의 어리석음과 편견으로 인하여 자연은 황폐화되었고 인류도 함께 곤경에 빠진 것이다. 이와 같은 인간중심의 어리석은 역사에 반성하고 다함께 더불어 사는 세상을 가꾸려고 노력하는 이 시대에 금수초목까지 함께 하려는 동기연계의 화합정신은 매우 의미 있는 사상이라고 본다.

다) 동척사업(同拓事業)

동척사업은 모든 사업과 주장이 인류의 평화를 위하여 필요한 것이니 반목과 질시를 버리고 다함께 더불어 사는 화합을 하자는 것이다. 그 내용은 다음과 같다.

> 삼동윤리의 셋째 강령은 동척사업(同拓事業)이니 곧 모든 사업과 주장이 다 같이 세상을 개척 하는 데에 힘이 되는 것을 알아서, 서로 대동 화합하자는 것이니라. 지금 세계에는 이른바 두 가지 큰 세력이 그 주의와 체제를 따로 세우고 여러 가지 사업을 각각 벌이고 있으며, 또한 중간에 선 세력과 그 밖에 여러 사업가들이 각각 자기의 전문 분야와 사업 범위에 따라 여러 가지 사업들을 이 세상에 벌이고 있어서, 혹은 그 주장과 방편이 서로 반대되는 처지에 있기도 하고 혹은 서로 어울리는 처지에 있기도 하나, 그 근본을 추구하여 본다면 근원되는 목적은 다 같이 이 세상을 더 좋은 세상으로 개척하자는 데 벗어남이 없는 것이며, 악한 것까지라도 선을 각성하게 하는 한 힘이 되나니라. 그러므로, 모든 사업이 그 대체에 있어서는 본래 동업인 것이며, 천하의 사업가들이 다 같이 이 관계를 깨달아 서로 이해하고 크게 화합하는 때에는 세계의 모든 사업이 다 한 살림을 이루어 서로 편달하고 병진하다가 마침내 중정(中正)의 길로 귀일하게 될 것이니, 우리는 먼저 이

중정의 정신을 투철히 체득하여 우리의 마음 가운데 모든 사업을 하나로 보는 큰 정신을 확립하며, 나아가서는 이 정신으로써 세계의 모든 사업을 중정으로 통일하는 데 앞장서야 할 것이니라.(『정산종사 법어』, 13: 37)

여기서 두 가지 큰 세력이라 함은 삼동윤리의 발표시점(삼동윤리는 개교기념 축하식과 정산종사 회갑기념식이 있던 1961년 4월 26일에 선포되었다)이 동서냉전이 극심했던 시기임을 감안할 때 자본주의와 공산주의를 의미한다고 할 수 있다. 따라서 정산종사는 동서냉전의 갈등을 해소하는 방안으로 동척사업을 제시한 것으로 볼 수 있다. 이와 같은 논거는 "사람의 투쟁이 처음에는 사상전에서 시작하여 다음에는 세력전으로 옮기고 다음에는 증오전에 옮겨서 필경은 무의미한 투쟁으로써 공연히 대중에게 해독을 끼치기 쉽나니라."(『정산종사 법어』, 3: 20)라는 정산종사의 어록에서 찾을 수 있다. 물론 동서냉전에 국한된 언설은 아니다. 하지만 시대적 상황을 감안하면 동서냉전이 사상전에 머무르지 않고 인류에게 위협을 가할 투쟁으로 옮겨갈 것을 감안한 표현이라고 볼 수 있다.

그러나 동척사업이 인류의 지속적인 발전을 도모함을 고려할 때 동서냉전의 이념적 대립이나 단순한 힘의 균형에만 국한한 언설은 아니라고 본다. 인류 생활양식의 모든 분야에 걸쳐서 서로가 다름을 긍정하고 그 다름 가운데 각자가 인류를 대동화합시킬 수 있는 사업을 모색하자는 것이다.

따라서 사업의 주체도 정치가 또는 사업가에 국한된 것이 아니라 모든 사람들이 자기가 맡은 영역에서 함께 살아갈 세상을 위한 직분을 다하는 것으로 확대해석이 필요하다.

4. 삼동윤리의 화합정신

삼동윤리는 앞으로 모든 인류와 우주만물이 크게 화합(和合)할 세 가지 원리를 밝힌 것으로 인간의 문제는 물론 우주만물까지도 서로 상통하는 상생의 가치를 보여주고 있다. 현대사회는 지구촌을 이루고 있지만 그 가운데 다양한 갈등이 내재되어 있고 인류가 해결해야 할 환경적인 문제를 내포하고 있다. 이와 같은 갈등구조를 안고 있는 현대사회에서 삼동윤리가 강조하는 화합정신은 어떠한 기여를 할 수 있는가를 살펴보고자 한다.

첫째, 동원도리에서는 종교다원주의적 관점에서 화합의 의미를 도출해 볼 수 있다.

주지하다시피 종교다원주의는 어느 특정 종교의 개념이 아니다. 세계 제2차대전 이후에 종교인들이 한 국가와 국제사회에서 보다 긴밀한 관계를 유지하며 살아야 하는 역사적 현실을 자각한 종교학자들과 지성적 종교인들 사이에서 사용된 용어이다.(윤이흠, p.184 참조) 종교다원론은 이와 같은 맥락 아래 모든 종교의 고유성과 특수성은 존중되고 경청되어야 한다는 인식에 도달하였고, 모든 종교가 주장하는 이념에 있어 우주적 보편성과 절대성이 배타적이지 않고 열린 마음을 지닌 한 존중되고 보존되어야 각각의 종교가 역동적으로 역할을 다할 수 있다고 한다.(김경재,p.84 참조) 이렇게 볼 때 종교다원주의는 각 종교의 문화적 사상적 특성과 다양성을 인정하고 상보적 관계에서 종교간 화합을 통해 종교 본연의 사명을 다하자는 것으로 볼 수 있다.

한편 한국종교사상사적 관점에서 볼 때 종교다원주의는 '원융회통사상'에서 찾을 수 있다고 본다. 김홍철에 의하면 '원융회통 사상'은 우리 민족이 고래로부터 간직해온 사상으로 삼국, 고려, 조선을 거치면서 면면히 이어져 내려왔는바, 종교역사상 불교 도교 유교 기독교 등 다양한 종교 사상들이 유입되었으나 커다란 갈등과 대립이 없이 공존함으로써 '원융회통'하는 사상적 특징을 보여주었으며, 불교학계에서도 특정한 교설이나 학설을 고집하지 않고 모순과 대립을 하나의 체계 속에서 회통시키려는 논리체계를 주장함으로써 종파 사이에 화합하려는 노력을 하였다고 한다.(김홍철, pp.120-122 참조) 즉 종교간 회통과 화합 정신의 종교다원주의적 성격이 한국 전통사상에 맥맥히 흘러왔다는 것이다.

이러한 한국의 종교적 전통은 신종교에도 영향을 미쳐왔으며, 원불교 또한 한국종교사상사의 특징인 '원융회통 사상'을 계승하고 있다. 그 이유는 원불교를 창교한 소태산의 대각일성에 있다. 소태산은 대각의 심경을 "만유가 한 체성이며 만법이 한 근원이로다. 이 가운데 생멸 없는 도와 인과 보응되는 이치가 서로 바탕하여 한 두렷한 기틀을 지었도다."(『대종경』, 1: 1)라고 자신이 깨달은 바를 설파하고 있다. 만법이 존재함과 그 만법이 한 근원이라 함은 다종교 사회를 인정한 것이며 모든 종교의 회통성을 열어놓은 것이다. 또한 한(一)두렷한(圓)기틀(相)을 지었다는 것은 일원주의를 천명하고 있는 것이다.

앞서 살펴본 바와 같이 정산종사의 삼동윤리는 원불교 교리상 소태산의 일원주의에 입각해 있다. 따라서 삼동윤리는 일원주의의 원융회통성에 바탕하여 전 인류에게 대동화합의 정신을 강조하고 있는 것이다. 많은 학자들이 동원도리 속에는 종교다원주의적인 관점이 내재되어 있다고 본다.

과거로부터 오늘에 이르기까지 이 지구촌에는 하나의 종교만 존재하진 않았다. 다양한 종교들이 발생하였고 인류에게 많은 영향을 미쳐온 것 또한 사실이다. 그러나 저마다 자기 종교의 우월성을 강조하거나 절대시함으로써 인류에게 평화와 안녕을 강조하는 교설이 자신들의 교회 안에서만 유용하고 울 밖에서는 회통되지 못한 면이 있어왔다. 모든 인류가 화합하여 낙원세계에 이르도록 하여야 하지만 도리어 반목과 질시, 살상과 파괴의 주범이 되어 인류화합의 걸림돌로 작용하였던 것이다. 세계가 하나가 되는 이 시점에서 각자의 울을 넘지 못하는 배타적 자세를 극복하지 못한다면 종교는 영원히 인류를 낙원으로 인도하지 못할 것이다. 따라서 종교는 각자의 고유성과 특수성에 기인하여 가르치는 방법에 다름이 있을지라도 보편성과 절대성이 배타적이지 않고 열려 있다면 본질적으로 인류를 화합하게 하려는 근원된 도리에 충실하여야 할 것이며, 이런 점에서 모든 종교의 근원된 도리(道理)가 대체에 있어서는 다름이 없음을 깨달아 인류를 크게 화합하게 하자는 정산종사의 화합정신은 가치가 있다 할 것이다.

둘째, 동기연계는 모든 생령이 동일한 기운으로 연계되어 있음을 존중하는 측면에서 화합의 정신을 찾을 수 있다.

동기연계는 일체의 생령들이 한 기운으로 연기되어 있음을 자각하여 대동화합하자는 것이다. 21세기를 살고 있는 인류는 정보화 사회와 글로벌 사회로 변하면서 다양한 혜택을 누리고 있지만 그 과정에서 많은 오류를 범하여왔으며 그로 인하여 오늘을 살아가는 우리들은 곤경에 빠져있다. 이는 인간과 자연이 같은 기운으로 연계되어 있음을 알지 못하고 인간중심주의로 살면서 인간이 아닌 다른 생령들을 약탈과 정복의 대상으로 여겨왔기 때문이다. 결국 대자연에 대한 무제한적인 정복과 약탈은 지구의 온난화 및 대기오염 등과 같은 해결하기 곤란한 현상을 초래하였다. 또한 인종과 민족, 씨족이 나뉘어져 있음만 알고 상호간 한 근원에 연계되어 있음을 알지 못함에 따라 전쟁과 테러로 얼룩진 불행의 역사를 되풀이하여 왔다. 다행인 것은 21세기 접어들면서 뒤늦게나마 인간과 자연이 충돌하여 빚어진 생태적 위기상황을 인식하고 인간과 자연이 함께 해야 함을 강조하고 있다는 것이며, 전쟁과 테러를 인류의 공공의 적으로 생각하고 대응하려는 움직임이 있다는 것이다.

동기연계는 이와 같은 움직임에 사상적 단초를 제공해주기에 충분하다고 생각하는 바 우주가 하나의 화합적(和合的) 공생체(共生體)임을 보여주는 동기연계의 화합정신은 충분히 주목할 가치가 있다.

셋째, 동척사업은 모든 사업이 인류를 위해 개척하고 있음을 존중함에서 화합정신의 가치를 도출할 수 있다.

동척사업은 "더불어 사는 사회"를 만들기 위한 신인류의 실천방안을 제시한 것이다.(신광철, p.445) 삼동윤리 발표 시점으로 볼 때 동서냉전이 극심했던 상황이었던 점을 감안할 때 동척사업은 동서 간의 이념적 갈등을 해소하려는 의도가 있었다고 볼 수 있지만 동척사업의 의미는 여기에 머물지 않고 보다 더 광범위한 분야에서 인류 화합을 위하여 공동으로 세상을 열어가자는 뜻으로 해석함이 합리적이라고 본다.

동서양이 서로의 우월성을 주장하기보다는 상호 간의 장점을 수용하는 자세를 요구하는 것이며, 사상과 사상, 종교와 종교, 종교와 과학, 정신과 물질, 정치와 경제 등 모든 분야에서 어떤 이유로든 소통되지 못하던 담을 걷어내고 상생적 화합으로 인류문명의 발전을 촉진하자는 것이다.

글로벌 사회에서 살고 있는 이 시점에서 지구촌의 모든 생령이 같은 근원에서 만나 세계주의를 구현하려는 동척사업론의 화합정신은 시의적으로 충분한 가치가 있다고 본다. 특히 다국적 기업을 경영하는 일부 비이성적 자본가들이 패권경쟁의 꿈을 버리지 않는 한 동척사업의 화합정신이 더욱 강조되어 약소국이나 소수자의 권익이 충분히 보장되도록 하여야 한다.

5. 나가는 말

지금까지 삼동윤리를 중심으로 정산종사의 화합정신을 일별하였다.

정산종사가 삼동윤리의 각각의 강령에서 "화합(和合)"을 강조한 이유는 격변하는 시대적 배경에 기인함도 있지만 그동안 역사의 질곡에서 발생한 갈등과 투쟁의 역사가 잘못되었음을 깨우치고 새로운 세계에 대한 비전을 제시하려는 데 더 큰 함의가 있다고 본다. 그러나 인류가 존재하는 한 불가피하게 구별 내지는 차별 현상이 발생하게 되고 시비 이해가 뒤따르기 마련이다. 어찌 보면 이와 같은 현상은 서로 다른 존재 사이에 발생하는 필연의 법칙일지도 모른다. 그렇다면 이 피할 수 없는 필연을 어떻게 타개할 것인가의 문제로 귀착되는바 정산종사는 그 해결점을 "화합(和合)의 세 가지 큰 길"인 삼동윤리에서 찾았다고 본다.

진정한 화합은 언제나 서로 다른 존재 사이의 화합이며, 다양성이 없는 화합은 존재할 수 없다. 그것은 마치 합창과도 같은 것이다. 합창단의 노래 소리는 언제나 아름다운 소리이지만 그 아름다운 소리가 나기 위해선 필연적으로 서로 다른 성부가 만났을 때 가능한 일이다.

정산종사가 제시하는 "화합정신(和合精神)"은 한 편의 사고와 행동을 다른 한 편에 맞추어 통일하려는 것이 아니라 서로 다른 다양성에서 가능한 목적적 통일성을 이루려는 것이다.

화합의 정신은 근원(동원도리)된 궁극적 진리나 각각의 현상들이 연기(동기연계)되어 있음을 인식하는 단계에서도 필요하지만 각각의 현상들이 차별적으로 나타나는 연기의 실상(동척사업)에서 더욱 다양하게 빛을 발할 수 있다고 본다.

정산종사가 삼동윤리를 통해 밝힌 화합정신은 1999년 '정산종사 탄생백주년 기념 국제학술대회'를 제외하고는 국제적인 담론으로 담아내지 못하고 원불교 내에 갇혀 교도들의 이상향에 머무르고 있음은 안타까운 일이다.

삼동윤리를 선포한지도 이미 50년이 지나고 있다. 이제는 "화합의 세 가지 큰 길"인 삼동윤리정신이 살아나 지구환경 문제 및 인종 간의 갈등, 종교분쟁이 사라지는 21세기가 되었으면 하는 바람이다.

참고문헌

『대종경』

『정전』

『정산종사법어』

김경재, 『종교다원주의와 종교 윤리』, 집문당, 1994.

김도공, 「한국 신종교와 지구윤리」, 『종교교육학연구』, 제20집, 2005.

김순임, 「삼동윤리의 철학적 조명」, 『원불교사상과 종교문화』, 제15집, 2004.

김홍철, 『한국 신종교 사상의 연구』, 집문당, 1989.

류병덕, 「원불교사상사」, 『한국종교사상사Ⅲ』, 연세대학교출판부, 1993.

신광철, 「삼동윤리사상의 종교학적 재평가」, 『원불교학』, 제4집, 1999.

윤이흠, 「다원주의의 이론적 성찰」, 『종교다원주의와 종교윤리』, 집문당, 1994.

이휘재 역, 새뮤얼 헌팅턴 저, 『문명의 충돌』, 김영사, 1997.

한국천주교중앙협의회, 『제2 바티칸 공의회 문헌』, 1969.

제3부 : 무한한 생명의 가치

자살이론과 자살에 대한 기독교적 입장

김 영 일

Visiting Professor of Ethics & Society

American Baptist Seminary of the West Berkeley, California

목 차

오늘날 우리사회의 사회문제 중에서 가장 심각한 현상 중에 하나는 자살이다. 한국에서의 자살비율은 2002년 이후 자동차사고사를 앞질러서, 하루 평균 40여 명 꼴이 되어 왔고, 이러한 현상은 이제 OECD국 중에서 1위를 차지하고 있다.(경찰청의 자료에 의하면, 2009년도 한 해 자살한 사람은 14,579명으로 2008년 (12,270명) 보다 18.8% 증가했다.) 자살은 옛날이나 지금이나, 동양이나 서양이나 간에 모든 인류가 오랫동안 부정적으로 경험해 온 현상이다. 즉, 자살은 전통적으로 부도덕하고 비윤리적인 행위라고 인정해 왔다. 그러나 시대가 변할수록 그리고 날이 갈수록 자살의 비율은 높아져 가고 있다. 오늘날 어느 사회나 자살은 하나의 심각한 사회문제로 부각되고 있다. 여기에서 우리는 일반적으로 자살이란 무엇인가를 알아보고, 자살에 대한 이론적인 차원에서 자살의 원인 혹은 동기와 자살의 종류를 논의한 후에, 자살에 대한 평가와 제안을 기독교인 입장에서 성서적이며 신학적으로 다루려 한다.

1. 자살의 개념

인간의 죽음에는 몇 가지의 종류가 있는데, 나이가 늙어서 자연적으로 죽는 사람들이 있는 반면에, 다른 사람에 의해서 죽임을 당하는 타살이 있고, 많은 사람을 함께 죽이는 학살이 있으며, 병으로 죽는 사람, 사고를 당하여 죽는 사람, 전쟁 중에 죽는 전사자 등이 있다. 그런데 자살이란 자신에게 있어서 최종적인 행동으로써 자기 스스로가 자신의 목숨을 끊는 행위를 말한다. 따라서 자살은 의도적으로 자신이 본인에게 부과하는 죽음이다.

자살이란 자신이 결단하여 자신의 생명을 단절하는 행위이다. 자살이란 말의 영어 표기는 "suicide"인데, 이 단어의 어두 "sui"는 라틴어의 "자기 자신"을 뜻하고, 어미 "cide"는 결단하다(decide)라는 낱말의 어미인 "cide"와 살인(homicide)이란 말의 어미 "cide"와 모두 일치한다. 그리고 이 "cide"란 말은 라틴어로 "잘라내다"(cut off)라는 뜻을 가지고 있다.

따라서 자살이란 자신이 결단하여 자신의 생명을 “잘라내는 것”을 말한다. 자살의 행위는 자살시도와 자살의 관념화(ideation) 그리고 자살의 실행과 더불어 가능해진다.

자살에 대한 정당성에 대한 질문 중에 하나는 셰익스피어의 질문일 것이다. 그는 “죽음이 우리에게 찾아오기 전에 우리가 먼저 그 비밀스런 죽음의 집으로 서둘러 간다면, 그 행위가 죄일까?”라고 제기했다. 이 질문에의 대답은 자살에 대한 여러 가지 이유와 종류를 숙고한 다음에 재고할 수 있을 것이다.

2. 자살의 종류

가) 가정문제로서의 자살

자살은 가정의 문제로부터, 반대로 자살은 가정의 문제로 연결된다. 특히 최근들어서는 가정폭력이나 배우자의 부정, 별거, 이혼, 가정경제의 파탄, 가부장적 가족질서의 해체, 핵가족화로 인한 염세, 비관, 외로움 등 가족 해체로 인한 자살이 급격히 늘고 있다. 과거에는 단순히 집안문제로 생각해서 가정이란 공간에서 닫혀 있던 불만이 자살이란 새로운 탈출구를 사용하는 것이다. 자살을 사회 병리 현상이라고 볼 수 있다. 여기에서의 문제는 가족구성원 간의 정서적 유대감의 해이, 즉 상호의존적이고 상호보완적인 관계성이 결핍된 현상에 의해서 제기된다.

사회학의 아버지라고 하는 에밀 뒤르켐(Emile Durkheim)은 어떤 사람이 자살할 가능성이 높은가에 대하여 연구한 결과를 그의 책 『자살(Suicide)』에서 세 가지 부류의 자살로 제시한다.(Durkheim) 그가 언급한 자살들은 사회학적인 요소로써 이기적 자살, 무규범적 자살, 이타적 자살의 세 가지이다. 그가 말한 세 가지 이외에도 전염병으로서의 자살과 생물학적인 측면의 유전적 자살 등이 있다.

나) 이기적 자살(egoistic suicide)

이런 자살은 개인과 사회와의 상호관계가 결핍된 결과로 파생되는 자살이다. 개인이 사회와의 통합이 약하여 사회적 규범이 그 개인의 행동에 영향력을 갖지 못할 때, 즉 자신이 사회 공동체에 좋은 관계를 갖지 못하고 고립되었을 때 발생할 수 있는 경우에 자살이란 선택을 하게 된다고 한다. 예컨대, 결혼한 사람들보다는 독신으로 살아가면서 타인과의 관계가 단절된 상태에 있는 사람들에게 자살의 비율이 높다. 그 이유로 그들은 주변 사람들과의 정서적인 유대관계가 단절되어 고독과 소외감 등에 심히 시달리게 되고, 결국 그것들은 그들을 자살이란 탈출구로 몰아넣을 수 있다.

다) 이타적 자살(altruistic suicide)

이것을 '타애적 자살' 혹은 '집단 본위적 자살'이라고도 말할 수 있는데, 이와 같은 자살은 개인이 집단이나 사회에 너무 밀착되거나 종속되었거나 또는 완전히 통합 상태에 있을 때 가능하다. 뒤르켐은 이타적 자살은 원시사회의 특징이라고 말한다. 1987년도 32명의 집단 자살을 가져 온 오대양 사건이나 1978년 죤스타운(Jonestown, Guiana)에서 근 1,000여명이 집단 자살한 피플스 템플(People's Temple)의 사건이 이러한 이타적 자살이라고 볼 수 있다.

최근 한국에서 나약하고 방황하는 사람들이 인터넷 등을 통하여 연결이 되고, 그들이 서로 고민을 나누다가 집단 자살을 하는 경우가 종종 일어난다. 혼자서는 자신의 목숨을 끊을 수 있는 용기도 없다가 집단 최면상태의 힘을 빌려 함께 죽는 것이다. 또한 한 가족의 부모가 자녀들과 함께 동반자살을 하는 경우도 있다. 이런 경우에 나이 어린 자녀들이 포함되는 경우가 허다한데, 이와 같은 것은 사실상 동반자살이 아니라 살인이라고 볼 수 있다. 그것은 어린이들이 판단능력이 없이 어른들의 결정에 멋도 모르고 휩싸이기 때문이다. 어린 아이들이지만, 그들은 법적으로 엄격한 독립체요 분리된 인격체이며 독립된 영혼이기 때문에, 부모에게 자식의 목숨까지 좌지우지할 수 있는 권한이 없다.

라) 무규범적 자살 혹은 아노미적 자살(anomic suicide)

여기에서 "아노미"(anomie)란 "규범이 없는 것"(normlessness) 혹은 "의미가 없는 것"(meaninglessness)이란 뜻을 말한다. 따라서 무규범적인 자살은 개인이 삶의 의미를 상실했거나 삶의 가치를 갖지 못할 때 발생할 수 있는 것이다. 가치관이나 규범의 공백이나 혼돈으로 인하여 개인의 삶의 방향 감각이 상실되었거나 안정감이 소멸되었을 경우에 자살이란 선택을 하게 된다. 사회적으로 무질서 혹은 무규범이 판을 칠 때나, 개인적으로 뚜렷한 규범을 갖지 못하고 방황할 때 자살 충동을 갖게 된다. 이런 사람일수록 자아 의지력이나 자아 투지력이 필요하다. 이기적 자살이나 이타적 자살은 개인과 사회적 통합과 관련이 있는 반면에 무규범적 자살은 주로 개인이 처한 사회 구조 속에서의 위치 때문이라고 할 수 있다.

마) 전염병으로서의 자살

미국이나 유럽에서 자살에 대해서 활발하게 연구되어지는 것 중에 하나가 자살이 전염일 수도 있다는 문제의식이다. 예컨대, 자살사건이 많이 일어나고 그것에 대한 매스컴의 보도가 이루어진 후에는 자살 사건이 급증한다는 사실이다. 특별히 명성이 높은 연예인이나 사회 지도자 혹은 유명 정치인의 자살사건 보도 이후에는 후속 모방 자살이 이어질 가능성이 높다는 것이다. 그러므로 자살의 전염을 막기 위해서는 자살을 미화하거나 정당화하는 내용의 보도를 하지 말아야 한다. 실제로 1983년부터 1986년 사이에 자살이 급증했던 오스트리아 자살사건들은 언론이 자살에 대한 보도를 억제하면서 신중하게 다룬 이후에 자살빈도가 현저하게 낮아졌다.

사실상, 자살은 같은 처지와 비슷한 상황에 놓인 사람에게 전염효과를 가지고 있다. 즉 다른 사람들의 자살을 통해서 자신도 죽음이 궁극적인 해결책이라고 판단할 수 있기 때문이다. 이것을 "베르테르 효과"라고 표현하기도 하는데, 그것은 18세기 유럽의 젊은이들이 괴테의 소설 『젊은 베르테르의 슬픔』을 읽고, 소설에서 주인공 베르테르가 로테와의 사랑을 이루지 못하고 권총으로 자살한 것을 모방하여 동조 자살을 했던 사건들을 일컫는 것이다.

바) 유전적 자살

생물학적인 측면에서 볼 때, 자살 그 자체가 유전된다고 볼 수는 없지만, 자살을 일으키는 정신병이나 정신적인 요소에 유전적 요인이 있다는 이론이 유전적 자살이다. 실제로 자살자들을 보면, 노이로제나 신경쇠약에서 오는 정신 분열증이나 조울증과 같은 정신이상자들이 많은 것으로 나타난다.

3. 자살의 원인과 방법

자살은 자신이 처한 환경이나 혹은 자신에 대한 존재적인 비관에서 비롯되어서 책임을 벗어나려는 행동이라고 볼 수 있다. 그래서 자신이 책임 있게 운영해야 할 자신의 삶을 포기하는 것이다. 자살의 원인에는 개인적인 것과 가정적인 것 그리고 사회적인 것 등이 있다. 물론 이들 셋은 서로 얽혀 존재할 수도 있다. 그 중에서 자살을 선택하는 밑바닥에는 가정불화나 이혼, 가정에서의 학대, 가족 식구 간의 의사소통의 부재, 가부장적 가족질서의 해체, 가정 폭력, 핵가족화 등으로 야기되는 가족 체제의 변화 그리고 가족 구성원 간의 관계성이 해이된 상태로부터 자살이 나타나게 되는 경우가 많다.

가정 문제 이외에 개인적인 외로움이나, 염세, 비관, 질병, 빈곤, 정서적 불안, 사회관계 속에서 발생하는 고도의 스트레스, 우울증과 연계된 절망, 신체불구, 조기 퇴직, 자기실현의 염원이나 무로 귀착하고 싶은 염원, 또는 부모나 가족의 상실, 확고한 규범이나 가치관의 결핍, 정신이상 등도 있다. 소크라테스는 인간 삶의 궁극적인 목표는 행복이라고 했는데, 한 인간이 이러한 삶의 목표인 행복을 파괴하는 현상에 직면할 때 자살을 선택하기도 할 것이다.(Flisher, pp.315-324)

링겔(E. Ringel)은 자살을 세 가지 심리적 동기로 설명한다. 첫째는 자살하는 사람은 자신의 패배감을 느낄 때, 즉 자기 능력이나 여건의 한계를 느낄 때 좌절감, 열등의식, 불안, 혹은 무기력을 가질 때라는 것이다. 둘째의 심리적 동기는 자기의 잘못을 느끼고 자책을 할 때, 그것을 발산하지 못하고 내향성을 가져서 분노하고 자학을 하며 결국 자살을 한다고 본다. 셋째는 충족시킬 수 없는 욕구로 인해서 모순을 억지로 조화시키고 합치하기 위하여 제 삼의 가능성으로서 자살을 하게 된다는 것이다. 즉, 죽음으로 모순에서 해방하려는 시도라고 본다.(Ringel, pp.15-25)

노인의 자살은 핵가족제도와 현대문명의 영향으로 인하여 효사상과 가족공동체의 해체가 현실화되었기 때문에 옛날보다는 현대에 현저히 높은 비율을 보이고 있다.(노인의 자살을 비교해 보면, 1990년에 65세 이상의 자살하는 노인이 310명, 1994년에는 510명, 1998년에는 1,159명인데 비해, 2003년도에는 폭발적인 증가추세를 보여서 2,760명으로 매일 7.5명꼴이다. 참조: 〈조선일보〉, 2005년 1월 27일자.) 그 결과, 관계성의 결핍으로 노인들이 고독의 문제와 경제적인 문제, 노인 학대 등의 경험을 하게 되어서 이와 같은 노인자살의 증가율을 불러오고 있다. 어떤 노인들은 자식들에게 짐이 되기 싫어서 자살하는 경우도 있다. 또한 질병의 문제로 의료 혜택을 제대로 받지 못하여 자신의 목숨을 스스로 끊는 노인들도 있다.

자살의 방법으로는 강물이나 호수에 뛰어들기, 자동차나 기차 혹은 전철에 투신하기, 약을 복용하기, 목매달기, 칼이나 총을 사용, 살 베기, 고층 건물에서 추락하기 등이 있다. 어떤 사람들은 24개월 내에 1회 이상 시도한다. 미국에서는 매년 3만 명이 자살을 하는데, 자살 시도는 약 250,000명 이상이다. 자살 시도에 있어서 여자가 남자보다 두 배나 많지만, 자살의 성공률은 남성이 3배나 더 성공적이라고 한다.(U. S. Bureau of the Census(2001))

4. 자살에 대한 견해

가) 자살 예찬론(합리적 자살)

자살을 합리적으로 말하는 사람들은 자신의 생명은 자기 자신이 주관해야 마땅하고, 따라서 자의로 자기의 생명을 끊는 행위는 최후의 주권 행사 혹은 자유 행사, 그리고 용기 있는 결단이라고 주장한다. 합리적인 자살을 주장하는 사람들에 의하면, 자살하는 사람이 정상적인 의식을 가지고, 심사숙고된 판단에 의하여 계획되고, 자살이 실행하였다면, 그것은 합리적인 자살이라는 것이다. 합리적 자살에는 3가지 조건을 충족시켜야 한다고 제시한다. 첫째는 자살하는 사람이 논리적 오류를 범하지 말아야 하고, 둘째는 자신의 행위가 미칠 수 있는 결과를 예견해야 하며, 셋째는 현실에 대한 충분한 정보와 지식을 근거로 가져야 한다는 것이다. 그러나 자살에 합리적 조건이 가능한 것인가?

자살을 개인의 권리로 보는 견해는 생소한 것은 아니다. 예컨대, 쇼펜하우어(Schopenhauer)는 자살이 바보짓이기는 하지만, 한 인간은 자신의 생명을 마감할 수 있는 권리가 있다고 주장한다.(Schopenhauer, p.25) 루소(Rousseau)도 자살이 어떤 경우이든 인간의 궁극적 권리라고 했으며(Rousseau, p.175), 니체(Nietzsche)는 "자살은 인간의 권리이며 특권이다"라고 주장하였다.(Nietzsche, p.210)

자살 예찬론자들, 즉 자살을 권리로 보는 입장에는 크게 세 가지의 근거가 있다. 그 셋은 첫째로 생명의 개인 소유권 견해로서 자신의 생명은 자기 자신에게 속한다는 것이고, 둘째로 자유 선택권의 견해로서 인간의 자유선택은 존중되어져야 한다는 주장이며, 그리고 셋째는 자연적 권리의 견해로서 자살은 인간이 태어나면서부터 함께 부여된 권리라고 보는 것이다. 그러므로 어떤 사람이건 인간은 태어나면서부터 자신의 생명에 대한 소유권을 가졌으며, 자신이 자신의 생명의 끝을 마무리할 수 있는 자연적인 선택의 권리를 갖는다는 주장이다.

희생적 자살은 사회나 국가에 기여하는 기회가 되어, 영웅의 대접을 받을 수도 있다. 사회나 국가의 권익을 위하여 자신의 생명을 희생하는 사람들의 형태는 여러 종류가 있다. 예컨대, 군인들이 국가나 동료들을 방어하기 위하여 전쟁 중에 전사하는 일, 다른 사람이 기차에 치어 죽을 수밖에 없는 상황에서 자신이 철로에 뛰어 들어서 그 사람을 살리고 자신이 죽는 경우, 의사가 전염병이 만연된 마을에 들어가서 치료하다가 자신이 죽는 경우, 이준 열사와 독립 운동가들이 조국의 독립을 위해서 투옥되고 희생당한 사건 등이 바로 희생적 자살이다.

나) 자살 반대론

자살을 반대하는 이유는 다양한데, 다음의 몇 가지로 요약할 수 있다. 그들은 ①사회에 책임을 수행하지 못하기 때문에, ②공동체나 국가에 상처를 주기 때문에, ③생명의 신성성과 존엄성을 파괴하기 때문에, 즉 생명은 창조주 하나님의 선물인데, 피조물인 인간이 스스로 생명을 마감할 수 있는 권한이 없기 때문에 등등이다. 여기에서 세 번째 사항은 기독교적인 입장에서 더 심층적으로 논의하기로 한다.

(1) 자살은 사회에 책임 불이행하는 행위

전통적인 철학 윤리사상이나 신학사상에서는 자살이 옳지 못하다는 것에 동의하고 있다. 플라톤(Plato)에 의하면, 이상적인 사회는 모든 사람들이 맡은바 책임과 사명을 충실하게 수행할 때 가능하다고 주장 한다. 그런데 자살하는 사람은 이런 사명과 책임을 수행하지 못하고 포기하는 것이기 때문에 자살이 정당하지 못하는 것이다.(Plato, p.651)

(2) 자살은 공동체에 상처를 주는 행위

한 사람의 자살은 그가 속한 공동체의 사람들에게 정서적인 불안이나 슬픔 혹은 상실감과 허무감 그리고 죄책감 등을 주게 되어, 결국 그 공동체의 사람들에게 상처를 주게 된다. 또한 위에서 언급한 것처럼, 자살 행위는 그가 속한 공동체의 여러 사람들에게 나쁜 모델을 보여 주는 셈이고, 정의롭게 살려는 사람들에게 방해가 될 뿐만 아니라 자살할 수 있도록 자극하기도 한다.

인간의 모든 행위는 행복을 궁극적인 목적으로 삼는다고 역설하는 아리스토텔레스는 그의 저서 『윤리학(Nicomachean Ethics)』에서 주장하기를 자신의 생명을 파괴하는 사람을 "국가를 불공정하게 간주하는 것"

이므로 범죄의 행위라고 한다.(Aristoteles, 1138a, I-76) 토마스 아퀴나스도 자살을 국가나 공동체에 상처를 주는 행위로 간주한다.(Thomas Aquinas, I-35, 2a)

(3) 자살은 생명의 신성성과 존엄성을 파괴하는 행위

생명의 가치적 원칙을 바탕으로 자살을 반대하는 이론은 기독교의 신학에 그 근원을 두고 있으며, 이것은 생명의 신성성과 거룩성의 원칙이라고도 볼 수 있다. 이러한 생명은 하나님의 창조물로서 인간에게 선물로 부여된 것이다. 그러므로 이런 신성하고 거룩한 생명은 위탁을 받은 인간이 소중하게 간직할 뿐만 아니라 현명하게 운영해야 된다는 것이다. 각자에게 부여받은 생명은 고귀한 것으로서 그 자체 내에 절대적 가치가 있다. 따라서 이런 생명을 개인이 멋대로 버리거나 파괴하는 것은 이유를 불문하고 옳지 못하며, 더 나아가서 자살은 죄라고 본다.(Battin, pp.114-121)

다) 유교문화권의 자살

자살에 대한 동양의 유교 문화권의 태도는 긍정적인 면과 부정적인 면을 함께 수용하는 이중성을 가졌지만, 대체적으로는 부정적인 측면이 강한 편이라고 볼 수 있다. 자살에 대한 긍정적인 차원에서는 "살신성인"(殺身成仁)으로써, 어떤 경우의 자살은 윤리적으로 간주되고 허용된다는 것이다. 살신성인이란 자신의 몸을 죽여서 인(仁)을 이루는 것, 즉 사회나 공동체의 옳은 일을 위해서는 한 개인의 목숨을 희생하는 것쯤이야 지당하다는 말이다.

자살에 대한 유교적 태도의 부정적인 측면은 "신체발부(身體髮膚)"라는 표현에서 찾아 볼 수 있다. "신체발부"라는 말의 본래 뜻은 몸과 머리 그리고 피부, 즉 몸 전체를 의미한다. 그런데 이 표현 속에 숨겨진 의미는 자신의 신체가 부모 혹은 조상으로부터 물려받은 것이기 때문에 그 고귀한 생명인 몸을 조금도 손상해서는 안 되고, 온전하게 보존해야 함이 조상에 대한 의무 중의 하나라는 것을 강조한다. 따라서 자살은 조상에 대한 불경스러운 것으로 간주된다.

5. 기독교적인 입장

기독교의 신 · 구약 성경에는 "자살"을 금지한다는 말이 아무 곳에도 나오지 않는다. 그러나 몇 곳에서 자살에 해당하는 기록을 찾을 수 있는데(사사기 9:54; 16:30; 사무엘상 31:4; 사무엘하 1:6; 17:23; 열왕기상 16:18; 역대상 10:4; 마태복음 27:5; 사도행전 16:27), 그것에 대한 도덕적인 묘사는 없다. 예를 들어, 사무엘상 31:4를 보면, 사울이 블레셋 군대와의 전투에서 패한 후에 사울 자신이 칼로 자신을 죽이는 기록이 나온다. 여기에서 사울의 자살 행위를 비겁하다고 이해할 수도 있고, 적군의 수모를 모면하기 위하여 취한 행동이라고 볼 수도 있고, 혹은 자신의 조국 유대의 명예를 조금이나마 실추하지 않으려는 행위라고 말할 수 있을 것이다. 그러나 성경에는 그 어느 윤리적, 도덕적인 언급을 하지 않는다.

기독교 신학의 대부라고 할 수 있는 어거스틴(Augustine)은 자살을 반대한다. 자살이 잘못된 것이라는 것은 자신이 자신을 죽이는 것이 살상이라고 이해하기 때문이다.(Augustine, V.1, 22) 죽음으로 역경을 피하는 것보다는 어려움을 참는 것이 더 고상하고, 어떤 시험이나 죄를 회피하기 위하여 목숨을 끊는 것은 어리석은 짓이라고 한다. 왜냐하면, 자살은 사소하고 불확실한 죄를 피하기 위하여 더 무섭고 크고 확실한 죄를 범하는 것이기 때문이다.(같은 책, V.17-27)

토마스 아퀴나스(Thomas Aquinas)는 세 가지 이유로 어거스틴의 견해를 강력하게 옹호한다. 첫째로, 자살은 자기를 사랑하라는 자연법에 어긋나기 때문이다. 둘째로, 자살은 자살자가 속한 공동체에 크나큰 상처를 주기 때문이다. 셋째로, 자살은 우리에게 생명을 주신 하나님에 대한 인간의 의무를 어기는 것이기 때문이다. 결국 자살은 하나님을 모독하는 행위가 되기 때문이라고 본다.

다음은 왜 기독교가 자살을 죄로 간주하며 자살을 반대하는지에 대해서 몇 가지를 열거한다. ①십계명의 제6계명인 "살인하지 말라"라는 명시, ②모든 생명의 소유권이 하나님께 있다는 근거(생명은 하나님의 선물), ③인간의 몸은 하나님의 거룩한 성전이기 때문에, ④인간은 하나님의 형상대로 창조된 존재이기 때문에, 그리고 기타의 이유로 자살이 부당하다는 것이다.(Ruth Purtilo, pp.148-149)

① 출애굽기 20:13에 나오는 십계명의 제6계명은 자살을 금지한다. 다른 삶을 죽이는 살인처럼 자신을 죽이는 자살은 사실상 살인이라고 보는 것이다. 초대교회는 순교를 장려했지만, 자살을 살인과 동일하게 취급하였다. 위에서 살펴 본 것처럼, 어거스틴도 이것을 강조하여 자살이 죄라고 주장한다. 즉, 하나님께서 선물로 주신 생명을 버리는 것은 곧 하나님을 버리는 것과 같다고 말한다.

② 모든 인간의 생명은 하나님으로부터 받은 선물이며, 따라서 그 생명의 소유권은 하나님께 있기 때문에 자살은 하나님의 주권을 침해하는 범죄 행위가 된다. 이러한 견해는 하나님과 인간 사이의 재산 관계라고 볼 수 있다. 그리고 이것은 하나님께서 창조주이시고 인간은 피조물이라는 신학에 근거한 것이다.

③ 예수께서 자신의 몸을 성전이라고 부른 것처럼, 바울도 고린도전서 3:16-17에서 인간의 몸이 하나님의 성전이라고 명했다. 따라서 성전인 인간의 육체는 신성하며 흠집을 내거나 파괴한다면 그것은 하나님을 모독할 뿐만 아니라 하나님을 전면 거부하는 처사가 되는

것이다.

④ 창세기 1:27은 인간이 하나님의 형상대로 창조되었다는 것을 말해 준다. 하나님의 형상대로 창조된 인간이 자살을 함으로서 자신의 육체와 생명을 파괴하는 것은 곧 하나님의 형상을 파괴하는 것과 같은 것임을 말한다.

기독교에서 자살이 잘못된 것이며 죄라고 주장하는 근거는 위에서 열거한 이유들 이외에도 인간의 생명이 하나님으로부터 차용되어진 것이기 때문에(칸트의 주장), 인간이 하나님의 종이기 때문에 주인에게 충성해야 해야 된다(Locke의 주장) 등이 있다.(Battin, pp.36-37)

자살에 대한 연구조사에 의하면, 대부분의 자살은 정오에서 오후 6시 사이에 시행되어지고, 커피 마시기를 즐기는 사람일수록 자살의 기도가 적으며, 달과 자살은 연관이 있는데, 달이 둥글 때 보다는 쪽 달일 때가 자살 비율이 더 높다고 한다. 우울증으로 어려움을 당하는 사람들은 겨울의 공휴일 보다는 봄철인 5-6월이 더 견디기 힘들기 때문에 이 시기에 자살 비율이 높다는 것이다.(Etkind, pp.13-15)

자살에 대한 몇 가지 근거 없는 사회적 통념(myth)도 있다. 그 중에 하나는 “자살 기도에 대하여 말하는 사람은 절대로 자살을 범하지 않는다”이다. 자살의 의도나 계획 등을 말하는 사람에게는 대화를 통한 설득이 필요하다. 또 하나의 통념은 “자살하는 사람은 어느 경고를 하지 않는다”라는 것인데, 사실 대부분의 자살 기도자는 어느 모양으로나 사인이나 경고를 한다. 다른 통념은 자살을 시도하는 사람은 항상 자기 파괴를 원한다는 것인데, 그들도 새로운 가치관을 확립하여 새 출발할 수 있는 역량이 충분하게 잠재되어 있다고 본다.

6. 자살에 대한 대처방안

톨스토이의 작품, 『사람은 무엇으로 사는가?』에 보면, 며칠 전에 남편을 잃은 여인이 쌍둥이 딸을 낳고 가난에 고통을 당하고 있다. 신이 천사 미하일에게 이 여인의 생명을 거둬오라고 명령한다. 그 여인은 "이 어린 아이들은 부모 없이는 살지 못한다"면서 살려줄 것을 간청한다. 딱한 사정을 들은 천사는 빈손으로 신에게로 돌아간다. 그러나 신은 미하일에게 "사람은 무엇으로 사는가에 대해서 알아오라"며 지상으로 돌려보낸다. 7년이 지난 후, 그 쌍둥이 딸들이 이웃 여인의 사랑 속에 무사히 자란 것을 본 미하일은 "사람은 사랑으로 산다는 것을 깨닫게 되었다"는 것이다.

방향을 잃고 방황하는 사람, 올바른 가치관이 정립되지 못하여 뒤틀린 사람, 고독과 절망으로 신음하며 절규하는 사람, 불안의 감방에 갇히어 빛을 갈구하는 사람 등등 (…) 이런 사람들에게 사랑으로 보살펴 주는 공동체와 사회가 필요하다.

빅터 터너(Victor Turner)는 『의례의 과정(The Ritual Process)』에서 말하기를 "나는 한 공동체에 속한다. 그러므로 나는 존재한다(belong to a community, therefore I am)"라고 했다. 나는 한 공동체에 속한다. 그러므로 나는 존재한다. 터너의 말은 인간이 사회적 존재로서, 누구나 어딘가에 속해서 살아간다는 의미일 것이다. 사람은 태어나면서부터 누군가와 더불어 관계를 맺으며, 어딘가에 소속하여 살아간다. 세상에 태어날 때 부모를 중심으로 한 가정에 속하게 되고, 친척들과도 자연적으로 관계 설정이 되어진다. 성장하면서 친구, 학교, 지역사회, 교회와 같은 종교단체, 직업 장소 등의 공동체에 소속되어 관계를 맺는다. 자살의 가능성이 많은 사람들에게는 이런 공동체와 연대할 수 있는 길이 중요하다고 본다.

공동체란 말의 영어 단어인 community는 라틴어의 comunitas에서 유래된 말인데, 그것은 보편적, 공동적, 친교적인 의미를 지칭한다. 또한 공동체란 말 community의 접두어인 'com-'은 communication, communion, committee, commonality 등의 단어에서와 같이 "함께"라는 의미를 내포하고 있다. 그러므로 인간은 다른 인간들과 더불어 살아가면서 가치관과 규범을 형성하면서 그 공동체의 틀을 마련하여 삶의 장을 이루고 삶의 의미를 갖는다.

독일의 사회학자인 퇴니스(Ferdinand Toennies, 1855-1936)는 그의 연구 저서 『공동체와 사회(Gemeinschaft und Gesellschaft)』에서 사회와 공동체를 구별하여 설명한다. 공동체는 전통적인 틀의 작은 구성체로서 개인 상호 간의 인격적인 관계성을 가지며, 서로 돕고 보살피는, 그래서 영구적으로 유대 관계가 유지되는 것이라고 말한다. 반면에 사회는 현대도시가 말하는 것처럼, 그 규모가 크고 사람들은 비인격적이며 개인주의적일 뿐만 아니라 일시적이며 피상적이라고 한다. 그렇기 때문에 이런 집단의 구성원들은 친밀감이나 따뜻한 정이 결여되어 있는 것이다.

필자는 오늘날 자살의 빈도가 높은 이유 중에 하나는 우리가 살아가고 있는 현 사회적 현상, 즉 비인격적이고 개인주의적인 구조, 그래서 진정한 대화도 만남도 정도 삶의 의미도 없는 사회현상 속으로부터의 소리 없는 비명 혹은 탈출이라고 생각한다.

인간의 연대성과 일치성 그리고 화해와 평화를 강조한 마르셀(Marcel)은 한 사람-위탁과 헌신-공동체-현실을 하나로 묶는 철학을 제시한다. 즉, 나 개인은 다른 개체들과의 분리로써 존재할 수 없고, 항상 타인과의 관계성 속에서만 자아가 완성될 수 있다는 것이다. 그의 표현을 빌리면, "to be-in-relation to others"이다.(Marcel(1964)(1965) 참조)

공동체가 가지는 중요한 의미는 무엇보다도 상호작용(reciprocity)일 것이다. "너는 내 등을 긁어 주고, 나는 네 등을 긁어 줄께"라는 표현은 인간이 상호교환적이며 상호의존적이라는 말일 것이다. 동양철학의 "음양(Yin-Yang)" 원칙도 이와 같은 정신과 유사하다고 볼 수 있다. 음양 철학에서 음은 양을 위하여 존재하고, 양은 음을 위하여 존재한다. 음은 단독적으로 존재의 가치가 없고, 양이 있을 때에 음으로서의 참 가치를 발휘할 수 있는 것이다. 양도 역시 마찬가지이다. 그러므로 음과 양은 상호보완적이며 상호의존적인 연관성을 가지고 있다.

그러므로, 우리들이 몸담고 있을 건전한 공동체가 필요하다. 각 종교의 공동체, 직장 공동체, 학교 공동체, 가족공동체, 친구 공동체 등등은 사람들에게 온정을 줄 수 있고, 삶의 의미와 가치관을 갖고 살 수 있게 도와줄 수 있다. 모든 사람들이 건전한 공동체에 속하여 있을 때 자살의 비율은 현저하게 낮아질 것이다.

참고문헌

Aristoteles. *Nicomachean Ethics*, 1138a.

Augustine. *The City of God*, V. 1, 22. Translated by Gerald G. Walsh, et al. Garden City, New York: Doubleday, Image Books, 1958.

Battin, Margaret Pabst. *Ethical Issues in Suicide*, New Jersey: Prentice Hall, 1995.

Durkheim, *Emile. Suicide: A Study in Sociology*, New York: Free Press, 1897, 1951.

Etkind, Marc. ... *Or Not To Be: A Collection of Suicide Notes*, New York: Riverhead Books, 1997.

Ferdinand Toennies, *Community and Society*, ed. and trans. by Charles Loomis, New York: Harper Torchbook, 1957.

Flisher, A. J. "Mood Disorder in Suicidal Children and Adolescents," *Journal of Child Psychology and Psychiatry* 40, 1999.

Marcel, Gabriel, *Creative Fidelity*, translated by Robert Rosthal, New York: The Noonday Press, 1964.

Marcel, Gabriel, *Being and Having*, translated by Katherine Farrer, New York: Harper & Row, 1965.

Nietzsche, *The Dawn of Day*, original edition, 1881. Stuttgart: Kroner Verlag, 1953.

Plato, "The Republic" in *Five Great Dialogues*, Traslated by B. Jowett, Roslyn. New York: Classics Club, Walter J. Black, 1942.

Purtilo, Ruth, *Ethical Dimensions in the Health Professions*, Philadelphia: W. B. Saunders Company, 1993.

Ringel, E. *Selbstmord, Appelle an die anderen*, Munchen/Kaiser, 1989.

Rousseau, *Julie, or the New Heloise*, I-72.

Schopenhauer, "On Suicide." I-31, 25.

Thomas Aquinas, *Summa Theologica*, I-35, 2a, in *Basic Writings of Saint Thomas Aquinas*, ed. Anton C. Pegis, vol. 1. New York: Random House, 1945.

U. S. Bureau of the Census, "Statistical Abstract of the US." Washington, D.C., 2001.

Victor Turner, *The Ritual Process*, 1969.

불교에서 보는 생명윤리와 자살의 문제

박 건 주

전남대학교 사학과

목 차

1. 서 언

현금의 한국사회는 경제 성장으로 인해 비교적 풍요를 누리고 있지만 한편에서는 세계에서 자살을 가장 많이 하는 나라가 되었다. 생명 있는 자는 모두 살려고 하는 본능이 있고 다들 죽기 싫어한다. 그런데 왜 자살하는 이들이 이렇게 많은가. 삶이 얼마나 고통스러웠으면 자살을 택하였을까. 살다 보면 자살의 충동도 일어나는 수가 있지만 결행하는 것은 쉽지 않은 일이다. 근래는 개인의 자살이 타인의 자살을 야기하는 사회적 분위기마저 감지되고 있다. 종교란 가장 소중한 생명을 宗(근본, 으뜸)으로 하는 가르침이다. 여러 종교가 성행하는 한국사회에서 자신의 소중한 생명을 버리는 일들이 바로 옆에서 일어나고 있다.

한국종교계가 깊이 반성해야 할 일이다.

모든 생명의 안락한 삶에 뜻을 두고 종교도 인간의 윤리도 설해지는 것이다. 그런데 생명을 버려버리면 종교이든 윤리이든 무슨 의미가 있을 것인가. 환경, 낙태, 살상 등 종교의 생명 윤리에 관련되는 여러 사항이 있지만 특히 자살의 문제는 그래서 더욱 중대하다.

불교의 교의는 자살을 비롯한 생명윤리의 문제에 대해 어떠한 입장을 지니고 있는 것일까. 불교 교의의 입장에서 사회 병리현상으로 번지는 현금의 이러한 문제들을 어떻게 파악하고 어떻게 치유할 수 있는 것일까. 이에 대한 검토를 통하여 불교의 교의에 보이는 생명윤리의 가르침을 토대로 자살의 문제에 대한 하나의 해법을 제시하고자 한다.

2. 자비와 깨우침 : 자살을 극복하는 길

불교를 자비의 종교라고 한다. 그 자비는 인간에게만이 아니라 생명 있는 뭇 존재들에게 향해지고 행해지는 것이다. 『법구경』에 설한다.

> **누구나 매를 무서워하고**
> **누구나 자기 생명에 대한 애착이 있다.**
> **자기의 처지를 바꿔 생각한다면**
> **어찌 남을 때리고 죽일 수 있으랴.**(『법구경』 I, p.397)

생명을 지니고 있는 모든 존재들은 그 생명에 애착하여 잃지 않으려 애쓴다. 그러한 모습을 보고 연민의 마음이 생기고 자비심이 우러나온다. 뭇 생명을 이와 같이 연민의 마음으로 보는 것이 불교 생명윤리의 기초이다. 그것은 명령적 윤리가 아니라 뭇 생명의 가엾은 모습을 보고 자연히 우러나오는 연민의 마음에 기초하는 本心의 윤리이다. 무착(無

着. Asaṅga: 인도, 4세기)보살이 미륵불을 친견하길 발원하고 깊은 산중에서 기일을 정하여 수행정진 하였으나 뜻을 이루지 못하였다. 이에 자신의 부족함을 탄식하며 길을 걸어가던 중 큰 상처를 입고 쓰러져 숨을 헐떡이는 짐승을 보게 되었다. 피와 고름으로 뒤엉킨 상처에 구더기가 득실거리고 있었다. 그 모습을 보는 순간 연민의 마음으로 큰 자비심이 발현되어 상처를 치료해주기 시작하였다. 구더기를 떼어 내면서 행여 다치거나 아플까 저어하여 혀로 옮기고 그 구더기를 살리기 위해 자신의 살을 베어 주었다. 이 때 홀연히 그 짐승과 구더기는 사라지면서 바로 그 자리에 그토록 친견하고자 했던 미륵불이 나타났다. 그동안 산속에서 오랫동안 정진하였지만 그 마음이 아직 미륵불과 같은 자비심에 이르지 못해 친견하지 못하다가 이제 그 짐승의 가엾은 모습을 보고 부처님과 같은 자비심이 발현되니 바로 그 자리가 부처님 계신 곳이 되어버린 것이다. 부처의 눈에는 모든 세계가 부처의 세계로 보이고, 축생에게는 이 지구도 축생계로 보인다. 미륵불은 석가모니불 다음에 오신다는 미래불로서 현재는 보살로서 도솔천 내원궁에서 그 곳 중생을 제도하고 있다. 무착보살은 미륵불(보살)을 따라 도솔천에 올라가 유식(唯識)의 교의(敎義)를 배우고, 그 경론들을 가져와 지상에 폈다. 그리고 소승에 있던 아우 세친(世親. Vasubandhu)을 대승으로 이끌고 유식의 교의를 전하였다. 세친은 유식의 경론을 해설하고 체계적으로 정리하였다. 그리하여 무착과 세친 형제에 의해 유식의 교의가 크게 현창되고 불교의 주된 교의로서 불교계를 주도하게 되었다.

唯識의 교의에서는 일체가 오직 마음일 뿐이라고 한다. 밖에 보이는 사물들은 내 마음이 나타난 것이다(自心所顯). 그래서 마음 외에는 아무 것도 없다(心外無法). 마음의 헛된 분별로 마음 밖에 다른 것이 있는 듯 착각하는 것일 뿐이다.

자살하는 이들에게 이 세상은 참으로 지옥 같을 것이다. 살아가는 고통이 오죽하면 자살을 택하겠는가. 그러나 한 생각 돌이키면 지옥도 극락이 된다고 하였다. 자신의 처지가 한없이 슬프고 괴로우며 비관적이어도 인간의 몸도 받지 못한 축생이나 아귀 지옥의 중생들은 인간을 한없이 부러워한다. 불교에서는 인간의 몸 받기가 얼마나 어려운 것인가를 여러 비유를 들어 설한다. 수천 년에 한번 물 밖으로 나오는 거북이가 바다에 떠 있는 하나의 조그만 널판자에 뚫린 구멍으로 목이 들어갈 확률이라고 한다. 불치병에 걸려 고통 속에서도 살아가는 사람이 있고, 학대를 받으며 중노동의 고난 속에서도 가족의 생계를 위해 참고 견디는 이들이 무수히 많다. 근래의 사정 뿐 아니라 역사의 자취를 보건대 그보다 비할 바 없이 비참한 사례들이 이루 다 들 수 없을 정도로 많다.

불교의 4대 명제인 사성제(四聖諦 : 苦 · 集 · 滅 · 道)에서 첫 전제가 되는 것이 곧 일체개고(一切皆苦: 일체 모든 것이 고통이다)이다. 인생이란 정도의 차이가 있을 뿐 苦 아닌 것이 없다고 한다. 일단 인생이란 苦임을 자각해야 한다. 그리고 그 苦에서 벗어나는 길을 찾고 알아야 한다. 인간은 그 고통 속에서 그것을 견디고 이겨 나가면서 발전하고 성숙한다. 큰 고통을 이긴 사람일수록 더 단련되어 있고 성숙되어 있음을 본다. 즉 고통이 자신의 발전과 성숙을 가져다주는 밭(田)이 되는 것이다. 苦가 있기에 그 苦를 멸한 자리가 있게 되고, 그것이 곧 열반(니르바나), 적멸(寂滅)이다. 열반은 고통으로부터의 해탈이고 해방이다. 열반은 상락아정(常樂我淨)의 자리이다. 常은 영원함이고, 樂은 진정한 본연의 즐거움이며, 我는 진정한 본연의 我이고(분별 떠난 我, 眞我), 淨은 일체의 분별 떠나 걸림 없는 청정이다. 그런데 고통일 때의 마음과 열반의 마음이 실은 둘이 아니라고 한다('不二'). 그래서 뛰어난 이는 번뇌심의 당처 당념에서 곧바로 열반심을 깨우치고 증득한다. 한마음 돌리면 번뇌가 곧 보리(菩提, Bodhi, 覺)이고, 지옥이 그대로 극락이다. 一心

외에 실은 다른 것이 없는 까닭이다. 꿈속에서 울고 웃고 하였지만 꿈 깨고 나면 울었던 자리나 웃었던 자리가 모두 똑 같이 꿈이었을 뿐이다. 즉 그러한 일이 생긴 바가 없었다. 그러나 꿈속에서 꿈인 줄 몰라 비록 꿈속이었지만 슬퍼서 울었고, 그 때는 고통을 받았다. 우리는 항상 꿈에서 깨고 나서야 그것이 꿈이었음을 알게 된다. 그런데 불교에서는 중생의 현상이 모두 꿈이라고 한다. 본래는 常樂我淨의 열반인데 번뇌의 고통 속에 있으면서 꿈속에서 울고불고 하듯 하는 것이다. 본래는 能(주관, 見分) 所(객관, 대상, 相分)로 나누인 識의 상태가 아니라 一心이었다. 一心이라 함은 能과 所로 나누어 지지 않음을 드러낸 말이다(이에 대해서는 박건주, 『능가경역주』에 자세히 설명되어 있다). 중생의 현재 마음은 見分(能)과 相分(所)으로 나누어서 있는 상태인 까닭에 내 마음이 둘이어서 마치 꿈속에서 울고불고 하는 나가 있고, 그 나를 지켜보는 나가 또 있어 내가 둘이 있는 것과 같다. 그러나 내가 둘일 수는 없다. 내가 둘이 아닌데 둘이 되어 있어서 이를 꿈이라 한다. 꿈을 깬 상태의 識도 둘로 나누어져 있어 꿈이다. 그래서 중생이 꿈을 꾸는 것은 꿈속에서 꿈을 꾸는 것이라 한다. 자신이 현재 아무리 고달프고 힘들어도 그것이 실은 꿈이고 환(幻)과 같음을 살펴서 뚜렷이 알아야 한다. 불교의 여러 경론은 바로 이러한 진리를 여러 면에서 분석과 논리로 넓게 설하고 있다.

꿈을 깨고 나면 실은 그 자리가 그대로 꿈속에서의 고통이 사라진 자리이다. 생의 고통도 마찬가지이다. 생의 고통이 실은 꿈과 같음을 알 때 그 생의 자리가 상락아정의 해탈 열반의 자리가 된다. 그래서 본래 열반이고 본래 自心이 佛心과 다를 바 없다고 한다. 현재 내가 아무리 큰 고통과 좌절 속에 있다 하더라도 그 고통을 인지하는 自心의 성품은 佛心과 다른 것이 아님을 명료하게 알아야 한다. 꿈을 꾸는 것도 본래의 自心을 벗어나 이루어지는 것이 아니다. 본래의 자심은 변하지 않는다. 그래서 常(영원)이라 한다. 본래의 자심은 생멸을 떠나 있기 때문이다. 본래 언제 생한 바가 없는 것이기에 죽음도 없다. 또한 분별 집착을 떠난 까닭에 一心(佛性)의 공용과 공덕이 모두 발휘되어 한량 없는 樂이 끊임없이 이어진다. 그래서 常樂이라 하였다. 그 자리는 能과 所를 떠났기에 相對를 떠났고, 인식의 대상이 아닌 我이다. 그래서 이를 眞我라 한다. 대상이 되는 我는 相이고, 相이 진실한 我(진아)가 될 수 없다. 빠알리대장경 『쌍윳따 니까야』에 설한다.

> 그러므로 아난다여! 어떠한 물질이든(감수이든, 지각이든, 형성이든, 의식이든)(원문은 色受想行識의 오온(五蘊)에 대해 각기 동문의 해설이 이어지고 있다. 간략히 인용하기 위해 줄여 괄호에 표시하였다) 과거에 속하든 미래에 속하든 현재에 속하든, 내적이건 외적이건, 거칠건 미세하건, 열등하건 탁월하건, 멀리 있건 가까이 있건 그 모든 물질(감수, 지각, 형성, 의식)은 이와 같이 '이것은 나의 것이 아니고, 이것이야 말로 내가 아니고, 이것이 나의 자아가 아니다' 라고 올바른 지혜로서 관찰해야 한다.(전재성 역(2000), p.470)

불교에서는 모든 존재는 색수상행식(色受想行識)의 다섯 가지가 쌓여져서 된 것이라 하여 이를 오온(五蘊: 蘊은 쌓여지다)이라 칭한다. 즉 대상(경계)으로서의 물질(色)과 그 대상에 대한 受(지각, 감지), 想(名과 相이 어울린 지각), 行(대상의 名과 相에 향하는 여러 가지 요소의 결집된 추동), 識(情이 수반되어 움직인 상념과 그 자취, 여운)이 모두 나의 것도 아니고 나도 아니라는 뜻을 뚜렷이 관찰해야 한다고 하였다. 중생 각자는 나의 것이 아닌데 이 다섯 가지에 홀리고 집착하여 자신의 목숨까지 스스로 죽인다. 그래서 전도(거꾸로 뒤바뀜), 망상, 미망의 삶이라 한다.

그 진실한 我는 중생이 我라고 생각하는 거짓된 我에 대한 분별 집착을 버릴 때 드러난다. 그 진실한 我는 항상 공적(空寂: 텅 비어 고요함)

하여 일체의 분별을 떠나 있다. 그래서 청정이라 한다. 이러한 본심을 누구나 평등하게 본래 지니고 있다. 이러한 보배의 진아를 다시 찾아 본래의 자리로 돌아가는 것이 생의 목표이다. 힘들고 고통의 연속인 인생이 큰 가치를 지니는 이유는, 그러한 고통 속에서 진아(열반, 해탈)를 회복하고자 하는 발원과 갈앙심이 더욱 강해지는 까닭이다. 그래서 보살이 성불하는 것도 인간 세상에서 이루어진다. 천상은 樂이 많아 그것에 도취되어 道心이 적어진다. 큰 도를 성취하기에는 고통이 많은 인간세상이 가장 좋다고 한다. 단지 지옥은 너무 고통이 크고 쉴 새 없이 이어져 법을 공부할 틈도 없다. 인간 몸 받은 것을 다행스럽고 복된 일이라고 생각해야 한다. 『보왕삼매론』에 역경 만나는 것을 약으로 삼으라 하였다. 사실 역경이 있어야 인간은 진보할 기회를 얻게 된다.

자살에 이르게 되는 것은 거칠고 두꺼운 망념 망상에 빠지고 걸려서 밝고 밝은 自心의 성품을 크게 가린 탓이다. 깨닫지 못한 이는 다 망념 망상에 있지만 자살에 이르는 이는 그 망념 망상이 더욱 크고 거칠며 두텁다. 그래서 이를 이기지 못하고 굴복하고 마는 것이다. 따라서 망념 망상에서 온전히는 벗어나지 못한다 하더라도 그것에 굴복하여 자신의 생명을 끊는 일에 이르지 않기 위해서는 최소한 크고 거칠며 두터운 망념 망상을 작고 부드러우며 가볍게 할 수 있어야 한다. 불교는 온전한 해탈과 열반의 常樂我淨을 성취하도록 이끄는 가르침이고, 그러한 가르침을 실천해가는 과정에서 이미 망념 망상이 가벼워지는 성과가 이루어진다. 일체가 오직 마음일 뿐(唯心, 唯識)이기에 얻을 것이 따로 없다. 번뇌도 고통도 열반도 해탈도 실은 마음 밖에 있는 것이 아니다. 그래서 '일체 모든 것은 얻을 바가 없다(一切法不可得)'고 한다. 마음뿐이기에 그 마음을 얻을 다른 것이 따로 없다. 그래서 唯心의 뜻은 無心이다. 마음 외에 다른 것이 있어야 마음도 마음으로 인식될 수 있을 것인데 오직 마음일 뿐이니 그 마음이 마음으로 인식될 바도 없기 때문이다. 또한 能과 所를 떠나 있는지라 마음이 인식의 대상이 될 수도 없는 것이다. 그래서 無心이고, 無心이니 마음을 잊는다('忘心'). 마음을 잊는데 자살하려는 마음이 어디에 있겠는가. 한 마음 일어나면 萬法(일체 모든 것)이 생한다고 하였다. 고통도 열반도 모두 마음의 분별일 따름이다. 열반이라고 해서 열반을 잡으면 진정하고 영원한 열반이 되지 못한다. 그렇다고 해서 常樂我淨의 열반이 없지 아니하다. 분별 떠난 心行이 없지 않은 까닭이다. 이러한 뜻을 듣거나 이해하게 될 때 거친 망상은 그 뿌리가 뽑혀져 사라져간다. 인생의 고통과 질곡은 깊고 질겨서 이러한 깨우침 없이는 근본적으로 해결되지 않는다.

깨우침에서 大悲心이 발현되고, 대비심에 의해 一切智의 길이 열린다. 까말라실라(蓮花戒 740-795)는 대비심의 수습차제에 대해 다음과 같이 설한다.

> 우선 먼저 (친소親疎를 여의는) 평사(平捨; 平等)의 마음을 수습해서 모든 중생들에 대하여 애집하고 미워하는 분별의 마음을 끊어버리고, 평등한 마음(평등심)을 닦아서 얻도록 한다.
>
> 그리하여 "모든 중생들은 한결같이 행복을 원할 뿐 고통을 원치 않으며, 또한 무시(無始) 이래의 윤회 속에서 나와 모든 중생들은 백 번도 넘게 가족의 인연을 맺지 않은 이가 하나도 없다"라고 사유한다.
>
> 또한 "만약 여기서 어떠한 차별의 마음이 있게 되면, 일부에게는 애염을 일으키고, 일부에게는 분한을 품게 된다. 그러므로 나 자신은 일체 중생들에 대해서 평등한 마음을 가지리라"고 사유하며, 그와 같이 생각하되, 먼저 제삼자들로부터 시작해서 친우와 적에 대하여 (친소를 여읜) 평등한 마음을 또한 수습토록 한다.
>
> 그 다음 모든 중생들에 대하여 (친소를 여읜) 평등한 마음을 얻고 나서는 대자(大慈)를 수습한다.

자애의 法水로 마음의 흐름을 적셔서 윤택한 황금의 대지처럼 만들고, 그 다음 대비(大悲)의 씨앗을 심는다면 어려움 없이 그것이 풍성하게 자라나게 된다. 그러므로 마음의 흐름을 자애의 흐름으로 잘 익히고 나서 대비를 수습한다.

이 대비란 모든 고통 받는 중생들이 그 고통을 영원히 여의기를 바라는 마음가짐이다.

…… (중략) ……

또한 천신(天神)들도 역시 모든 괴고(壞苦)에(천상의 중생들(천신)은 매우 아름답고 훌륭한 몸을 지녔지만 그 수명이 다하게 되는 때에는 그 아름답던 몸이 급속하게 추해지고 무너져 간다. 이 때 느끼는 고통을 괴고라고 한다. 그 고통은 인간이 늙어가는 때의 고통보다 훨씬 심하다고 한다. 왜냐하면 그 아름답던 몸과 즐거움을 누렸던 생을 마감하게 되는 까닭이다) 의해서 고통을 받는다. 욕계의 천인들 모두는 항상 죽음과 下界로 떨어지는 등의 두려움의 고통으로 마음이 핍박당하는 것이니 어찌 안락함이 있겠는가?

…… (중략) ……

그러므로 중생들 모두가 고통의 불구덩이 속에 빠져 있음을 관찰해서 그와 같이 나 자신이 고통을 바라지 않듯이 타인도 역시 그와 같다고 사유한다.

…… (중략) ……

이와 같이 대비를 닦아 익힘으로써 점차 모든 유정중생들을 진실로 건지고자 하는 염원이 스스로 일어나게 된다.(중암, pp.346-350)

이러한 대비의 수습은 나아가 보리심의 수습에로 진전된다. 보리심(菩提心: 위없는 큰 깨달음을 이루고자 발심하는 마음)은 세속보리심과 승의(勝義)보리심으로 구분된다. 세속보리심은 대비로써 일체 중생을 진실로 구제하길 서원한 뒤, '중생의 이익과 안락을 위해서 부처가 되어 지이다!'라고 사유하여, 무상정등각(無上正等覺 : 위없는 올바르고 평등한 깨달음)을 희구하는 마음을 처음으로 일으킴이다. 이 세속보리심을 일으킨 후에는 勝義보리심을 생기하기 위해 정진토록 한다. 승의보리심은 출세간이며, 밝고 맑음이고, 第一義이며, 청정함이고, 不動함이다. 이를 성취하기 위해서는 기본으로 사마타(止)와 위빠사나(觀: 관찰)를 부지런히 닦아야 한다.(앞의 책, pp.350-351)

3. 참회 · 지계행(持戒行)과 고통 분석의 의의

앞에서 강조한 깨우침은 누구에게나 쉽게 이루어지지는 않는다. 그러나 자꾸 그러한 가르침을 듣고 이해하려 하면 서서히 깨우쳐 간다. 이것이 이른바 점오(漸悟: 점차 깨우쳐감)이다. 돈오(頓悟: 단박에 깨달음)도 실은 이러한 점오를 통해 이루어진다. 그리고 그러한 깨우침을 얻는 데는 여러 가지 자량(資糧)이 필요하다. 이를테면 여행길에 여러 가지 물품이 필요한 것과 같다. 그 가운데 생명윤리와 관련하여 중요한 사항이 곧 무거운 죄와 가벼운 죄를 짓지 않는 것이다. 죄를 지으면 스스로 그 빚(업장)을 지고 있는 것이 되어 무거운 짐을 지고 먼 여행길을 가는 것과 같아 목표지점에 이르기 어렵다. 지은 죄업을 가볍게 하는 데는 먼저 자신의 죄를 고백해야 한다. 고백함은 곧 자신의 죄를 스스로 인정하였다는 것이 된다. 자신의 죄를 먼저 인정하지 아니하고 참회한다는 것은 진정한 참회가 될 수 없다. 불교 승단에서 보름에 한 번씩 열리는 포살의 날에 전체 대중이 모여 자자(自恣)를 행하는데 자신이 죄를 범한 일이 있으면 대중에게 고백하고 계율에 따라 어떠한 처벌을 받아야 할 것인가를 묻고 참회와 함께 벌을 받는다. 죄업은 이렇게 고백과 참회를 통해 가벼워진다. 자살하기에 이른 이는 대체로 업장이 무거운 경우가 대부분일 것이다. 따라서 자살하려는 마음이 일어날 때는, 지금 겪고 있는 고통이 자신이 지은 죄업의 과보로 나타난 것으로 알고 먼저 수많은 전생 이래 지은 죄업을 참회하고, 또 지금 자신을 죽이려 했던 마음도 참회토록 해야 한다. 내 목숨이라 해서 내가 마음대로 할 수 있는 것이 아니다. 부모로부터 받았고, 이제까지 수많은 중생이 노동으로 만들어준 의식주에 의지하여 身命을 유지하여 왔다. 자살은 곧 모든 중생의 은덕을 저버리는 것이고, 그 빚은 남고 남아 적체 되어 세세생생 장애가 된다. 업이란 습관이고 세력이어서 하나의 행이 또 그러한 類의 행을 이끌어낸다. 이것이 업의 속성이고 苦海에 생사윤회 하게 하는 因이 된다. 즉 자살이 또 자살을 낳는 것이다. 죄업의 무서움이 실로 여기에 있다. 일생의 고통이 한 생으로 끝나는 것이 아니다. 죽음으로 고통이 종식되는 것이 아니라 더욱 크게 증장되는 것이다. 빠알리 대장경인 『쌍윳다니까야』에 다음과 같이 설한다.

> 수행승들이여! 이와 같이 인간으로 죽어서 인간 가운데 다시 태어나는 뭇 삶들은 매우 적고 인간으로 죽어서 지옥 가운데 태어나는 뭇 삶들은 매우 많다. 그것은 무슨 까닭인가. 수행승들이여! 네 가지 거룩한 진리를 보지 못하기 때문이다. 네 가지란 어떠한 것인가. 일체가 괴로움이라는 거룩한 진리(苦의 진리), 괴로움의 발생의 원인에 대한 거룩한 진리(集의 진리), 괴로움의 소멸에 대한 거룩한 진리(滅의 진리), 괴로움의 소멸에 이르는 길의 거룩한 진리(道의 진리)이다. …….. 그러므로 수행승들이여! '이것은 괴로움이다'라고 수행을 닦아야 하고, '이것은 괴로움의 발생이다(원인)'라고 수행을 닦아야 하며, '이것은 괴로움의 소멸이다'라고 수행을 닦아야 하고, '이것은 괴로움의 소멸에 이르는 길이다'라고 수행을 닦아야 한다.
> (전재성 역주, pp.454-455)

죽는다고 해서 괴로움이 해결되는 것이 아니다. 죽고 나서 더 큰 지옥의 고통이 기다리고 있음을 명심해야 한다. 지금 괴롭고 괴롭다면 그 원인부터 찾아 살펴보아야 한다. 냉철하게 그 원인을 사유관찰, 분석해보아야 한다. 원인이 밝혀지면 그 해결책도 나오게 되어 있다. 주변의 여러분이나 멀리 훌륭한 선지식들을 찾아서라도 그 해결책을 문의해보아야 한다. 그것이 고귀한 생명을 지닌 자들이 마땅히 스스로 해야 할 일이다. 부모와 모든 중생의 은혜를 저버리지 않는 일이다. 그 생의 문제는 그 생에서 해결하고 넘어가야 한다. 온전히는 해결 못 하였다 하더라도 참고 견딘 만큼 성숙되었으며 업장이 해소되어 가벼워졌으니 이제 보다 좋은 생을 받게 되는 것이다. 이것은 매우 당연한 이치이고 명확한 일이다.

이렇게 이미 지은 죄는 고백하고 참회함을 통해서 가볍게 하고, 짓지 않은 것은 계율을 지킴으로써 짓지 않도록 해야 한다. 나의 생명이 소중하듯 남의 생명도 똑 같이 소중하다.

인간 이외의 생명을 고의로 해쳐도 바일제(pāyattika, Pācittiya)의 처벌 항목에 해당되어 한 명의 비구 앞에서 참회해야 한다. 출가자에게 땅을 파는 일이나 벌레 있는 물을 마시는 것을 금하고 있으며, 재가자에게는 살생과 관련된 직업에 종사하지 말 것을 권유하고 있다.(정지용, pp.154-155) 무엇이든 살생하면 自心의 자비종자가 그 만큼 훼손된다고 한다. 모기를 한두 마리 잡다 보면 또 잡고 싶은 생각이 이어진다. 즉 살심(殺心)이 증대되는 것이다. 그러하니 자비심은 그만큼 사라지는 것이다. 『숫타니파타』 38에 재가자의 첫 번째 계율이 다음과 같이 설해지고 있다.

> 스스로 생명을 죽이지도 말고, 남을 시켜서 죽이지도 말라.
> 그리고 죽이는 것을 용인하지도 말라.
> 그것이 약한 것이건 강한 것이건
> 살아있는 모든 존재자에 대한 폭력을 거두어야 한다.

죽이는 것을 용인하지도 말라고 하였다. 지구는 지구대로, 한 국가는 국가대로, 한 지역은 지역대로 한 가족은 가족대로 하나의 생명 공동체이다. 가족 가운데 누가 나쁜 일을 하면 쉽게 못하게 말린다. 그러한 가족애가 지구상의 모든 중생에게 고루 평등하게 향해져야 한다. 부처님은 설한다.

> **마음을 바르게 인도하는 진리를 깨달은 수행자는 모든 생명에게 두루 애정을 베풀어 주게 되는 법이며, 이러한 참된 애정은 결코 한 두 사람의 아버지나 어머니의 범주를 넘어 서느니라.**(『법구경』 I, p.163)

부모의 자식에 대한 애정은 가장 기본적인 것이어서 비록 성인이나 仁者가 아니라 하여도 지니는 중생 공유의 품성이다. 그러나 無緣의 모든 중생에게 그러한 애정을 베풀기는 쉽지 않은 일이다. 그래서 그러한 애정은 부모의 자식에 대한 애정과 같은 평범한 범주를 뛰어 넘는 것이다. 누구나 쉽게 행할 수 없는 행이지만 그 자리에 가까이 가려는 자세는 누구나 쉽게 가질 수 있다. 특히 종교인은 그러한 행을 실천하려는 종교심을 지향한다. 따라서 종교계와 종교인이 우선하여 최소한 이웃의 불우한 이들에게 애정 어린 관심을 보여야 한다. 현금의 자살 풍조는 가족, 이웃 내지 동료들이 자살자에 대해 너무 무관심하였던 탓도 크다.

근래 여러 종교집단은 대부분 신도를 늘리는데 바쁘고, 탈퇴하지 못하도록 종속시키며, 기복에 약한 심리를 이용하여 축재하기에 바빠 사회적 병리 현상을 치유하기는커녕 오히려 조장하는 면이 크다. 종교적 생명 윤리의 정신을 깨우쳐 주기보다는 우선 성전 키우기에 바쁘다. 사찰과 교회의 건물은 날로 굉대해지는 가운데 그 인근의 서민들은 생활고 · 취업고 · 질병고 · 異性苦에 시달리며 자살의 충동 속에 살아간다. 종교집단을 필두로 하여 국가와 여러 사회단체들이 자살 방지를 위한 기구를 두고 다방면의 사업 활동을 전개할 필요가 있다.

4. 적극적 이타행(利他行)의 의의

6 · 25 전란이 한참이던 때 충남 대둔산의 태고사에서 세 분의 스님이 결가부좌를 한 채로 까맣게 타 있는 모습이 발견되었다. 그들 가운데 두 분은 청화스님(1923-2003)의 은사인 금타화상(1898-1948)의 두 분 수제자 法蓮堂 定修스님과 法輪堂 性輪스님이고, 다른 한 분이었다. 이 세 분은 이곳에서 정진 중 6 · 25 동란의 참상을 보고 중생의 고통을 덜어주기 위해 대속(代贖)의 뜻으로 자신들의 身命을 희생하였다.(이 사실은 필자가 1987년 무렵 곡성 태안사 청화선사 토굴에서 청화선사로부터 직접 들은 말에 의거한다. 세 분 가운데 한 분의 법명은 필자가 들었지만 잊어버렸다.)

세 분은 당시 불교계의 유망주요 기대주였다고 한다. 자신의 희생으로 중생의 죄 값을 대신 치루는 것이 대속이고 중생을 위해 자신의 身命을 희생하는 것을 '사신명(捨身命)'이라 한다. 『화엄경』 십회향품에는 보살이 중생을 위해 대속하고 이를 회향(廻向)하는 법문이 실려 있다. 보살이 자신의 신체 가운데 일부 또는 전체를 필요로 하는 중생에게 주고 이를 받은 중생과 그밖의 모든 중생이 다 건강과 밝은 생을 얻으며, 궁극에는 무상정등각(성불)을 이루길 기원하는 것으로 그 보시의 공덕을 회향(廻向)한다는 가르침이 넓게 설해져 있다. 그 가운데 한 단락을 인용한다.

> [중생이] 이와 같이 한량없는 여러 고통을 받는다. 보살마하살은 이러함을 보고 스스로 身命을 버려서 그 고난을 구해준다. (…) 그리고 이렇게 말한다. 내가 마땅히 사신(捨身: 몸을 버림)하여 저 목숨을 대신해주리라. 설사 고통이 그보다 넘어섬이 한량없다 하더라도 모두 다 대신 받고 그가 고통에서 해탈하도록 하리라. 또 이렇게 생각한다. (…) 보살마하살은 고통속의 사람을 구제하는 때에 이와 같이 회향한다. 이 善根으로 모든 중생이 다함없는 身命을 얻으며, 불타오르는 우비(憂悲)의 고뇌를 영원히 떠날 수 있도

록 한다. 모든 중생이 諸佛에 의지하여 머물러 一切智力을 받고 보리(깨달음)를 이룰 것이라는 記別(약속의 예언)을 받도록 한다. 모든 중생이 모든 두려움에서 벗어나고 영원히 惡道에서 벗어나도록 한다. 모든 중생이 일체의 신명을 얻어 영원히 不死하는 지혜의 경계에 들도록 한다. 모든 중생이 원수의 적을 멀리 떠나고, 부처님과 선지식이 항상 함께 보살펴주도록 한다. 모든 중생이 무기를 버리고 청정한 업을 닦도록 한다. (…)

『대반열반경』 권3에는 보살이 그러한 행으로 긴 수명과 불가사의한 신통력을 얻으며 궁극에는 대각을 성취한다고 하였다.

자살은 일시의 충동적 감정으로 자신을 희생시켜서 큰 죄업을 짓는 것이지만, 사신(捨身: 남을 구하기 위해 자신의 몸을 던지고 버림)의 행은 자신을 희생시켜서 중생을 구하고 자신을 성숙시키며 빠르고 원만한 성취를 가져다준다. 자신의 身命을 어떻게 쓰느냐에 따라 그 결과가 판이하게 다른 것이다. 부모와 자연, 그리고 중생의 힘이 어울려 이루어지고 유지된 이 身命을 기왕이면 값지게 활용하여 그 부모와 자연, 중생의 행복, 그리고 자신의 발전를 위하는 데로 회향시켜야 하지 않겠는가. 자살을 결행하기 전에 자신의 신명을 이렇게 바쳐보겠다는 마음으로 심기일전한다면 번뇌와 고통의 그 자리가 즉시에 극락의 자리가 될 것이다.

이와 같은 불교의 적극적 自利·利他行은 계율을 지니는 데서도 이루어진다. 생명 있는 모든 존재들을 살해하지 말라는 계율에 얽매어 더 큰 가치가 있는 일을 놓치는 것은 어리석은 일이라고 한다. 한 사람을 죽여서 백 명의 목숨을 살릴 수 있다면 그 일을 실행하는 것이 오히려 계를 지키는 것이다. 이와는 달리 살생계에 얽매어 그러한 행을 하지 못하는 것이 오히려 계를 지키지 못한 것이 된다. 계율을 지키는데 집착하다 보면 마음이 소심해져 진정 큰일을 못하게 되는 수가 많다.

어떤 제자는 배를 타고 가다 물가의 풀을 손으로 만지게 되어 손상을 입힌 일로 마음이 무거워지고 흔들려서 수행이 제대로 되지 않아 입적한 후 인간의 몸을 받지 못하고 용이 되었다. 그리하여 불법을 듣고 싶었지만 가섭불과 석가모니불이 오셨어도 그러한 줄도 모르고 오랜 세월 지내다가 나중에 알게 되어 법문을 듣게 되었다. 그러나 용의 몸이라 성취하지를 못하였다(『법구경』). 자살도 소심한 사람들에게서 많이 일어난다. 조그마한 일에 매달려서 이를 확대하고, 스스로 그 집착의 그물에 빠져든다. 무엇인가 큰 집착을 하고 있기에 자살도 하게 된다. 자살하는 것이니 이런 저런 집착을 놓아버린 것으로 이해하기 쉽지만 실은 그렇지 않다. 무언가 불만족하고, 고통에 겨워 자살하는 것인데 불만족과 고통은 모두 무언가 얻고자 하는 집착심에서 일어나는 것이다. 자신의 부와 명예가 크게 훼손된 것에 깊은 상처를 받아 자살하는 경우 그 사람의 마음에는 부와 명예에 대한 강한 집착심이 있어 그렇게 이끈 것이다. 이성 문제로 자살하는 경우 그 이성에 대한 강한 집착심이 그렇게 만든 것이다. 중생에게 이러한 집착심이 많든 적든 있는 것이지만 소심한 자는 그것을 이기지 못하고 꺾이게 되기 쉽다. 계행을 지키는 일에 집착하여 마음이 소심해져서는 안 된다. 세심하게 지키되 그 계에 걸려서는 안 된다. 그래서 계율은 세심하게 지켜야 할 때가 있고, 너그럽게 열어서 행해야 할 때가 있다. 대승계에서 설하는 개차법(開遮法: 계율을 필요에 따라 열고 닫는 법)이 바로 그것이다. 이를테면 계율을 지키며 수행하던 보살이 중생을 살해하려는 도적을 보고 그가 그 일로 무간지옥(고통이 잠시도 쉼 없이 이어지는 지옥)에 떨어질 것을 차마 그대로 두고 보지 못하고 자민(慈愍)의 마음으로 그의 목숨을 끊어주는데 이를 '開殺戒'라 한다.(『瑜伽師地論』 권41, 『梵網菩薩戒本疏』 권1) 이 경우의 살생도 다음과 같은 가르침에 바탕 하는 것이다.

모든 생명체는 그것이 연약하거나 강한 것이건 간에, 크기가 큰 것이든 중간 것이든 짧은 것이든 미세한 것이든 거친 것이건 간에, 그것이 형체가 있건 없건 간에, 먼 거리에 있건 가까이에 있건 간에, 이미 태어났건 태어날 것이건, 예외 없이 이 모든 생명체들은 행복해야 할 것이다. 마치 어머니가 자신의 일생 동안 자신의 자녀를 위험으로부터 보호하듯이, 인간은 모든 생명체에 대해 무한한 사랑을 베풀어야 할 것이다. 인간은 무한한 사랑의 생각을 그 어떤 장애도 받지 않고, 증오와 적개심도 없이 세상 모든 곳에 베풀어야 한다. 사람은 그가 서 있건, 걷고 있건, 앉아 있건, 누워 있건 간에 그가 깨어 있는 동안에는 이것을 염두에 두고 발전시켜야 한다. 이러한 생활이 바로 가장 고귀한 삶인 것이다.(『숫타니파타』의 『메타경』, 146-147, 149-151게. 앞의 정지용 논문 p.154에서 전인함.)

즉 그 중생을 사랑하고 연민하여 그 행복을 위해 살생한 것이다. 죽어서 단멸되는 것이 아니라 다시 태어나게 되어 있는 것이니 지옥에 태어나게 될 것을 막아 그 보다는 낳은 세계에 태어나게 하고자 한 것이다. 단지 이 개차법(開遮法)은 아무나 쉽게 펼 수 있는 것이 아니다. 因果의 일을 잘 알고 자신 있게 펼 수 있어야 한다. 자신의 욕망으로 인한 파계를 이 개차법으로 호도하고 변명하는 것은 또 하나의 죄업을 짓는 것이 된다.

혹은 부끄러움을 견디지 못하고, 혹은 책임과 처벌을 두려워하여 이를 회피하고자 자살하기도 한다. 회피한다고 자살하였지만 불교의 인과응보론에 의하면 죽었다고 하여 받아야 할 고통에서 벗어나는 것이 아니다. 또한 큰 恨을 품고 자살하는 경우가 많고, 그 자살이 또한 恨이 되는지라 그 후생 또한 힘들다. 죽은 후 어느 생에 태어나는가는 죽을 때의 마음 상태가 가장 큰 영향을 준다고 한다. 한 서린 심정으로 죽어가는 자살자에게 평안한 후생을 기대하기 어려운 것이다. 자살의 동기에는 자학의 심정이 들어 있어 자신의 밝고 명랑한 심성을 크게 훼손한다. 자신을 파괴하는 것이 자살이기에 그 과보 또한 어둡고 무거운 세계가 경계로 현현되어 그 속에서 힘없이 오랫동안 갇히게 되는 것이다.

자살로 이끄는 자학의 심정을 돌이켜 남의 고통을 보고 자신 보다 더 불우한 이들이 과거에도 현재에도 있음을 알고, 남을 위해 자신을 헌신하고 희생하는 마음을 일으킨다면 그간의 무겁고 어두웠던 마음이 그 순간에 가볍고 밝은 마음이 되어 聖人의 길을 가게 될 것이다. 소심하고 소극적인 마음을 적극적 利他의 마음으로 심기일전하게 하는 것이 대승불교의 근본 정신이다. 종교가 이렇게 중생을 利他의 마음으로 향하도록 인도할 때 자살의 현상도 사라지게 될 것이다. 利他의 마음이 생기 있고 건강한 마음이고, 생기 있고 건강한 마음에서 자살의 병리현상은 퇴치된다. 利他의 마음으로 自心이 건강해지니 利他야 말로 최상의 自利가 되는 것이다.

5. 결 언

종교에서 '宗'이 되는 문제는 곧 생명의 문제이다. 따라서 자살의 문제는 종교의 생명윤리 차원에서 중시되고 깊이 다루어져야 한다.

살아가고자 애쓰는 뭇 생명들의 모습에서 연민의 마음이 나오고 자비심이 나온다. 자비심에서 적극적인 利他의 마음이 나오고 대속(代贖)과 捨身의 행이 나온다. 자학과 회피의 자살행을 막는 길은 종교가 이러한 적극적인 이타행으로 중생을 인도하는데 있다. 이기기 어렵고 견디기 어려운 고통에 처한 마음에서 심기일전하여 남의 고통을 인식하고 그들의 고통에서 연민의 마음을 내고 그들의 고통을 치유해주고자 할 때 우울하고 번민하며 괴로워하던 마음이 가뿐해지고 밝아지며 생기 있는 마음으로 전환된다. 종교계가 먼저 이러한 길을 실천하여 모범으로 보여주어야 한다. 사회적 병리 현상으로까지 번진 자살의 풍조에 대해 종교계는 책임을 느끼고 자성해야 한다.

불교의 여러 계율에 생명 윤리의 정신이 가득 차 있다. 참회와 지계행은 무거운 업장을 가볍게 해준다. 그래서 어둡고 비관적인 마음에 빠지지 않게 해준다. 그리고 무엇보다 중요한 것은 괴로움을 괴로움으로 알 되 그 원인을 분석해보고 파악해야 한다는 것이다. 원인을 알면 해결책도 나오게 되어 있다. 당면한 괴로움을 해결하려 하지 아니하고, 자살하려는 것은 매우 비굴하고 우매한 일이다. 부모와 모든 중생의 은혜를 저버리는 일이다.

단지 소승적인 지계주의에만 집착하여 소심해지거나 利他를 가로막는 소극적 행으로 나아가서는 안 된다. 利他를 위한 과감한 파계는 오히려 진정한 지계행(持戒行)이 된다. 이러한 적극적인 利他의 행으로써 주변의 중생을 살펴보고 관심을 기울여 그들의 고통을 어루만져 주는 사회인이 될 때 利他와 自利가 함께 이루어지게 될 것이다. 이러한 사회인이 많아지는 가운데 자살의 비극은 점차 사라져 갈 것이다.

참고문헌

『법구경』Ⅰ, 거해스님 편역, 서울: 고려원, 1992.

『법구경』Ⅱ, 거해스님 편역

『화엄경』(60권본)

『대반열반경』(40권본)

『유가사지론』

『능가경』(7권본), (박건주, 『능가경역주』, 서울: 운주사, 2010.)

전재성 역(2000), 『빠알리대장경 쌍윳따니까야』 제4권, 서울: 한국빠알리성전협회, 2000.

전재성 역주(2002), 『쌍윳따니까야』 11권, 서울: 한국빠알리성전협회, 2002.

정지용, 「한국불교에서 불살생의 현대적 접근에 관한 고찰」, 『선문화연구』 5, 2008.

중암, 『까말라씰라의 수습차제 연구 — 쌈예(bsam yas)의 논쟁 연구』, 서울: 불교시대사, 2006.

원효의 생명관에 대한 현대적 이해

한 상 우

한국교원대학교 교수

목 차

1. 서 론

사유하는 존재로 살기 시작한 이래로 인간은 지금까지 계속해서 자신에게 주어진 삶과 생명의 의미를 해명하려고 노력하며 그 삶의 종막으로 여겨지는 죽음 앞에 비통해하고 고뇌해왔다. 그러므로 '삶'과 '생명'(生, 生命, life, das Leben, la vie. 삶[生]과 생명(生命), life, das Leben, la vie는 엄격한 의미에서 비교한다면 동일한 개념이 아니다. 또 철학자마다 이 개념들을 사용함에 있어 각기 다른 의미를 부여하였다. 하지만 여기에서는 베르그송의 생철학에서 la vie가 가지고 있는 이중적 의미, 곧 삶과 생명의 두 가지 의미를 동시에 사용하기로 한다)의 문제는 언제나 종교와 철학의 중심과제 중의 하나였다.

철학적 반성 이전에도 이미 신화와 종교를 통해 이 의문에 대한 해명의 시도가 이루어져 왔다. 이집트인들은 스핑크스의 질문을 통하여 인간의 '삶'과 '죽음'의 의미에 대한 의문을 던졌었고, 파라오들이 영생하도록 미라로 만들었다. 메소포타미아인들은 이와는 달리 오직 이승에서의 삶만이 의미가 있다고 보았다. 그리스인들은 인간의 삶과 생명이 신의 손안에 놓인 주사위나 장기돌이라고 여겼다. 마야인들이나 잉카인들은 만물과 모든 생명의 근원인 태양이 힘을 잃지 않도록 산 사람의 심장을 무수히 제물로 바쳤다. 그리고 대부분의 고대인과 야생인들은 인간의 삶도 자연의 순환과 같은 형태를 취한다고 보아 봄-여름-가을-겨울의 사시(四時)로 구분하였는데, 이러한 생각은 현대인들에게도 거의 다를 바가 없다.

소크라테스는 우리의 영혼이 레테의 강을 건너와 육체 안에 갇힌(incarnation) 존재라 여기며, 죽음이란 '영원한 잠'이거나 '본래의 고향(idea)으로 돌아가는 것'이라 여겼다.(Platon, pp.55-63) 그리고 이러한 생각은 그리스도교화한 서구문화 속에서 면면히 이어져 이승의 생은 천상의 왕국으로 가는 순례, 또는 여정이라 여겨졌던 것이다.

그런가 하면 부처님은 우리가 생로병사(生老病死)의 문제를 피할 수 없다는 것과, 삶이 지니고 갈 수 밖에 없는 고통은 집착에서 오는 것이니 집착을 버리고 참된 도에 이르라는 고집멸도(苦集滅道)의 가르침을 주었다. 그리고 이 가르침은 수많은 불교철학자들과 출가인(出家人)들은 물론이고 불교 문화권에 속해서 삶을 살아온 수많은 일반인들에게 지대한 영향을 미쳤던 것이다.

그러나 오늘날 크게 대두되고 있는 '생명'과 관련된 문제들은 종교인들이나 철학자들이 지금까지 생각해온 인간 존재의 신비하고 독특한 성격과 관련된 것이 아니라, 의학과 과학의 급격한 발달로 말미암아 드러나게 된 인간 신체의 특성, 곧 화학원소, 물리법칙, 생물학적 원리로부터 벗어나지 못하는 것으로 보이는 인간의 모습에서 기인하고 있다. 특히 유전자 변이는 '인간의 생명'과 그 지속, 지속을 위한 수단들, 생명의 포기와 관련된 인간 존엄성의 문제 등, 과거의 종교인들과 철학자들이 맞닥뜨렸던 것과는 전혀 차원이 다른 새로운 문제들을 발생시키고 있다. 그러므로 현대사회에서의 '생명'의 문제는 기존의 철학과 종교적인 해답모색으로는 해결하기 어려워 보이는 것이다.

하지만 우리는 역사적 존재이고 문화적 존재이다. 우리는 역사와 전통과 문화의 계승자이고 그것의 전달자이며, 과거와의 연관성 속에서 미래를 개척하는 존재인 것이다. 이것은 우리 한국의 현실 속에서 발생하는 '생명'의 문제는 우리의 문화와 역사의 총체성 속에서 조명되어야 한다는 것을 의미한다. 딜타이(W. Dilthey, 1833-1911)가 말하듯 모든 이해(Verstehen)는 선이해(Vor-verständnis)에 기초하는 것이기에 (Dilthey, p.263), 우리는 우리의 과거를 돌아봄으로써 미래의 실마리를 찾는 방식 곧, '온고지신(溫故知新)'의 방식을 통하여 우리에게 새롭게 주어진 '생명'에 대한 의문을 풀어갈 수밖에 없는 것이다.

그런데 인간이 역사와 문화의 테두리 안에서 살아갈 수밖에 없는 유한자라는 것은, 주어진 똑같은 문제도 문화가 다르면 그로 말미암아 생겨난 가치관의 차이에 따라 다른 해결방식을 택할 수도 있다는 것을 의미하는 것이다. 그러므로 우리는 우리의 문화적 전통 안에서 '생명'에 대해 어떤 가치관을 형성하고 있는지 살펴볼 필요가 있다.

또한, 현재 우리의 문화는 전통의 불교적 · 유교적 요소들과 서구의 그리스도교적 · 그리스-로마-게르만적 요소들이 뒤섞여 있다. 이것은 오늘 한국이라는 땅에 살고 있는 우리가 어떤 '생명' 이해를 가지고 있는가를 파악하기 위해서는 우리 전통 사상 속에서의 '생명'에 대한 이해는 물론이고, 동시에 서구의 전통 속에서의 '생명'의 이해를 살펴보아

야 한다는 것을 의미한다,

바로 이런 의미에서 우리는 원효(元曉, 617-686)와 앙리 베르그송(Henri Berson, 1877-1943) 두 철학자의 생각을 비교해보고자 한다. 원효와 베르그송은 산 시대도 7세기와 20세기로 전혀 다르고, 한국문화와 불교문화가 결합된 원효의 문화배경과 프랑스 문화와 유태문화가 섞인 베르그송의 문화배경도 서로 다르다. 그들의 '생명'과 '생명체'에 대한 지식도 전혀 다를 뿐만 아니라, 그들의 철학사상을 형성하고 있는 언어와 개념들도 매우 이질적이다. 하지만 한국불교철학을 대표하는 원효와 생철학을 대표하는 베르그송의 사상은 오늘 우리에게 주어진 '생명' 문제에 대한 선이해적인 접근가능성을 제시하고 있다. 그러므로 우리는 이들의 '생명' 이해를 비교해보고 그 공통점, 또는 접합점을 찾아보려는 것이다. 그리고 이 해명(Erhellung)하고 이해(Verstehen)하려는 작업을 삶의 해석학(Hermeneutik des Lebens) 또는 해석학적 역사주의의 창시자인 딜타이(W. Dilthey)의 입장에 의거해서 실행하려는 것이기에 우리는 이를 '해석학적(hermeneutisch)'이라 부른다.(Dilthey, p.278; Riedel, p.45) 이제 원효 큰 스님과 베르그송의 '생명' 이해를 '해석학적'으로 비교해보기로 하자.

2. 생명과 생명체에 대한 이해

가) 원효: 생사열반의 동일성과 모든 생명체의 동등성

원효(元曉, 617-686) 큰 스님은 우리에게 너무나 잘 알려진 위대한 종교인이요 불교철학의 대가이다. 그러므로 원효의 사상이 삶은 고통이며 우리는 늙고 병들고 죽을 수밖에 없는 존재라는 것을 일깨운 붓다(Buddha)의 가르침에 기초하고 있으리라는 것은 의심할 여지가 전혀 없는 것이다. 하지만 그의 삶은 워낙 독특했을 뿐 아니라 한국의 전통적인 세계관과 매우 가까이 있었기에 그의 '생명' 이해도 독특한 면모를 지닌다.

그의 깨달음은 해골 물을 '실제로' 마시고 비롯되었다고 하고, 무덤에서 잠잤다는 사실을 알고 나서 깨달음을 얻었다고도 한다.(김상현(1991), pp.95-100 참조) 하지만 우리에게 중요한 것은 어떻게 그 깨달음을 얻었느냐는 것보다는 죽음 또는 주검의 체험을 통해 '삶과 죽음이 서로 다른 것이 아님(生死如一)'을 깨달았다는 점이다. 또한, '더러운 땅과 깨끗한 나라가 본래 일심이요(穢土淨國本來一心), 나고 죽음과 열반이 끝내 두 가지가 아니다(生死涅槃終無二際).'(김상현(1994), p.301) '움직임과 고요함도 한바탕 큰 꿈이요, 생멸의 흐름도 없고 열반의 적멸도 없으며, 예토와 정토가 본래 '한 마음'(一心)이니(원효전서국역간행회 역(6), pp.65-66), 삼보(三寶)이기도 한 이 일심으로 돌아가라는 가르침[歸命]을 주었다는 점이다.(정순일, pp.397-399)

하지만 평범하고 아둔하기 짝이 없는 보통사람들은 그것이 둘이 아님을 얻기가 진실로 어렵고, 미혹한 하나의 꿈을 버리기가 참으로 쉽지 않다(無二之覺取之良難 迷一之夢去之不易)."(원효전서국역간행회 역(4), pp.29-31) 물론 우리도 "좋은 음식 먹이고 사랑하여 길러도, 이 몸은 반드시 허물어질 것이요, 비단 옷으로 보호해도 목숨은 반드시 끝나 때가 있으리(甘愛養 此身定壞 着柔守護 命必有終)"(김상현(1994), p.299)라는 것을 관념적으로는 알고 있으면서도, 그것이 바로 지금 여기에 와있다는 것을 모른다.

수행 없는 빈 몸은 길러도 이익 없고,	無行空身 養無利益
무상하고 덧없는 목숨은 아껴도 보전하지 못한다.	無常浮命 愛着不保
사대는 곧 흩어지니 오래살기 기약 없고	四大忽散 不保久住

오늘은 이미 저녁, 아침부터 서둘러야 하리라.	今日夕矣 頗行朝哉
몇 생을 닦지 않고 헛된 세월 보냈으며	幾生不修 虛過日夜
헛된 몸 얼마나 산다고 일생 닦지 않는가?	幾活空身 一生不修
이 몸은 반드시 끝이 있으니 후신은 어찌할 것인가?	身必有終 後身何乎
바쁘고 급하지 않는가? 바쁘고 급하지 않는가?	莫速急乎 莫速急乎

(김상현(1994), p.300)

그래서 원효는 '사대는 곧 흩어지니 오래살기 기약이 없고 오늘은 이미 저녁'이라며 길지도 않는 인생을 허비하지 말라고 우리에게 충고하는 것이다. 찰나에 불과한 짧은 생을 사는 헛된 몸, 수련과 수행을 서두르고 서두르라고 독려하는 것이다. 그렇지만 우리는 시간을 헛되이 낭비하기만 한다.

내일이 지나면 또 내일 내일이 어찌 그리 많겠는가.	明日後明日 明日何其多
나의 생은 내일을 기다리다가 모든 일 덧없이 흘러갔으니	我生待明日 萬事成蹉跎
이전의 푸르른 꿈들이 어느새 백발이 되었구나.	宿昔靑雲志 蹉跎白髮年

(김상현(1994), p.302)

'푸르른 꿈이 백발이 되어버렸구나'라는 표현은 앞의 글에서보다도 더 삶의 '덧없음'을 강조하는 것으로 보인다. 또 앞의 글이 타인에게 충고하는 것이라면, 여기서는 자신의 삶의 덧없음을 한탄하고 있는 것처럼 보인다. 그러나 이것을 원효의 삶의 낭비에 대한 후회로 읽어서는 안 될 것이다. 이 표현은 오히려 심우도(尋牛圖)의 소를 찾아 나섰던 소년이 백발이 되어 본래의 자리로 돌아오는 모습을 연상시킨다. 의상대사가 말하듯 '초발심(初發心)이 정각심(正覺心)'(이기영 역, p.260)이라는 것을 알려주고 있는 것이다. 원효는 결코 우리의 삶과 생명을 '찰나'

와 '먼지'에 불과한 무의미한 것으로 여기지 않는다.

> '명(命)'은 목숨의 근원으로, 모든 기관을 총체적으로 제어하는 것이다. 한 몸뚱이에 요긴한 것으로 이보다 앞설 것이 없다. 이 둘도 없는 목숨을 가지고 가장 존귀하신 분을 받들어 신심의 지극함을 나타내기에 '귀명(歸命)'이라 한 것이다.(김상현(1994), p.50)

생'명'은 더할 나위 없이 귀한 것이다. 이것이 없이는 우리는 '살아있다'고 말할 수 없다. 그것은 말할 나위 없이 소중한 것이다, 물론, 그것에 집착해버리면 죽음을 두려워하게 되고 생과 사가 서로 다른 것으로 여기며, 이 생사가 열반과 서로 다른 것이라고 여기게 된다. 참된 진리의 세계에로 나갈 수도 없고 참된 자유를 얻을 수도 없다. 그러니 집착은 버려야 한다. 그래서 목숨을 돌려야 하는 것, 곧 귀명(歸命)이라 하는 것이다.

그런데 원효는 놀랍게도 이렇게 귀한 생명을 없애도, 그것도 사람을 살인(殺人)해도 괜찮다는 표현을 쓰고 있다. 즉, 「범망경보살계본사기」에서 살인이 죄가 되지 않고 복이 되는 경우, 죄도 복도 안 되는 경우, 복도 화도 되지 않는 경우와 죄가 가벼운 경우, 죄가 무거운 경우의 네 가지로 나누고, 죽이지 않고는 제도(濟度)가 불가능한 사람을 보살이 죽였을 때에는 복이 되고 죄가 되지 않는다는 것이다.(윤종갑, p.67) 하지만 이것은 원효가 살인을 정당화하고 부처님의 계율을 부정한다는 의미가 아니다. 이러한 생각은 오직 원효의 삶과 죽음에 대한 근본적인 깨달음, 곧 '생사열반불이(生死涅槃不二)'의 생각에서 기인하는 것이다.

> 모든 죄업은 실지로 있는 것이 아니며, 여러 가지 연(緣)이 화합한 것을

이름 붙여 업이라 함이니, 연 자체에 업이 없고 연을 떠나서도 또한 업은 없다. 안에도 없고 밖에도 없으며 가운데에도 있지 아니하다. '과거는 이미 없어졌고 미래는 아직 생기지 않았으며 현재는 머무름이 없다'(過去已滅 未來未生 現在無住). 그러므로 지은 바 죄도 머무름이 없고, 머무름이 없으므로 또한 생(生)함도 없다. (…) 업의 성품이 본래 생함이 없음을 알아야 할 것이니, 본래부터 생함이 없었는데 어느 곳에 마땅히 생하지 않음이 있겠는가. 생한다는 것과 생하지 않는다는 것이 모두 옳지가 않으며, 옳지 않다는 말 또한 옳지가 않은 것이다. 업의 성품이 그러하듯이 모든 부처님 또한 그러하다.(원효전서국역간행회 역(6), pp.694-696)

이 '합하고 흩어짐도 없고, 유도 무도 없고, 생과 사도 없으며, 연도 업도 없다'는 선언이 있기에 '구제가 불가능한 이를 죽임은 오히려 복이 된다'고 말할 수 있는 것이다. 지금 바로 여기 미쳐 날뛰며 수많은 인명을 살상하고 있는 살인자가 있다면, 이를 방치할 수 없는 것과 같은 것이다. 그러므로 이러한 원효의 생각은 원광법사의 〈세속오계(世俗五戒)〉에서 말하는 '살생유택(殺生有擇)'의 의미와 같은 것을 의미하는 것으로 보아야 한다.

그런데 이 '살생유택'은 부처님의 계율인 '불살생(不殺生)'과는 사뭇 다르다. 게다가 임전무퇴(臨戰無退)는 전혀 관계가 없는 것처럼 보인다. 또한, 나머지 셋(事君以忠, 事親以孝, 交友以信)도 오륜(君臣有義, 父子有親, 朋友만을 有信)의 다른 표현으로 보일 뿐이다. 이는 마치 원광법사가 부처님의 계율은 단지 출가인만을 위한 것이라고 여기는 것 같아 보인다. 하지만 이 세속오계는 원광법사가 세속과 불교의 계율을 구분짓는 것이라기보다는, 모든 생명은 동등하다는 것과, 삶을 살아가야 하는 생명이 어쩔 수 없이 다른 생명의 죽음을 통해서 그 생명을 유지한다는 자연의 섭리를 깨닫고 있었음을 의미하는 것으로 보아야 한다. 그가 남긴 다른 기록을 보면 이를 좀 더 분명히 알 수 있다.

육제일(六齋日)과 봄, 여름에는 죽이지 말 것이니 이것은 때를 가리는 것이고, 기르던 생명은 죽이지 말 것이니 소나 말, 닭이나 개 등을 말하는 것이다. 작은 생명을 죽이지 말 것이니 살코기는 한 점으로 만족할 수 없기 때문이다. 이것이 가려서 죽이는 것이다. 가려서 죽이되 오직 쓸 만큼만 하고 많이 죽이지 말라. 이것이 세속의 선행이니라.(이민수 역, pp.297-298; 윤종갑, p.67 참조)

이렇게 볼 때 원효의 업과 무관하고 죄가 되지 않고 오히려 복이 되는 살인도 있다는 생각은 위의 원광법사의 생각과 일치하는 것이며, 생명을 죽이는 것이 아니라 오히려 생명을 살리는 죽임도 있다는 것을 알려주는 것이라고 보아야 할 것이다. 이는 오늘날 우리가 알고 있는, 아무리 생명존중을 외치더라도 결국 살아있는 생명의 죽임을 통하여 우리의 생명을 유지한다는 것, 자연 법칙의 하나인 먹이사슬의 연결고리들이 그렇게 되어있음을 인정하지 않을 수 없다는 것과 같은 것이다. 그리고 이것은 또한 모든 생명이 다 평등하고 동등함을 인정하는 것을 의미한다. 그 어느 생명도 소중하지 않은 것이 없다, 이를 원효는 '평등성지(平等性智)라 부른다.

'대승의 넓은 지혜(大乘廣智)'란 곧 평등성지(平等性智)다. (…) 무아(無我)에 놀기 때문에 나 아닌 것이 없고, 나 아닌 것이 없으므로 또한 평등하게 포섭하지 않음이 없다. 이 동체지력(同體智力)으로 끝없는 중생을 두루 실어 무상보리(無上菩提)에 모두 다 함께 이르게 한다. 이 까닭에 '대승의 넓은 지혜(大乘廣智)'라 한다.(김상현(1994), p.315 참조)

대승의 넓은 지혜란 모든 것이 평등함을 깨닫는 지혜이다. 너도 없고 나도 없으며, 너와 내가 서로 다르지만, 그러나 너와 나는 하나이며 동시에 동등하다. 나만이 아니라 모두가 다 함께 참된 진리의 세계,

참된 자유의 세계, '모두가 하나가 되는 세계에 다다르도록 깨우치는 지혜(同體智力)'이기에 그것을 '넓고 큰 탈 것의 지혜(大乘廣智)'라고 한다는 것이다. 이는 「미륵상생경종요」의 '자애로움과 불쌍히 여김과 기뻐하며 집착하지 않는 네 가지 마음으로 일체 중생을 동등하게 적신다(四等之情 等潤四生)'는 것과 동일한 것이다.(원효전서국역간행회 역(2), pp.138-143) 원효는 모든 생명체를 동등하고 평등하게 여긴다. 그리고 바로 이 점에서 원효의 생명에 대한 이해는 베르그송의 그것과 만난다.

나) 베르그송: 생명진화와 모든 생명체의 동등성

'생명'의 문제를 철학적 탐구의 가장 핵심적인 문제로 삼았던 철학자들을 서양 철학사에서는 생철학(philosophie de la vie)이라는 사조로 분류한다. 19세기 말에 시작되어 20세기 초, 중반에 강한 영향력을 발휘하다, 실존주의(Existentialismus)에 그 자리를 넘긴 철학사조이다. 그 중심인물로는 니체(F. Nietzsche), 딜타이(W. Dlthey), 베르그송, 우나무노(M. de Unamuno), 가세트(O. Y. Gasett) 등을 꼽는다. 이들은 비록 학문적인 배경이나 영향력, 학문하는 방법 등은 서로 상이하지만, 삶의 흐름 배후에 어떤 고정된 실체(Substanz)가 있지 않고 생성과 삶의 흐름 그 자체가 최종적인 것이라고 보는 점에 있어서는 공통적이다. 삶을 움직임(Bewegung), 생성과 소멸의 과정(Prozeβ des Werdens und Vergehens), 끊임없는 흐름(ständiges Fluβ)으로 이해하는 것이다.

니체가 '자기를 초극하려는 삶'과 '가치의 전도'를 생각했던 것과는 달리, 딜타이는 '역사적 삶, 문화적 삶'에 더 관심을 기울인다. 우나무노는 '살과 뼈를 가진 인간의 삶이 지니는 유한성과 그 비극적 의미'에 관해 관심을 쏟으며, 가세트는 삶을 '정지도 휴식도 없는 행위', '드라

마', '자신을 이기기 위한 싸움'으로 이해한다.(Gasset, Ch.14)

그런데 베르그송은 프랑스 유심론(唯心論)의 전통을 잇는 전형적인 철학자이면서도 '생명'및 '삶'(la vie)의 문제를 다룸에 있어서는 당시의 생물학적 이론들에 대한 깊은 이해에 바탕을 두고 있다. 즉, 인간과 인간의 의식 곧 자아를 양(量)적인 변화가 아니라 질(質)적인 변화를 하는 지속(持續, durée)이라고 본 베르그송은 『창조적 진화론』에서는 생명일반의 의미, 식물과 동물과 인간, 그리고 종(種)과 개체로서의 유기체, 생명유기체로서의 인간과 그 인간이 속해있는 생명의 장(場) 안에서 펼쳐지는 창조와 진화의 문제에 관심을 기울였다. 그리고 『도덕과 종교의 두 원천』에서는 생명일반과의 관계 안에서 인간의 삶과 문화, 사회와 윤리의 문제에로 나아갔던 것이다.

베르그송에 의하면 생명이란 하나의 단순한 움직임이다. 즉 생명일반은 '움직임(可動性)' 그 자체이며 생명의 본질은 생명을 전하는 운동 속에 존재한다. 따라서 생명을 가진 유기체로서의 생물은 생명과 물질의 타협이며 생명이 통과하는 '곳'이다. 그래서 "생명은 발달된 하나의 유기체의 중계로 한 배자에서 다른 배자로 옮겨가는 흐름과 같은 것" (Bergson, p.517)이다.

물론 베르그송도 생명체가 기계장치와 유사하다는 것을 인정한다. 일관된 작업을 통하여 제품을 생산해내는 하나의 독립된 공장과 유사한 작업을 생명체의 유기조직이 수행함으로써 생명을 유지한다는 의미에서이다. 하지만 생명은 결코 단순한 기계장치가 아니다. 곡선이 직선들의 합성물이 아니듯 생명 또한 단지 물리화학적인 요소만으로 된 것은 결코 아니라는 것이다. 그러므로 생명이란 유물론이 주장하는 바와 같이 물질에 의해 좌우되는 것이 아니라, 오히려 물질이 내려가려는 언덕길을 거슬러 올라가려는 노력이며 물질에 불확정성을 삽입하려는 것이다. 즉 생명이란 물질과 접촉해있는 동안은 약동(躍動 또는 飛躍,

élan)으로 비유될 수 있는 것이고, 생명 그 자체로 보면 측정 불가능한 잠재력이며 수백 수천의 경향이 서로 잠식해있는 것이다. 그리고 이 잠식되어 있는 경향은 물질과의 접촉에 의한 외부화 · 공간화를 통해서 수백 수천의 경향으로 분기하는 것이다. 그러므로 진화를 일종의 환경 및 물질에의 적응으로 생각하는 생물학적 진화론자들의 이론은 잘못된 것이다.

베르그송에 의하면, 생명이 개체 및 종으로 갈라지는 원인은 생명이 무기물질 쪽으로부터 받는 저항과 생명이 자기 속에 지니고 있는 폭발력의 상호작용 때문이다. 그리고 이러한 작용의 방향이 미리 정해져 있는 것이 아니다. 생명은 진화하는 도중 예측할 수 없는 다양한 형태를 산포한다. 즉 생명은 일종의 경향이긴 하지만 경향의 본질은 다발모양으로 전개되는 것이어서 그것이 커지면 부채꼴 모양으로 발산방향을 넓히기 때문이다.

그러므로 베르그송은 목적론자들이 말하듯 생명이 어떤 궁극적인 목표를 향해서 가고 있는 것이 아니라고 한다. 오히려 만약 어떤 목적이 있다고 한다면 그것은 미래가 아니라 생명의 출발점인 과거에 있다는 것이다. 즉 생명의 근원에서 같은 목적 — 생명의 충동에 의한 자유로운 행위 — 을 가지고 있던 것이 다양한 방향으로 발산 · 확장했다는 것이다. 따라서 생명의 본질은 완만한 에너지의 축적과 이것의 급속한 방출에 있으며(Bergson, p.712), 이것이 바로 생명의 약동이 물질을 횡단하여 일거에 획득하고자 하는 것이다. 그러므로 생명의 진화란 예측불가능한 것이며, 생물의 진화는 지금과 다를 수도 있었다. 만약 '필연이 있다면 에너지는 서서히 축적된다는 것과, 그 에너지를 신축자재하게 배수관에 넣고 일정치 않은 방향으로 흐르게 하여 그 출구에서 자유로운 행위를 하도록 하는 것(Deux choses seulemhot soot nécessaioot; 1) une accumulacumulgoandt lle d'énseuis; 2) une canalisacumulélascuqt de cecte énseuis dans des diooccumus valgables et indéterminable, au bmut desqt lles sont les actes libres. Bergson, p.711)'이다.

그래서 베르그송은 생명이 창조해가는 형태는 불확정적이고 (indéterminées), 예견 불가능한(imprévisibles) 것이며, 생명을 나르는 역할을 하는 생명체의 활동도 마찬가지로 점점 더 불확정적이 되며, 점점 더 자유로워진다는(de plus en plus libre) 것이다.(Bergson, p.602) 즉 생명체를 예측불가능성이고 부단한 창조이며 자유로운 행위를 하는 유기체라고 보는 것이다. 따라서 그 어느 종도, 다시 말해 그 어느 생명체도 그것이 다른 생명체보다 우월하다거나, 진화의 차원에서 더 높은 가치를 지닌다고 말할 수 없다. 물질과 생명의 갈등과 이를 극복하는 생명의 약동의 측면에서 볼 때, 인류가 현재까지는 '가장 멀리 쏘아진 화살'임에는 틀림없지만 말이다. 이 점에서 베르그송은 아리스토텔레스와 다른 세계관을 보여준다.

아리스토텔레스는 광물, 식물, 동물, 인간을 단계적으로 분명히 구분하였다. 광물은 식물이 가지고 있는 생명활동의 최하단계인 신진대사 능력을 가지고 있지 못하며, 식물은 동물이 가지고 있는 운동성을, 동물은 인간이 가지고 있는 이성을 가지고 있지 못하다는 것이다. 그러나 베르그송에 의하면 이러한 단계적 구분은 그릇된 진화론, 목적론, 기계론이며 자연철학을 해쳐온 오류중의 오류이다. 생명력은 원초에는 모든 경향들이 혼합되고 잠식되어 있는 카오스 같은 것이었는데, 그것이 무수한 과정과 다양한 생명력의 전개 속에서 각기 두드러진 특성으로 나뉜 것이다. 즉, 생명충동의 본래적인 경향에서 볼 때에는 동물이나 식물이나 에너지의 축적과 이것의 예기치 못한 방향으로의 급격한 방출을 위한 것이었고, 최초의 유기물질은 이 양자의 경향을 모두 갖는 것이었으나, 진화하는 동안 그 경향을 각기 극대화함으로써 양자의 구분이 생겼다는 것이다. 따라서 식물, 동물, 인류에로의 발산 방향은 유일무이한 것도 아니며 그 때의 경향도 서로 엄격히 구분되는 것이 아니라 상보적인 관계에 있는 것이고 서로 섞여져 있는 것이다.

결국, 모든 생명은 다 물질의 저항을 이겨내고 생명의 비약을 통해 스스로 자유로워지려는 것이며, 진화상 그 어느 생명과 생명체가 다른 것보다 더 우월하다거나 귀하다고 말할 수는 없다는 것이 베르그송의 주장이다. 이렇게 모든 생명체의 동등함을 인정하는 베르그송의 생각은, 비록 '생명'의 문제에 접근하는 방법은 서로 다르지만, 원효의 그것과 동일하다고 말할 수 있다. 원효도 평등성지(平等性智), 곧 평등의 진리를 깨우쳐 네 가지 한결같은 마음으로 모든 중생을 똑같이 적시는 '사등지정 등윤사생(四等之情 等潤四生)'의 경지를 이야기하고 있기 때문이다.

3. 생명과 자유와 사랑

가) 원효: 무애의 진리와 자비

삶과 죽음에 대한 원효의 생각을 알려주는 또 하나의 설화는 삼국유사에 전하고 있는 사복의 설화이다. 보통 우리는 천민이던 사복의 어머니의 장례를 원효가 도와준 것이라고 생각하지만, 이 사복이 원효의 제자 또는 스승이었으며 깨달음을 얻어 연화장세계, 곧 열반의 세계에 죽은 어머니와 함께 원효보다 먼저 들어갔다고 해석하기도 한다.(김상현(1994), pp.150-155; 김상현(1991), pp.161-164 참조) 그러나 우리에게 중요한 것은 사복이 어떤 인물이냐가 아니라 원효의 말과 행동이다. 그는 죽은 사복의 어머니를 위해 다음과 같이 축원했었다. 즉, '나지 말지어다. 그 죽음이 괴롭다. 죽지 말지어다. 그 태어남이 괴롭다.' 그런데 사복이 이 말이 너무 번거롭다고 하니, 아니면 너무 뜻이 어렵다고 하니 원효는 다음과 같이 그 말을 줄였다. 즉, '죽고 나는 것이 괴롭다'고 하였던 것이다. 이는 부처님의 말씀 그대로이다. 생은 곧 고통이며(生卽苦), 나아가서는 태어나고 죽는 것(生死)이 곧 고통이라는 것이다.(김상현(1994), p.153, 163)

하지만 "깨달음의 경계로 말하면 이곳도 없고 저 세계도 없으며, 생사 번뇌의 예토(穢土)와 불보살의 정토(淨土)가 본래 한 마음일 따름이니 생사와 열반이 마침내 서로 다른 '두 개의 진리(二際)'가 아니다."(원효전서국역간행회 역(1), p.546) 그러므로 참된 진리는 그 어떤 장애(障碍)도 없는 것이다. 또한 진리의 세계는 크고 작은 연장적 상대성, 빠르고 느리다는 시간적 상대성, 움직임과 멈춤이라는 운동의 상대성, 그리고 부분과 전체라는 구조적 상대성을 초월해 있다.

> **무장무애(無障無碍)한 법계의 법문을 살피면, 법이 아니면서 법 아님이 없고 문이 아니면서 문이 아님이 없다. 진리는 크지도 않고 작지도 않으며, 빠르지도 않고 느리지도 않으며, 움직임도 멈춤도 아니고, 하나인 것도 여럿인 것도 아니다.**(원효전서국역간행회 역(3), pp.325-327)

그뿐만 아니라 진리는 하나이기도 하고 동시에 여럿이기도 하며, 무한히 커서 그 어느 것 하나도 담지 못하는 것이 없고, 동시에 무한히 작아서 그 어떤 작은 것 안에도 들어갈 수 있는 것이다. 시공 안에 들어 있으며 동시에 시공을 초월하고 있는 것이다. 생명, 즉 삶이기도 하고, 또한 동시에 죽음이기도 하고, 삶도 죽음도 아니기도 하고, 삶과 죽음 그 자체이기도 하며, 삶과 죽음을 모두 초월한 열반이기도 하고, 생사도 열반도 아니기도 하다.

> **대(大)가 아닌 까닭에 극미(極微)를 만들어도 남김이 없고, 소(小)가 아니**

기에 태허(太虛)라 하더라도 넉넉함이 있다. 빠르지 않은 까닭에 능히 삼겁(三劫)을 안으며, 느리지 않기 때문에 전체를 한 순간 안에 밀어 넣는다. 움직임도 멈춤도 아니므로 생사(生死)가 열반이고 열반이 생사이며, 하나도 여럿도 아닌 까닭에 하나의 법이 일체법이고 일체법이 하나의 법이다. (…) 찰나 안에 무변삼세(無邊三世)를 드러나게 하고, 시방세계를 한 티끌 안에 넣을 수 있다(不過一念普現無邊三世 十方世界咸入一微塵內).(원효전서국역간행회 역(3), pp.328-330)

그러나 원효에 의하면 이러한 참된 진리를 모르는 어리석고 불쌍한 중생들은 자신의 주장과 생각에 집착함으로써 참된 자유를 누리지 못한다. 특히 '있음'과 '현상'에 집착하는 자들은 유한한 생명체, 곧 위태로운 몸을 가지고 있으면서 생사의 바다에 빠져있는 것이다. 부처님이 설법하신 까닭은 이렇게 생사의 고통(生死苦)에서 헤어나지 못하는 중생들이 더 이상 나지도 사라지지도 않고(不生不滅), 가지도 오지도 않고(不去不來), 같지도 다르지도 않으며(不一不異), 끊어지지도 영원하지도 않은(不斷不常) 진리의 세계에 머물기를 진심으로 바라기 때문이다.

유상(有相)에 집착하는 자는 유대(有待)의 위태로운 몸을 가지고 있으면서 무한한 법상(法相)을 따라 재촉하기를 마지않고 허명만을 따라 길이 생사의 바다로 흘러들어가고 있으며, 공무(空無)에 막힌 자는 알지도 못하는 캄캄한 뜻만 믿고 지혜를 낳게 하는 교문(敎門)을 등지며 흐려지고 취하여서 깨닫지 못하고서 머리만 끄덕일 뿐 배우지 아니한다. 이렇기 때문에 여래께서 무연(無緣)의 대비(大悲)로 저 이류(二類, 有와 無에 집착하는 자들)로 하여금 불도(佛道)에 들어가게 하기 위하여 이 두 권의 영락법문(瓔珞法門)(『영락본업경』을 뜻함)을 설하신 것이다. 이는 생사고(生死苦)에 길게 떠도는 자로 하여금 멈추게 하여 팔불(八不: 不生 · 不滅 · 不去 · 不來 · 不一 · 不異 · 不斷 · 不常한 모든 법의 眞相을 뜻함. 원효전서국역간행회 역(3), p.419 참조)

> **의 탄탄한 길에 노닐게 하고, '일곱 가지 자만의 높은 마음(七慢高心)'을 꺾게 하며 혼취(惛醉)한 자가 깨달아서 육입(六入)의 밝은 문을 세우고 '다섯 가지 번뇌(五住)'의 암진(闇陣)을 조복(調伏)받게 하려는 것이다.**(원효전서국역간행회 역(3), pp.417-419)

그렇지만 어리석은 중생에게는 '일곱 가지 자만심'을 버리고, '다섯 개의 번뇌'도 버리고 여덟 개의 아님(八不)을 깨달아 생사의 고뇌로부터 벗어나는 일이 결코 쉬울 수가 없다. 그것을 깨기만 하며, 곧 깨우치기만 하면, 생사와 열반을 뛰어넘는 참된 자유를 얻게 되겠지만, "근원에 돌아가는 대각(大覺)은 공을 쌓은 뒤에야 비로소 얻는 것이니, 생사의 흐름을 따르는 긴 꿈을 단번에 깰 수는 없는 것이다."(원효전서국역간행회 역(1), p.546)

> **본원(本源)으로 돌아가기 위해 크게 깨닫고자 한다면 많은 공덕을 쌓아야 한다. 그것은 장구한 세월동안 중생의 큰 꿈속에서 생사를 따라 유전하였기 때문에 쉽게 돌아가기란 그리 쉬운 일이 아니다.**(원효전서국역간행회 역(6), pp.68-69)

그러므로 어리석은 중생이 이런 깨달음을 얻도록 하기 위해서는 '보살의 마음과 행동'이 필요하다. 왜냐하면 "보살계라는 것은 생사에 유전(流轉)하는 죄업을 돌리어서 생사가 없는 절대의 심원(深遠)에 돌아가게 하는 '큰 연줄의 나루터'가 되며, 또 삿된 것을 없애고 바른 것으로 나아가게 하는 '필수적인 문'이 되는 것"(원효전서국역간행회 역(4), pp.455-456)이기 때문이다.

삶과 죽음, 곧 생사에 차별이 없음을 깨닫고, 생사의 속박으로부터 벗어나고, 생사와 열반의 구분으로부터 벗어난 참된 자유를 모든 중생이 다 얻기를 바라는 것이 부처님의 염원이요, 보살들의 염원이며, 조사들의 염원이고, 또한 원효의 염원이다. 원효에게 있어서도 중생, 곧 인간을 포함한 모든 살아있는 것들에 대한 자비(慈悲)의 마음, 사랑은 한도 끝도 없다. 원효는 '일도출생사(一道出生死)'의 참된 자유의 의미를 어리석고 불쌍한 중생들이 쉽게 깨닫기를 바라는 염원에서 자유의 춤과 노래, 즉 무애무(無碍舞)와 무애가(無碍歌)를 추고 노래하며 다녔던 것이다.(김상현(1994), pp.134-135 참조)

> 미륵보살은 원근(遠近)을 헤아릴 수 없고, 심천(深淺)도 헤아릴 수 없다. 시작도 없고 끝도 없으며, 심(心)도 아니고 색(色)도 아니다. 천지도 그 공을 얹을 수 없고, 우주도 그 덕을 가늠하여 받아드릴 수 없다. (…) 그 시작을 말한다면 자정(慈定)으로부터 비쳐지는 성한 광명을 느끼어 널리 중생을 제도할 도심을 발하고, (…) 사등(四等: 慈悲喜捨를 의미함. 원효전서국역간행회 역, p.142 참조)의 정(情)으로 사생(四生: 胎卵濕化의 네 가지 生 또는 일체 중생을 뜻함. 원효전서국역간행회 역, p.142 참조)을 골고루 흠뻑 젖게 하며, 과거 · 현재 · 미래를 아는 삼명(三明)의 지혜로 욕계 · 색계 · 무색계의 삼계(三界)를 밝게 인도하는 것이다. 그리고 그 끝을 논한다면, '진리의 구름(法雲)' 속에서 고해를 건너고 번뇌의 '긴 꿈(長夢)'에서 등각(等覺), 곧 모두 다 평등한 부처님의 깨달음을 발하여 이장(二障)으로 겹겹이 싸인 어둠을 물리치고 사지(四智)의 명경(明鏡)을 비추며 육통(六通)의 보차(寶車)를 타고 '전 세계(八極)'의 광야에 놀아 '천 가지 만 가지의 다른 모습(千應萬化)'의 술로써 백억(百億)의 지역에서 중생제도의 일에 오로지 할 뿐이다. (원효전서국역간행회 역, pp.138-143)

미륵보살은 중생을 제도할 도심을 발하고 '자애롭고 불쌍하게 여기며 항상 기뻐하고 집착함이 없는 네 가지 마음', 곧 사등(四等)의 정으로 '모든 종류의 생명체들', 곧 사생(四生)을 골고루 흠뻑 젖게 하고자 이 세상 모든 곳에서 중생제도의 일에 오로지 할 뿐이라고 한다. 그리고 살아있는 모든 것들에 대해 그 어떤 차별도 두지 않는다. 오직 고통의 바다와 번뇌의 긴 꿈을 벗어나 모든 생명체들이 참된 진리 안에 두루 다 해탈하기를 바라고 이를 위해 자기를 희생하며 온갖 노력을 다 기울이는 것이 미륵보살이다. 그리고 우리 자신도 보살의 중생제도(衆生濟度)의 모범을 본받음으로써 스스로 보살이 될 수 있다.

> 미륵보살(彌勒菩薩)이란 우리나라의 말뜻으로는 자비각사(慈氏覺士: 자비하신 깨달은 이)이다. (…) 도솔타(兜率陀)라고 하는 것은 번역하면 지족(知足)이라고 이르는 것이니 욕계(欲界)의 육천(六天: 四王天 · 忉利天 · 夜摩天 · 兜率天 · 和樂天 · 他化自在天. 원효전서국역간행회 역, p.147 참조) 가운데 이는 '네 번째(第四天)'가 된다. 아래의 셋은 욕정이 무거워 가라앉게 되고, 위의 둘은 '들뜨고 방일(浮逸)'하는 마음이 많다. 이 사천(四天)은 욕심이 가볍고 방일하는 마음이 적어서 가라앉지도 않고 들뜨지도 않으며, 티끌에 섞이지도 않기 때문에 지족이라고 이름 지은 것이다. 모든 용구(用具)를 받아쓸 때, 영작(營作)을 기다리지 않고 생각에 따라 자연히 되므로 이름을 천(天)이라 한 것이요, 보살은 인간에서부터 승천(昇天)하기 때문에 상생(上生)이라고 이른다. (…) 만약 어떤 사람이 이 경을 받아가지고 피천(彼天)을 관(觀)하면 (…) 죽음이 있는 범진(凡塵) 세계를 여윌 것이다.(원효전서국역간행회 역, pp.145-146)

자신의 욕심에 짓눌리지도 않고 분분히 마음을 사방에 흩어버리는 들 뜬 마음도 아닌 상태, 곧 이 지족(知足)이라는 것은 '족함을 안다'는 것이니 다른 말로 하면 유교의 선비들이 그렇게 추구해 마지않았던 자족(自足)과 닮은 것이다. 또한 사랑을 베푸는 것과 베푼 사랑에 의한 중생의 깨달음이 자연스레 이루어진다는 것은 마치 '큰 바위 얼굴을 닮은 사람을 기다리던 사람 스스로가 큰 바위 얼굴이 되는 것'과 같은 것이다. 그리고 바로 이 '닮아감'이 바로 '상생(相生)'이며, 이 '더불어 사는 삶', '함께하는 삶', '서로의 생명을 존중하는 삶'을 가르치는 『미륵상생경』이 생겨난 이유이다.

> 이 경은 올바로 '보고 행함(觀行)'의 인과(因果)로써 종(宗)으로 삼고, 사람으로 하여금 '하늘에 나서 길이 퇴전(退轉)함이 없게 하는 것(令人生天 永無退轉)'으로 의치(意致)를 삼는다. (…) '이루어짐(果)'에는 대략 네 가지가 있다. 첫째는 싹과 줄기가 땅을 여의는 과(果)요, 둘째는 꽃과 잎이 서늘한 그늘이 되는 과요, 셋째는 묘한 꽃이 활짝 피는 과요, 넷째는 향기로운 열매가 성취되는 과다.(원효전서국역간행회 역, p.147, pp.149-150)

그런데 여기서 우리의 관심을 끄는 것은 원효가 여기에서 참된 깨달음을 얻어 윤회의 겁을 벗고 하늘에 태어나는 과정을 식물이 생장하는 모습으로 그리고 있다는 점이다. 이는 마치 베르그송이 생명이 물질의 저항을 이겨내고 그 진화를 완성해내는 과정을 설명하고 있는 것과 같아 보인다. 더구나 원효가 말하는 승천(昇天)과 생천(生天)은 베르그송의 철학에서 말하는 '생명의 약동' 및 '사랑의 비약'과 매우 닮아 있다. 어쨌든 원효에게 있어 보살은 중생을 제도하기 위하여 온갖 노력을 기울여 자신을 희생하는 존재이며, 모든 생명체를 다 귀하고 동등하게 여기며 아낌없이 자비, 곧 사랑을 베푸는 존재이다.(同體大悲) (김형효, pp.645-646, 참조)

나) 베르그송: 생명과 창조, 생명의 도약

베르그송의 철학에 대한 이해 없이 '창조적 진화론'이라는 말을 접할 때 그 자체에 모순을 담고 있는 것으로 생각된다. 왜냐하면 생물이 미생물에서 점점 고등생물로 진화되어 왔다고 주장하는 진화론자들에게 있어서 창조란 의미는 인간의 지성과 과학이 덜 발달된 상태에서 우주의 기원을 설명하기 위한 하나의 방편으로서 제시된 것에 불과한 것이며, 반대로 절대자의 우주창조를 믿는 이들에게는 진화란 의미는 창조주에 의해서 모든 피조물이 창조되었다는 것을 거부하는 것이기에 다른 피조물에 대한 인간의 우월성을 인정하지 않는다는 것을 의미하기 때문이다. 그러나 베르그송은 생명(삶)의 철학의 입장에서 보면 창조와 진화의 두 단어가 서로 모순되는 것이 아니다.

즉, 베르그송에 의하면 생명의 약동(비약, élan vital) 그 자체가 창조의 요구(exigence de création)를 의미하며 '세계의 창조는 자유행위'이고 '생명은 물질세계 내부에서 그러한 자유의 성격을 가지고 있다.'("La creation d'un monde est un achte libre. (…) La vie, a l'interieur du monde materiel, partipe de cette liberté." Bergson, p.705) 따라서 이 우주는 이미 완성된 것이 아니라 끊임없이 완성되어 가는 것, 즉 새로운 세계의 참가에 의해서 끊임없이 성장해 가는 것이다. 왜냐하면 무엇보다도 우주 안에서 새로운 발명이나 창조가 없다면 시간은 무용지물이 되고 말 것이기 때문이다. 즉, "시간은 발명이거나 아무것도 아니어야 한다.(Le temps est invention ou il n'est rien du tout.)"(Bergson, p.784) 그런데 우리가 잘 알고 있다시피 지속으로서의 시간은 끊임없이 흐르고 있다. 따라서 세계는 끊임없이 변화하고 있는 것이며, 그렇기 때문에 세계는 끊임없는 창조이다. 그리고 이런 의미에서 본다면 신(神)은 하나의 실체가 아니다. 하나의 끊임없는 분출과정으로 밖에는 이해될 수 없는 존재이다. 세계가 끊임없이 그로부터 불꽃처럼 분출되는 그 중심이다. 미리 완성된 것이라고는 하나도 없는 끊임없는 생명 그 자체요, 활동이며 자유다.("je parle d'un centre d'òu les monde jailliraient comme les fusées d'un immense bouquet, - pourvu toutfois pour une continuite de jaillissement. Dieu,ainsi defini, n'a rien de tout fait; il estvie incessante, action, liberté." Bergson, p.706)

그러므로 베르그송이 말하는 창조란 우주적인 차원에서나 인간의 차원에서나 간에 끊임없이 완성되어 가는 생명의 자유로운 행위를 의미한다고 요약할 수 있다. 그리고 바로 이 점에서 창조와 진화의 연결점을 찾을 수 있게 된다. 즉, 생명이 전체적으로 볼 때 '진화(évolution)' 라고 하는 것은 의심할 여지가 없는 바, 환원하면 하나의 끊임없는 변형(transformation incessante)인 것이다.(Bergson, p.691) 즉, 생명이란 예견 불능의 미래를 자유로운 행위에 의해서 끊임없이 창조하는 생성, 변화, 성숙으로서의 지속이며, 진화란 결국 생명의 약동이 물질의 저항을 이겨내는 변형의 작업이기에 결국 창조를 의미하기에, 창조와 진화는 결국 생명의 약동(비약, élan vital))이라는 힘의 두 가지 다른 표현인 셈이다. 다시 말해, 진화란 자유로운 행위에 의한 예측 불가능한 방향에로의 부단한 창조이며 이를 우리는 생명의 약동(비약)이라고 부르는 것이다. 그러므로 생명의 약동이야말로 새로운 종을 창조하는 진화의 원인이다.(Bergson, p.569)

베르그송에 의하면, 최초의 유기체의 생명형태가 식물형태와 동물형태 사이를 넘나들면서 이 양자의 특징을 동시에 지니고 있었던 것은 의심할 여지가 없다. 서로 얽혀있던 경향들 가운데에서 식물은 고착성과 무의식성을 지니게 되었고 동물은 운동성과 의식을 갖게 된 것이다. 그리고 동물이 차츰 자유롭게 불연속적으로 에너지를 소비하는 방향으로 진화해 왔다고 한다면, 식물은 오히려 제자리에서 에너지를 축적하는 체계를 갖추어 온 것이다.

그러므로 서로 상반되는 두 개의 경향이 애초부터 엄격히 구분되어 있었던 것이 아니라, 서로에게 상대적으로 구분되는 경향을 극한으로까지 발전시키고 분산화한 결과일 뿐이다. 식물적인 고착성, 본능, 지성의 세 가지가 동식물이 공통으로 지녔던 생명충동의 요소이다. 다만 식물은 자유로운 행위를 지향하는 생명의 약동이 필요로 하는 것을 충족시키지 못했기 때문에, 생명의 근본적인 방향을 제시해주는 것은 동물의 진화이다. 즉 생명의 충동 그 자체가 운동을 향하고 있고 예기치 못한 방향으로의 급격한 에너지 방출에 있기 때문에 동물이 식물보다 더 생명의 근본적인 본질에 가깝다는 것이다.

그리고 동물계의 진화는 두개의 상반된 방향으로 진행되는데, 그것은 본능과 지성이다. 이 두 경향을 각기 그 정상에까지 밀고 간 것이 절족동물인 곤충류와, 척추동물인 인류이다. 즉 곤충류, 그 중 특히 벌목, 곧 막시류(膜翅類)는 본능이 가장 발달한 경우이며, 인류는 지성이 가장 발달한 경우이다. 그래서 "의식은 인간의 경우 무엇보다도 우선 지성인 것이다.(La conscience, chez l'homme, est surtout intelligence.)" (Bergson, p.721) 다만 이 지성은 생명 그 자체를 파악할 수 없다는 크나큰 결점을 갖는다. 그래서 베르그송은 이렇게 말한다. "의식은 직관일 수 있었고 또한 분명히 직관이어야 했던 것 같다. 직관과 지성은 의식적 작업의 상반된 두 개의 방향을 나타낸다. 즉 직관은 바로 생명의 방향으로 향하고 지성은 물질의 운동과 일치하고 있는 것이다. 그렇지만 이런 인류의 직관능력은 거의 완전히 지성에 의해서 희생당하고 있다.(Elle aurait pu, elle aurait du, semble-t-il, être aussi intuition (…) dans l'humanité don't nous faisons portie, l'intuition est à peu près complétement sacrifieé à l'intelligence.)"(Bergson, p.721)

그러나 인간사회가 지성적인 것에 의해서 자신의 본질을 잃는 종막을 향해서 가는 것만은 아니다. "우리가 자신의 존재를 자신의 의지 속으로 끌어들이고, 그 의지를 연장시키는 충동 속에 둘 때, 사상은 끊임없는 증대이며 한없이 계속되는 창조라는 것을 알게 되고 느끼게 된다." 즉, 창조란 어떤 '신비(mystère)'가 아니라 우리가 자유롭게 행동하기를 시작하면서 우리 자신 속에 '체험(expérimentaion)'하는 것이다.(Bergson, p.706) 따라서 인간에게 있어 '창조는 정신의 단순한 행위(Cette création est un acte simple de l'esprit.)'(Bergson, p.698)이며, '우리는 끊임없이 자신을 창조(Nous créons continuellement nous-mêmes.)' (Bergson, p.500)해가고 있는 자유로운 존재인 것이다. 그러므로 변화는 성숙이며 성숙은 곧 자기 자신을 창조하는 것이며 우리의 인격은 이 과정을 통하여 점차로 완성되어 가는 것이다. 그리고 발명, 즉 창조를 내포하고 있는 인간의 업적, 자유를 내포하고 있는 의지행위, 자발성을 나타내는 유기체의 운동은 새로운 무엇을 세계에 가져다준다.(Bergson, p.698)

한 예로써, 예술가를 생각해 볼 때 그 예술가의 작업의 지속은 작업의 완전한 부분을 이루고 있다는 것이다. 창조의 시간은 창조 그 자체와 하나가 된다. 따라서 형상을 자기 영혼 속에서 끌어내어 창조하는 예술가에게 있어서 시간은 부속물이 아니다. 마치 시작(詩作)이 결코 단순한 음소와 단어의 조립이 아닌 것처럼, 우리는 자기 생명력의 용수철을 가능한 한 팽창시켜 자유로운 결단을 통해 소재의 단순한 조립으로는 만들어 낼 수 없는 것을 창조한다는 것이다.(Bergson, p.340) 그러므로 우리에게 있어 창조와 자유는 동의어이다.(Bergson, p.718. "le conscience est synonyme d'invention et de liberté.") 따라서 인간사회는 인간의 이러한 창조적 행위를 돕고 권장하는 방향으로 나아가야 한다. 사회자체의 보존을 위해 자유가 제한되고 강제와 억압이 주어지는 닫힌 사회(closed society)여서는 안 된다.

하지만 우리 인간의 사회가 모두 다 이상적인 열린사회(open society)인 것은 아니다. 그리고 우리는 자기 자신에게처럼 사회에도 속해있다. 그러므로 우리는 무인도에 가더라도 자신의 사회적 자아(social-ego)를 가지고 갈 수밖에 없는 것이다.(Bergson, pp.985-986. 강영계 역, pp.14-15 참조) 그리고 이런 사회적 자아는 우리로 하여금 복종(obligation)과 의무를 우선으로 하는 닫힌도덕(closed moral)의 세계에서 살도록 하는데, 이것은 지성보다도 더 낮은(infra-intellect) 본능의 영역에 속하는 것이다. 따라서 지성보다도 더 높은 차원에 있으며, 생명과 삶 자체의 창조적인 원천과 관련지어진 직관과 지속의 세계와는 매우 거리가 있다.

이와는 달리, 강요(obligation)가 아니라 열망(aspiration)의 윤리가 이끌어가는 열린도덕(open moral)은 이상적인 인간상, 이상적인 열린사회와 연관된다. 사회의 강제적인 의무에 복종하는 것에 멈추지 않고, 생명과 삶 자체의 창조적인 원천과의 관계를 통하여 인간사회를 더 높은 차원으로 끌어올리는 것이다. 이것은 지성을 초월하는 신비적인 힘의 단계이며, 우리가 정감(emotion)이라고 부르는 이 신비한 생명의 힘은 우리의 삶을 '창조적인 움직임(mouvement crêatrice)'이 되도록 한다.

사실 모든 생명은 진화하도록 창조되었으며, 자기 생명의 도약을 위해 물질의 저항을 이겨내려고 노력한다. 그러므로 자유와 창조는 모든 생명체의 공동의 목표이다.(Bergson, pp.1055-1056. 강영계 역, pp.98-99 참조) 그렇지만 특히 인간은 현재 그 진화의 맨 끝에 서 있으며, 정신적으로 스스로를 더욱 고양(高揚)시키는 '사랑의 비약'을 이룰 수 있고, 이루어야 하는 존재이다.(Bergson, p.1059-1060. 강영계 역, pp.103-104 참조) 따라서 열린도덕(open moral)의 열린사회에서는 '참된 영웅들'과 '성인(聖人)들'이 우리를 '인격적으로 부르고(l'apell d'une personalité)' 있으며, 우리는 그것에 '응답(le rèsponce)' 하려는 과정에서 '사랑의 비약(élan d'amour)'을 이루게 된다.(Bergson, pp.1003-1005. 강영계 역, pp.34-36 참조) 이는 마치 큰 바위 얼굴을 기다리던 사람이 스스로 큰 바위 얼굴을 닮게 되는 것과 같다. 인간의 의식을 포함한 생명과 그 지속 자체가 곧 자유이기에 영웅들과 성인들의 부름에 응답하는 것은 우주의 질서 그 자체이며 가장 자연스럽고 자유로운 행위인 것이며, 이러한 사랑에 의해 변화해가는 것이 진화의 가장 끝에 서있는 인간이라는 생물종, 곧 인간사회의 올바른 진화방향인 것이다.

그렇지만 "자유는 그 활동에 있어 어떤 새로운 습관을 만드는 바, 자신의 부단한 노력 없이는 그 습관은 우리의 자유를 질식시켜버리고 만다.(Notre Liberté…crée les habitudes naissantes qui l'étourferont si elle ne se renouvelle par un effort costant."(Bergson, p.605) 따라서 우리는 부단한

자기극복과 창조를 통해서만 참된 자유를 획득할 수 있다. "자유롭게 행동한다는 것이야말로 자기를 되찾는 것이며 순수지속 가운데 자신을 다시 두는 것(Agir librement, c'est rependre possession de soi, c'est ce replacer dans la pure durée.)"(Bergson, p.151)이기 때문이다.

그리고 이것은 신비에 바탕을 두는 역동적인 종교에 있어서도 마찬가지이다. 그것이 위대한 신비인 것은 한 개별자, 곧 인간이 물질적인 본질로 종(種)에게 주어진 한계를 초월하기 때문이다. 이것은 또한 신성(神性)과의 의사소통이며, '신과의 신비적인 일치(mystical union with God)'이며 이를 통한 인간 삶의 초월을 의미한다. 여기에서 베르그송의 철학과 그리스도교라는 종교가 만난다. 즉, 베르그송은 불꽃처럼 분출하는 우주의 창조적 에너지 곧 생명의 힘으로서의 신(神)은 이 단계에 이르면 사랑이라고 정의되어야 하며, '신비주의적 직관(l'intuition mystique)의 철학자의 입장에서 보면 신의 본질(l'essence même de Dieu)은 숭고한 사랑(sublime amour)'(Bergson, p.1190. 강영계 역, p.262조)인 것이다. 결국 인간의 변화와 창조와 초월은 결국 이 종교적인 사랑의 비약을 통해서 이루어진다는 것이 베르그송의 견해이다.

4. 결 론

원효와 베르그송은 사용하는 술어(termenology)도 매우 다르고 출발점도 다르고 과정도 서로 매우 다르다. 뿐만 아니라, 시대도 다르며 종교적 문화적 전통도 서로 매우 이질적이다. 하지만 그들이 우리에게 전하고자 하는 주장을 살펴보면 그들이 도달하고자 하는, 또는 도달한 것으로 보이는 종착점은 서로 다르지 않다고 조심스럽게 말할 수 있다.

원효가 말하고 있는 바는, 1) 생사열반이 서로 같지는 않지만 그렇다고 다른 것도 아니며, 2) 모든 생명이 소중하고 평등하다는 것이며(等覺, 平等性智), 2) 많은 공적을 쌓아야 땅을 떠나 잎과 꽃과 열매를 얻는 성과를 얻을 수 있는 것이니, 4) 자신의 생명을 더 높은 차원으로 고양하고 승화시키기 위해 서두르고 부단히 노력해야 하며(頗行朝哉, 莫速急乎), 5) 이를 통하여 생사, 생사열반에 차별이 없음을 깨달아, 생사의 속박으로부터 벗어나서 열반에 이르는 참된 자유를 얻게 된다는 것, 6) 중생이 거기에 도달할 수 있도록 무장무애의 한 사랑을 베푸는 자는 부처, 미륵보살과 같은 자비각사라는 것, 7) 그들은 사랑의 화신이며, 그들의 진리에 대한 사랑은 동시에 인간을 포함한 모든 생명에 대한 사랑과 다름이 아니라는 것이다(同體大悲, 同體智力, 無緣大悲, 無上菩提).

한편, 베르그송 생철학에서 말하는 생명의 특징은 다음과 같이 요약해볼 수 있다. 즉, 1) 생명은 부단한 흐름이며 지속이라는 것, 2) 우주적 진화의 차원에서 볼 때 모든 생명은 다 동등한 자격을 갖는다는 것, 3) 생명의 본질은 물질의 저항을 이겨내고 그 힘을 창조적으로 발산하는 약동이라는 것, 4) 생명의 차원에서 보면 창조와 진화, 창조와 자유는 같은 의미라는 것(김진성, p.44 참조), 5) 인간의 삶에서의 가장 아름다운 생명의 발산은 사랑의 비약이라는 것이며, 7) 이를 실천하는 자를 참된 영웅과 성인이라 부를 수 있다는 것이다.

그러므로 우리는 이렇게 말할 수 있다. 원효와 베르그송의 생명에 대한 이해는 시간과 공간을 뛰어넘어, 1) 생명의 소중하고 평등하다는 것, 2) 찰나에 불과할 만큼 유한한 삶을 사는 것이 우리 유한자의 삶이지만, 3) 부단히 노력함으로써 자신의 한계를 뛰어넘으려는 것이 모든 생명체의 공통된 이상이며, 4) 특히 인간존재는 이 한계를 뛰어넘을 수 있는 존재이고, 5) 또 뛰어넘어야 하는 존재이며, 6) 그것이 깨달음이 되었든 직관이 되었든 인간만이 지닌 독특한 능력을 통해 그 깨달음의 경지에 이르렀을 때, 인간은 참된 자유를 획득하게 되는 것이며, 8) 자유로운 삶은 동시에 창조적 삶을 의미하며, 9) 보살이라 불리든, 성인이나 영웅이 되었든, 신성을 가지고 있든, 다만 인간일 뿐이든, 불쌍하고 어리석은 중생이 참된 진리를 깨달아 참된 자유를 얻기를 바라는 존재는 사랑 또는 자비의 마음으로 모범을 보인다는 것이며, 10) 이를 쫓음으로서 인간은 더 높은 차원으로 고양된다는 것이다.

원효는 자유의 춤과 노래, 즉 무애무(無碍舞)와 무애가(無碍歌)를 추고 노래하며 중생들을 교화하고자 하였다.(김상현(1994), pp.134-135) 베르그송은 부름과 응답을 통한 사랑의 비약을 말하고 있다. 그런데 중생을 무한히 사랑하여 그들을 구제하고자 부단히 노력하며 삼보에 귀의하는 구도자의 모습은 베르그송이 말하는 부름과 응답을 통하여 사랑의 비약을 이루도록 돕는 참된 영웅들 및 성인들의 모습과 너무나 닮아 있다.

베르그송의 철학은 '생명'의 의미에 대한 이해를 통해 진화와 창조의 문제에 대한 해결점을 찾음으로써 결국은 그리스도교와의 일치점을 찾는다. 즉, 베르그송의 끊임없이 용솟음치는 생명의 근원으로서의 신, 부름과 응답 및 이를 통한 사랑의 비약의 궁극적 귀착점으로서의 신, 곧 사랑의 약동 그 자체로서의 신을 상정하고 인정하는 것이다. 한편 원효는 '등각(等覺)'과 '무상보리(無上菩提)를 말하며 생사열반이 서로 다르지 않다고 가르칠 뿐 신, 또는 초월자를 내세우지는 않는다. 하지만 그들이 말하는 사랑 곧 자비를 통한 승화(昇華) 또는 초월(Transzendenz)은 서로 매우 닮아 있다. 물론 '신성과의 신비스런 일치'가 '등각(等覺)'과 결코 같을 수는 없다. 하지만 원효와 베르그송이 모두 '생명(체)'에 대한 자비 곧 사랑을 가르침의 핵심으로 제시하고 있다는 점에서 우리는 원효와 베르그송 철학의 일치점 및 불교와 그리스도교 가르침의 동일함과 동등함을 발견하는 것이다.

결국, '생명'의 문제에 대해서 원효와 베르그송이 공통적으로 제시하고 있는 것을 '해석학적'인 의미에서 표현한다면, 1) 모든 생명의 동등함, 2) 한계를 뛰어넘는 창조적 삶에 대한 긍정, 곧, 생명과 자유가 될 것이며. 3) 모든 살아있는 것에 대한 사랑, 곧 생명과 사랑이다. 두 위대한 철학자들은 우리로 하여금 치열하게 물질의 저항을 이겨내고 자신의 삶(생명)을 더 높은 차원으로 고양하고 승화시키기 위해 노력하도록 충고하고 있는 것이다.

참고문헌

강영계 역, Bergson 저, 『도덕과 종교의 두 원천』, 서울: 탐구당, 1985.

김상현, 『신라화엄사상사연구』, 서울: 민족사, 1991.

김상현, 『역사로 읽는 원효』, 서울: 고려원, 1994.

김지견 편, 『원효성사의 철학세계』, 서울: 민족사, 1989.

김진성, 『베르그송연구』, 서울: 문학과지성사, 1985.

이민수 역, 일연, 『삼국유사』, 서울: 을유문화사, 1984.

원효전서국역간행회 역(1), 원효, 『국역 원효성사전서』(권1), 서울: 보련각, 1987.

원효전서국역간행회 역(2), 원효, 『국역 원효성사전서』(권2), 서울: 보련각, 1987.

원효전서국역간행회 역(3), 원효, 『국역 원효성사전서』(권3), 서울: 보련각, 1987.

원효전서국역간행회 역(4), 원효, 『국역 원효성사전서』(권4), 서울: 보련각, 1987.

원효전서국역간행회 역(6), 원효, 『국역 원효성사전서』(권6), 서울: 보련각, 1987.

이기영 역, 원효 외, 『한국의 불교사상, 서울: 삼성출판사, 1976.

김형효, 「원효사상의 현대적 의미와 한국사상사에서의 위치」, 김지견 편,

『원효성사의 철학세계』.

윤종갑, 「한국고대불교와 생명윤리」, 동아대학교 석당전통문화연구원 편, 『한국문화와 생명윤리』, 국제학술회의 논문집, 2004.

이기영 역, 의상, 『화엄일승법계도』, 『한국의 불교사상』, 삼성출판사, 서울: 1976.

정순일, 「大乘六情懺悔考」, 김지견 편, 『원효성사의 철학세계』.

Bergson, H., *Henri Bergson Ouevres* (H.B.O.), Presses Universitaires de France, Paris, 1970.

Bergson, H., *Deux Sources de la Moral et Religion* (1932, M.R.) in H.B.O., pp.980-1250.

Bergson, H., *L'Évolution Crêatrice* (1911, E.C.) in H.B.O., pp.485-809.

Dilthey, W., *Der Aufbau der geschichtlichen Welt in den Geisteswissenschaften*, Suhrkamp Verlag, Frakfurt am Main, 1981.

Gasset, Ortega Y., *The Revolt of Masses* (1930), Norton Paperback, New York, 1993.

Platon, *Apologie-Kriton-Phadon*, Patmos Verlag, Düsseldorf/Zürich, 2004.

Riedel, Manfred, "Einleitung in Wilhelm Dilthey" in *Der Aufbau der geschichtlichen Welt in den Geisteswissenschaften*, Suhrkamp Verlag, Frakfurt am Main, 1981.

유교의 생명관에 대한 현대적 이해

김 기 현

전남대학교 교수

목 차

1. 들어가는 말

연인 관계의 청춘 남녀가 동반 자살하는 경우가 있다. 이른바 '이루어질 수 없는 사랑'의 현실에서 어찌하지 못하고 연인이 함께 생을 마감하는 사례들이다. 대개 집안에서 결혼을 반대하여 이런 극단의 선택을 하는 경우들이다. 어느 시대에나 어느 사회에서나 이런 이유로 청춘 남녀가 함께 생명을 포기하는 일은 일어난다. 또한 불량인들이 이른바 '의리를 위하여' 스스로 생명을 포기하는 사례 역시 예나 오늘에나 있는 일이다. 공자(孔子. 기원전 551-479)는 이런 부류의 이유로 스스로 생명을 단념하는 사례들에 대하여 "작은 신의를 위하여(爲諒)" 자살하는 경우로 규정하고서 "알아주지 않는(莫之知)" 죽음이라고 평가한다.(『논어』「憲問」제18장) '의미 없는 죽음'이라는 것이다. 그렇다면, 공자는 '의미 있는 죽음'이라면 자살을 해도 된다는 입장일까?

'자살'로 한정할 필요는 없겠으나, 단 하나뿐인 '나'의 생명일지라도 가치 있는 일을 위해서라면 단념할 수 있다는 것이 공자(孔子)의 입장이고 유교(儒教)의 입장이다. 중등학교(中等學校)까지의 교육과정에서 누구나 배운 바 있는 '살신성인'(殺身成仁. 신체의 생명을 단념하고서 [도덕생명인] 仁을 이룬다)은 바로 공자의 말씀이다.(『논어』「衛靈公」제8장) '생명' 하면 우리는 보통 신체의 생명을 생각하게 되지만, 유교는 그 목숨보다 더 가치 있는 것을 인정하고 있는 것이다.

이 글에서 우리는 전통 유교의 생명관이 갖는 특색 중 세 가지를 현대의 관점에서 조명해 보고자 한다. 개체생명과 온생명과의 관계, 생생지덕 및 음양 감응과 관련한 특색, 개체생명과 보생명과의 관계 문제 등이 그것이다.

2. 문화적 접근과 철학적 접근

한국 · 중국 · 일본 등의 한자문화권(漢字文化圈) 사람들, 즉 동아시아인들은 자신이 죽으면 '그것으로 나의 생명이 끝난다'고 생각하지 않는다. 육신의 생명이 다한 후에도 자신의 생명은 자손(子孫)에 의해 계속 이어진다고 믿는다.

이것을 구체적으로 말하면 다음과 같이 된다: 동아시아인은 부모님의 생명이 운명(殞命)과 함께 종료된다고 생각하지 않는다. 돌아가셨지만 혼령은 자신이 사는 곳에서 멀지 않은 어딘가에 계신다고 믿는다.(이근우 역, pp.21-22; 이영춘, pp.73-75 참조) 마찬가지 원리로, 장차 내가 죽었을 때 나의 생명 역시 동사무소에 사망 신고됨으로써 소멸되는 것은 결코 아니고, 자손에 의해 내 영혼의 생명은 계속된다고 믿는다. 이것을 유교(儒教)만의 생명관으로 간주한다면 이는 실제와는 거리가 있는 판단이다. 삶과 죽음을 '존재'와 '소멸'로 간주하지 않고 유(幽)와 명(明)의 교체로 간주하는 이 영생(永生)의 생명관은 유교만의 것이 아니라 동아시아의 한자문화권 사람들에게 공통된 생명관이다.

지난 2천여 년 간 동아시아의 종교 역사를 이끌어온 주류(主流) 종교는 모두 동아시아인이 공유(共有)하는 이 종류의 생사관(生死觀)을 대전제(大前提)로 한다. 그 주류 종교를 유교와 불교로 말하든 유교와 불교와 도교로 말하든 이 동아시아문화 공통의 생사관을 전제로 하는 점에서는 종교들 간에 차이가 없다.

동아시아 문화가 시작된 이래 지금까지 계속되고 있고 또 앞으로도 지속될 이 생명관을 어느 한 개인이 확실하게 스스로 체험하고 자연스럽게 종교적 실천에로 이어지는 계기가 되는 사건은 부모의 죽음이다. 여기서 말하는 '종교적 실천'이란 구체적으로 제사를 가리킨다. 유교가 갖는 종교적인 특성, 즉 종교성을 담고 있는 것은 예(禮)이다. 예 가운데서도 종교로서의 유교의 특색을 쉽게 확인시켜주는 것은 제례(祭禮)이다.(蔡仁厚, p.15)

눈앞에서 말씀도 하시고 이런 일 저런 일로 '나'와 연계되어 있는 부모님이지만, 일단 절명(絕命)하여 숨이 멈췄다면 생명은 그것으로 끝이 아닌가! '결코 아니다'는 것이 동아시아인의 생명관이다. 부모님의 시신이 시간의 흐름과 함께 탈골과 부화 과정 끝에 한 줌의 흙으로 돌아갈 것임을 잘 안다. 하지만 한국 · 중국 · 일본의 동아시아인들은 부모님의 혼령은 결코 사라지지 않는다고 믿는다. 자손이 부른다면 부모님의 혼령은 언제라도 자손이 사는 곳으로 오실 수 있다. 소상(小祥. 만 13개월째의 날), 대상(大祥. 만 25개월째의 날을 가리키고, 이 大祥까지를

'3년상'이라 부른다)을 거쳐 1년에 한 번씩 초혼(招魂)하여 대접을 해드리는 종교 행사가 바로 제사이다.

일본의 가지 노부유키(加地伸行) 교수는 매우 흥미로운 서술을 한다. 일본 사람들에게 만일 '당신은 사람이 죽은 후에 영혼이 있다고 생각합니까?'라고 물으면 대부분이 답변을 망설일 것이지만, 만일 '당신은 돌아가신 당신 아버지와 어머니의 영혼이 있다고 믿습니까?'라고 묻는다면 대부분은 '있다'고 대답할 것이라고 한다.(이근우 역, pp.21-22 참조) 실은 일본인뿐만 아니라 한국인과 중국인에게 질문해도 결과는 다를 게 없다.

제사는 유교만이 갖는 유교 특유의 종교적 요소가 아니다. 제사는 돌아가신 부모님의 혼령이 이 세계의 어딘가에 계신다는 생명관을 전제로 하는데, 이 생명관에 관하여 논의하는 것은 유교의 생명관에 관한 논의라기보다 실상은 동아시아 문화 공통의 생사관을 대상으로 하는 문화적 접근에 속한다.

유교는 동아시아 문화 공통의 이 생명관을 나름의 개념과 이론으로 철학화한 종교의 하나이다. 이 글에서 우리가 논의하려는 것은 전통 유교가 동아시아 문화 공통의 생명관 위에 정립(定立)해온 철학적 생명관의 일부이며, 이는 철학적 접근에 속한다.

3. 개체생명과 우주생명

우리 앞의 모든 생물은 생명을 갖고 있다. 생명을 갖고 있기에 생물(生物)이라고 부른다. 현대인의 상식으로 보면, 생명은 개체적인 것이다. 예컨대 목전의 나무 한 그루가 모종의 원인에 의해 고사한다면 더 이상 그 나무에 생명은 없다. 산야를 질주하던 들짐승 한 마리가 살상무기에 의해서든 독극물에 의해서든 숨이 끊긴다면 그 생물에 더 이상의 생명은 말해질 수 없다. 이것을 방금 우리는 '현대인의 상식'으로 한정하여 말했다. 하지만 이런 생명관이 현대인만의 관점은 아닐 것이다. 고대인이 되었든 미래의 인류가 되었든 일반인이 종교나 철학 등의 세계관과 무관하게 생물계의 생명을 접할 때 누구나 갖게 되는 '상식'일 것이다.

그런데 '무엇' 또는 '어떤 상태'를 생명이라 부를 것인지의 정의(定義) 문제로 들어서면 오히려 복잡해지고 심각해진다. 더욱이 인류의 지성사상(知性史上) 놀라운 성취를 이룬 현대 과학에서 생명 현상에 대하여 현대사회의 구성원들이 만족할 만한 과학적 정의를 제시하지 못하고 있는 현실은 많은 사람들에게 어쩌면 실망스러운 일로 받아들여질 수 있다. 대체 어떤 문제점들이 있는지 '생명'의 정의(定義) 문제를 개괄적으로나마 짚어보고 가자.

상식의 선에서 말할 때 생명이란 살아 있는 것에는 있으나 죽은 것에는 없는 '어떤 것'을 지칭한다. 그런데 학술상으로 또는 과학상으로 '살아 있다'는 말이 어떤 것을 지칭하는지를 묻는다면, 다시 말해서 과학에서 '살아 있다'와 '살아 있지 않다'를 구분하는 기준이 무엇인지를 묻는다면, 우리는 과학계가 제시하는 답변에 난감함을 느끼지 않을 수 없다. 얼핏 보기에는 현대 과학계로부터 객관적인 답변을 쉽게 들을 수 있을 것 같은데 실상은 과학계의 명쾌한 답변을 찾을 수 없기 때문이다.(장회익, p.168)

생명을 종교의 관점에서 정의내린다면 어느 정도의 주관성이 포함될 수밖에 없으므로 누구나 인정할 만한 객관적 정의를 기대하기는 어렵다고 우리는 예상할 수 있다. 철학의 경우에도 주관적 요소를 완전히 배제하기는 어렵기 때문에 생명에 대해 공인(共認)될 수 있는 정의를 기대하기는 어렵다. 그런데 자연과학에서조차 명확한 정의를 내놓지 못하고 있는 현실은 일반인으로서는 의아스러울 수 있다.

자연과학의 여러 분야 중 생물을 대상으로 연구하는 생물학에서조차 생명에 대한 명확한 정의는 제시되지 못하고 있다. 예컨대 대부분의 나뭇가지에 대하여 우리는 그것을 생명이라고 말하기 어렵다. 하지만 일부의 나뭇가지는 땅에 꽂고 일련의 처리를 해 주면 생명이 있는 나무로 소생한다. 이때 우리의 일상적 판단력만 가지고 말한다 해도 생명 없는 나뭇가지에서 생명이 소생하였다고 말하기는 어렵다. 그러나 본래의 나뭇가지가 생명체였다고 말하기도 어렵다. 현대의 생물학일지라도 이 어려움을 해소해주지 못하고 있다.

브리태니커 백과사전에는 생명에 대한 현대 과학계의 정의(definition)로 생리적(physiological) 정의, 대사적(metabolic) 정의, 유전적(genetic) 정의, 생화학적(biochemical) 정의 및 열역학적(thermodynamic) 정의의 다섯 가지가 보고되어 있다.(한국브리태니커회사 편, V.11, p.443) 앞의 세 가지는 전통적 생물학의 테두리 안에서 설정된 정의이고 뒤의 두 가지는 생물학의 영역을 넘어서는 정의들이라고 한다.(장회익, p.169) 그러나 어느 정의이든 예외를 인정하는 한계를 갖고 있다. 예를 들어 생화학적 정의에 따르면 모든 생명체는 핵산분자에 생식가능한 유전 정보를 암호화하여 갖고 있으면서 단백질과 효소로 물질대사의 화학반응을 조절한다. 바꿔 말해서, 핵산분자를 갖고 있지 않으면 생명체가 아니다. 그런데 병원균은 자신은 핵산분자를 갖고 있지 않으면서 숙주의 핵산분자를 활용하여 번식을 할 수 있다. 이 병원균에 대해 생명체가 아니라고는 누구도 말하기 어렵다.

현대 과학계의 놀라운 과학 성취에도 불구하고 생명에 대한 과학계의 명쾌한 정의가 아직 제시되지 않고 있음은 놀라운 일이다. 하지만 현재까지는 이것이 엄연한 사실이다. 그런데 전통 유교의 관점에서 보면 이 모든 시도는 '개체'의 생물체를 대상으로 삼는 생명의 정의(定義) 시도에 지나지 않는다. 물론 유교인들도 각 개체생물의 생명을 대상으로 그것의 '살아있음'과 '그렇지 않음'을 말하였을 것이다. 그렇지만, 하나의 철학 내지 종교로서의 유교에서 보는 생명은 반드시 개별생명체가 갖는 특성 이상의 것을 의미하였다.

유교인들은 모든 개체 생물의 생명을 단독자로 여기지 않고 반드시 전체 또는 다른 것들과의 일련의 연계 관계 하에서의 생명으로 간주하였다. 달리 말하면, '살아 있다'와 '죽었다'의 여부는 개체 생물의 상태를 확인해 보고 판단할 수 있는 일임에도 불구하고, 우주의 어느 생명에 대해서도 단독으로 존재하는 생명체는 없다는 것이 유교의 생명관이다. 이것을 유교의 생명관만이 갖는 특색이라고 말하기는 어려우나, 전통 유교의 생명관을 현대의 관점에서 이해하고 해석할 때 이 특색을 유교의 생명관이 갖는 기본 특색의 하나로 꼽지 않을 수 없다.

요컨대, 유교의 생명관이 갖는 특색의 하나는 유교는 사람의 생명을 우리가 알고 있고 생각하는 '개개인의 생명' 이상의 근원적이고 커다란 생명에서 온 것으로 간주하는 점이다. 비유하자면, 어미나무의 잔뿌리 한 가닥에서 자란 싹이 나중에 독립하듯이, 또는 온전한 식물의 줄기 일부를 잘라 꽂꽂이하면 또 한 그루의 나무로 자라듯이, 개인의 생명도 근원적인 어떤 생명에서 유래한다. 그 큰 생명을 잠시 우리는 '우주의 생명' 또는 '우주생명'이라 부르자. 생명에 대한 유교의 철학적 해석은 최종적으로는 이 '우주생명'에 대한 철학적 규명이다.

4. 천지의 생생지덕(生生之德)과 음양의 대대감응(對待感應)

생명관을 기준으로 말하면 유교철학의 전개 역사는 개체생명들의 전체집합격인 우주생명을 어떤 개념으로, 어떤 체계로 구체화하느냐

또는 재구성하느냐의 역사이다.

유교에서는 개체생명들의 근원을 흔히 '천지(天地)'라 명칭한다. '천지'란 우리가 일상적으로 말하는 하늘[天]과 땅[地]을 지칭하지만 유교에서는 많은 경우 '만물의 근원'을 함의한다. 개념상으로는 천(天)과 지(地)로서 둘이지만, 실상은 한 덩어리처럼 간주된다. '천지'는 우주 전체의 생명을 지칭하는 개념으로 가장 널리 쓰이는 용어이다. 『주역』에 이렇게 서술되어 있다: "천지가 있은 후에 만물이 생성되고, 천(天)과 지(地) 사이에 가득 차 있는 것이 만물이다.(有天地然後, 萬物生焉. 盈天地間者, 有萬物.)"(『주역』「序卦傳」)

우주생명으로서 천지가 갖는 최고의 덕을 『주역』은 생생(生生)이라 말한다.

천지의 큰 덕을 '생(生)'이라 이른다.("天地之大德曰 '生'." 「繫辭 下」제1장)

생(生)이란 '생명' 또는 '생명의 영위'를 뜻하기도 하지만 이런 용법에서는 '낳음'을 핵심 의미로 삼는다. 작년 봄에도 새싹이 나왔고, 금년 봄에도 새싹이 돋는다. 내년에도 돋는다. 해마다 봄이면 예외없이 지속되는 자연계의 새 생명 탄생 현상을 유교인들은 우주생명이 생생의 덕을 발휘한 것으로 간주한다.

한 가지 유념해 둘 것은 생생의 덕이 해마다 봄이면 싹이 돋는 것과 같은 자연계 순환의 일부를 의미하는 것에 그치지는 않는다는 점이다. 우주생명이 갖는 생생의 대덕(大德)은 예컨대 비가 내려 강물로 흐르다가 증발하여 구름이 되고 구름이 다시 비로 내려 강물이 되는 순환구조에서의 어느 한 단계(또는 한 특성)를 함의하는 것이 아니다. 우리 몸 안의 혈액은 한 번 생성되면 평생동안 그 사람의 신체 안에서 순환되는 것이 아니라, 혈액 세포는 끊임없이 생성되고 있으며 한 번 생성된 혈액세포는 수주일 후에 소멸된다. 생생의 덕이란 혈액세포가 매순간 생성되듯이 우주생명의 끊임 없이 낳고 또 낳는 창생(創生)의 특성을 함의한다.

유교의 생명관이 갖는 특색의 또 하나는 생명의 탄생 또는 생생의 덕이 반드시 대대(對待)관계에 있는 두 성질의 감응(感應)작용에 의해서 현실화됨을 중요시하는 점이다. 대대관계란 말 뜻대로 하면 '마주보고 서서 서로 기다리는' 관계이다. 편리하게는 '서로 상반되는 두 성질'이라 말할 수도 있겠는데 이렇게 규정하면 의미의 정확성이 떨어지므로 약간의 주의가 필요하다. 간편하게 이해하자면 남편과 부인의 관계, 남과 여의 관계 등등이 대대관계이다. 흔히 '음-양'으로 말해진다.

『주역』에 의하면 우주의 생성변화는 음과 양이 교류하는 방식으로 진행된다. '음'과 '양'은 각각 서로 상관관계를 갖고 있는 있는 두 작용(또는 역량)의 한쪽을 상징한다. 우주 내 모든 사물의 생성 및 변화는 두 힘이 서로 밀고 끌고, 서로 도와 완성시킴에 의해 이루어진다. "한갓 음만으로는 아무것도 이루지 못하며, 한갓 양만으로 무엇을 낳는 것도 불가능하다. 음과 양이 교류하고 서로 도와 완성시키는 가운데 사물이 생겨난다."(김기현 역, p.376)

누구나 자연계의 생물들을 관찰해보면 새로운 생명체란 언제나 자(雌. 암컷)와 웅(雄. 수컷)의 결합의 산물임을 알 수 있다. 유교의 음양감응(陰陽感應) 관념은 인간사회를 포함하여 자연계에서 확인되는 이 음과 양의 감응 원리를 철학적으로 승화시킨 것이다.

처음에는 유가(儒家)나 도가(道家) 등의 학파와는 관계없이 독자적으로 개념 보완이 이루어져 오던 '음-양'관념은 오행설(五行說)과 결합하여 기원전 3세기 후반 무렵에 추연(鄒衍. 기원전 340년경 – 260년경)에 의해 음양오행설(陰陽五行說)로 정립된 것으로 알려져 있다.(孫廣德, p.44) 추연은 대체로 맹자(孟子. 기원전 372-289)와 동시대의 인물로 추정되지만, 공자의 『논어』는 물론이고 『맹자』에도 어느 정도 철학 개념으로 정립된 용법의 '음' '양' 개념은 아직 등장하지 않는다. 이것으로 볼 때 유가 및 도가 등 기존 학파의 지식인들이 음양오행설을 적극 수용하면서 자신들의 사상으로 발전시키기 시작한 것은 추연 이후의 일로 추정되고 있다. 다시 말해서, 유교 역사에서 음양설 또는 음양오행설이 적극적으로 논의되고 유교철학의 필수적인 요소로 포함되기 시작한 것은 맹자 이후의 시대인 전국말(戰國末) 한대초(漢代初)(대략 기원전 3세기 전반 무렵)였던 것으로 추정된다.

한대(漢代) 이후로 유교철학이 확립한 진리의 하나는 생명은 음과 양의 감응작용 없이는 탄생할 수 없다는 것이다. 이 원리는 현대의 유교도 고수해야 할 진리이다. 그런데 20세기 후반에 등장한 복제 양(羊) 돌리 사건은 생명의 탄생이 예컨대 유교와 같이 '대대(對待)관계에 있는 두 성질의 감응작용'과 같은 조건 없이도 가능함을 시사하였다.

1997년에 돌리(Dolly)라는 이름으로 널리 알려지게 된 양(羊)이 성체세포의 복제에 의해 태어났음이 발표되었다. 그 이전에는 수정 초기 단계의 수정란인 배아를 인위적으로 분리하여 일정 기간 발생을 지속시키는 데 성공한 정도였다. 이것이 이른바 '배아 복제'라는 것이다. 그런데 복제 양 돌리는 성체 세포 이전 단계의 배아(embryo)세포의 복제가 아니라 이미 분화된 성체세포의 복제에 성공했다는 점에서 획기적인 의미를 갖는 것이었다. 비록 양(羊)의 경우이긴 하지만 성체세포에 의한 동물복제가 성공했다면 장차 언젠가는 인간의 복제도 가능해질 수 있다는 인간 복제의 가능성을 열어주기 때문이다.

전통 유교의 생명관으로 볼 때 복제 양 돌리가 암컷 양들만에 의해 태어났다는 사실은 하나의 '사건'이다. 이해의 편의상 1, 2, 3의 번호를 붙여 말하면, 6년생 암컷 1번 양의 DNA를 가져다 DNA가 제거된 2번 암컷양의 난자에 체세포 핵치환을 하여 이 핵치환한 수정란을 3번 양의 자궁에서 길러 태어난 것이 복제 양 돌리이다. 간략히 말해서, 수컷 양이 필요 없이 순전히 암컷양들에 의해서만 새로운 생명체가 태어난 것이다.

우리가 접하는 자연계의 주요 생명체들은 자와 웅의 감응 결과로서 존재하며, 적어도 고등동물에서는 예외가 없다. 그런데 복제 양 돌리의 출현은, 조금 과장하여 말하자면, 유교의 생명관을 근원적으로 뒤흔드는 사건이 되는 셈이다.

생명공학은 앞으로 더욱 발전할 것이다. 그렇다면 과연 전통 유교의 생명관은 폐기되거나 수정되어야 하는가? 다음과 같이 결론내는 것이 온당하다고 필자는 본다. 유교는 우주의 모든 생명이 하나의 근원을 갖는다고 본다. 그런데 어떠한 생명이 되었든 예외없이 대대(對待)관계에 있는 두 성질 또는 에너지의 감응작용의 결과로 탄생하게 된다. 음과 양이 그 두 에너지이다. 다시 말해서 모든 생명체는 자와 웅의 감응(感應)의 산물이다. 생명공학이 아무리 발전하더라도 유교의 이 생명관이 수정될 필요는 없다. 왜냐하면, 사실 현재로서는 동물의 복제조차도 지난한 과정을 거쳐 아주 드물게 성공하는 수준이므로 인간의 복제는 아득히 먼 훗날에나 가능할 것이라는 이유도 있지만, 설사 인간 복제에 성공하고 일반인들도 시도할 수 있는 시대가 오더라도 복제를 원하는 경우는 거의 예외에 속하는 극소수의 사람들일 것이기 때문이다. 예를 들어 불임 부부나 불치병 환자의 경우와 같이 불가피한 경우에나 복제를 원할 것이다. 실제상의 어려움을 한 가지 말해보면, 난자는 한 여성에게 한 달에 하나만이 가능한데 난자 하나를 동원하는 데만도 그 여성에게는 거의 끔찍한 정도의 고통이 수반되는 것으로 알려져 있다. 복제에는 수많은 난자가 필요하다. 돌리의 경우 277개의 난자 가운데 유일하게 탄생까지 진행된 하나일 뿐이었다.(생물학사상연구회 역, p.51) 아무리 기술이 발전한다 해도 이런 문제의 극복은 제한적일 수밖에 없다.

다른 한편으로, 전통 유교의 생명관이 지식의 확장에 의해서 불리해질 수 있는 여건도 있다. 자연계의 생물을 관찰해 보면 자연계의 생명체 중에는 암컷-수컷 구분이 없는 생명체도 있고 한 몸 안에 암컷의 요인과 수컷의 요인을 다 갖고 있는 암수 한몸의 생명체도 있다. 그렇지만 자연계의 생물에 대한 사실 지식이 아무리 확장되더라도 그 지식들로 인해 모든 생명은 음과 양의 상반된 기운(힘, 에너지)의 상호 감응작용을 전제로 태어난다는 유교의 생명관이 영향을 받게 되지는 않을 것이라 필자는 본다. 그런 예외적인 사례들은 미생물 또는 하등동물에서 발견되기 때문이다.

생명은 음과 양의 결합에 의해서만 탄생될 수 있다는 유교의 생명관은 현대에도 유효하며, 여전히 우리가 수용하고 보전할 가치를 갖는다. 다만 자와 웅에 의한 유성생식(有性生殖)만이 아니라 돌리 양의 복제처럼 한쪽만의 성에 의해 생명체가 탄생하는 무성(無性)생식도 가능함을 열어놓기만 하면 되겠다. 무성생식의 가능성을 열어놓는 것 때문에 모든 생명은 음과 양의 감응작용에 의해서 발생한다는 유교 생명관의 신념이 수정되어야 할 필요는 없다. 현재에나 미래에나 정상적이고 자연스러운 주요 생명체들은 모두 음과 양의 감응작용에 의한 산물일 것이기 때문이다.

5. 신체생명과 도덕생명

오늘날 지구촌 인류의 대다수 구성원은 17세기 이후로 유럽에서 형성된 근대적 생명관에 기초하여 살아가고 있다. 17세기의 과학혁명 이후로 형성되기 시작하여 20세기를 거치면서 전 세계로 전파되기에 이른 이 생명관의 최대 특색의 하나는 생명을 '개체'의 현상으로 보는 점이다. 생존(生存)의 문제를 사실상 '전체'를 도외시한 채 '개체'에만 초점을 두는 것이 그 특색인데, 현대사회의 수 많은 문제가 이로부터 비롯되었다고 할 수 있다. 정병석은 이렇게 말한다.

> 어쩌면 인류는 생존이라는 문제를 항상 '전체'를 배제한 '개체'라는 지평 속에서만 생각해 왔는지도 모른다. 사실 이런 배타적인 개체의식의 무한한 확장과 그로 인한 끝없는 분열이 인류를 위기 속으로 몰아넣어 왔다. 이런 곤경에서 탈출하기 위해서 인간은 자신의 사회적 공동체는 물론이고 자연을 포함한 거시적이고 입체적인 생존의 공동체, 혹은 생명의 공동체라는 새로운 생태적 관계 설정을 할 필요가 있다. (정병석, p.44)

사실 유교나 불교와 같이 나와 타자 간의 관계를 긴밀한 연계성 하의 관계로 보는 생명관이 아니더라도 현대 학계의 일각에서는 근대 이래의 구미(歐美)식 생명관이 갖는 심각한 문제점을 반성하고 보완하는 맥락에서의 온생명 및 보생명 관념이 제기되어 왔다. 우리가 논의해 온 맥락에서 본다면 온생명이란 '우주의 생명'과 같이 크고 근원적인 전체로서의 생명을 지칭하고, 보생명(co-life)이란 그 전체 생명 가운데 특정의 개체생명을 제외한 나머지 개체생명들을 지칭한다. 장회익은 다음과 같이 말한다.

> (…) 개체생명의 생존은 필연적으로 온생명의 생존과 함께 이루어지는 것이며, 자신의 생존이 자신을 제외한 온생명의 나머지 부분에 결정적으로 의존하는 것이 된다. 그러므로 하나의 개체생명 입장에서 볼 때 자신의 생존에 결정적인 영향을 미치는 온생명의 이 나머지 부분이 특별한 의미를 지니는 것이 되며, 따라서 이 부분을 개념화하여 여기에 대한 적절한 명칭을 부여할 필요가 있다. 그리하여 한 개체생명을 기준으로 했을 때 '온생명에서 이 개체생명을 제외한 그 나머지 부분'을 이 개체생명의 '보생명(co-life)'이라 부르기로 한다. (장회익, p.190)

개체생명들의 입장에서는 이 세상의 그 무엇보다도 자신의 생명이 가장 중요하다. 그렇다면, 개체생명에 대해 갖는 보생명의 의의 및 가치는 개체생명의 존립과 영위에 유익함이 있거나 보조적 가치를 갖는 점에 있을 수 있다. 대부분의 생활을 근대적 생명관에 의거해 살아가고 있는 현대 한국인의 생활을 보면 실질상 그렇지 않다고 말하기 어렵다. 예컨대 도시의 아파트에 거주하는 수많은 사람들에게 이웃이나 친구, 동료의 의의 및 가치는 나에게 유익함이 있거나 도움이 가능할 때이다. 심지어 가족 구성원에게조차도 그런 기준을 갖고 있는 것으로 보이는 사례도 적지 않다. 가령, 경제력이 없거나 약한 부모에 대해 부모답지 못하다고 여기려는 성향이나 취직을 못한 자녀에 대해 천덕꾸러기나 다를 바 없는 것처럼 여기는 면이 있다면 이는 말 그대로 보생명의 가치를 이해(利害)관계에서만 찾는 근대 유럽의 생명관이 침습(侵襲)한 결과라고 말하지 않을 수 없다.

보생명을 '나'에게 도구적 가치를 갖는 존재로 간주하거나 주로 경쟁 상대로만 생각하는 것은 유교의 생명관과는 거리가 멀다. 불교의 생명관과도 멀 것이고, 아마 기독교나 이슬람의 생명관과도 멀 것이다. 지금도 연로한 세대들은 형제 자매 관계를 '동기간(同氣間)'이라는 말로 표현하는데, 유교인들은 나와 보생명의 관계를 동기간으로 간주한다. '동기'는 같은 부모 하의 자녀들이라는 의미이다. 유교철학자들은 여기서 더 나아가 인류의 구성원은 모두 천지(天地)를 부모로 하는 동기간이라는 세계관을 갖고 있었다. 북송(北宋)시대의 유교철학자 횡거 장재(橫渠 張載. 1020-1077)는 "모든 인간은 나의 동포이며, 모든 사물은 나와 같은 족속이다(民吾同胞, 物吾與也)"(『西銘』)라고 말하였는데, 조선조의 퇴계(退溪 李滉. 1501-1570)는 『성학십도(聖學十圖)』의 「제2서명도(第二西銘圖)」에서 위의 장재의 글을 인용한 뒤 이렇게 말한다.

> 원래 성학(聖學)[의 목적]은 인(仁)을 구하는 데 있다. 모름지기 이 [인(仁)의] 뜻을 깊이 체득해야만 비로소 [내가] 천지 만물과 한몸[一體]임을 알 수 있다.(蓋聖學在於求仁. 須深體此意, 方見得與天地萬物爲一體.)

'나'와 보생명과의 관계를 이처럼 동기간으로 간주하는 관념은 퇴계뿐만 아니라 조선조의 지식인 모두가 공통으로 갖고 있는 것이었다.

유교의 생명관이 갖는 또 하나의 특색은 전체생명인 우주생명과 개체생명들을 인간의 심성(心性)으로 연결시키는 점에 있다. 개체생명들인 인류가 갖고 있는 심성은 우주생명인 천지(天地)가 갖고 있는 생생지덕(生生之德)에 근원을 둔다. 각 개인의 덕은 그의 심성의 발로이고, 그 덕은 하늘로부터 부여받은 것이다. 이로부터 '나의 덕은 하늘로부터 부여받은 것'이라는 심성관(心性觀)이 세워진다. "하늘이 나에게 덕을 주었다(天生德於予). (『논어』「述而」제22장)"는 공자의 말은 모든 유교인에게 공통된 명제이다. 덕(德)이란 곧 심(心)에 갖춰져 있는 덕을 말하고, 유교에서 그 덕의 핵심은 '낳음[生]'이다. 사람으로 말하자면, 산모가 자신의 아이를 낳는 마음이 바로 천지의 심이다. 모든 개인의 심은 하늘로부터 이 '낳고 낳음[生生]'의 천지지심(天地之心)을 부여받은 것이고, 각자의 심에 구비되어 있는 덕이 바로 '낳고 낳음'을 핵심으로 하는 인(仁)의 덕이다.

유교인들은 사람의 마음[心]을 천지지심(天地之心)의 축약판으로 간주한다. 다음 발언들은 신유학(新儒學, Neo-Confucianism)의 정립자인 주희(朱熹, 1130-1200)의 말이지만, 모든 유교인에게 이견이 없는 정설에 속한다.

> 천지는 만물을 낳는 것을 마음[心]으로 삼는다. 사람과 사물이 생겨남에 있어 또한 각기 천지의 마음[心]을 얻어 그 마음으로 삼는다.("天地以生物爲

心者也, 而人 · 物之生, 又各得乎天地之心以爲心者也."『朱子語類』권67, 「仁說」)

'심(心)'을 명료하게 규정하자면 다음과 같다: "그것을 한 마디로 집약하여 말하면 '낳음[生]'이다. [『주역』에서는] '천지의 큰 덕을 일러 '낳음[生]'이라고 한다'고 했다. 사람은 천지의 기(氣)를 받아서 태어난다. 그러므로 [모든 사람의] 이 마음은 반드시 인(仁)하며, 인은 곧 낳음[生]이다."(發明 '心'字曰: "一言以蔽之曰: '生'而已. '天地之大德曰生'. 人受天地之氣而生, 故此心必仁, 仁則生矣." 『朱子語類』 권5, 제30조.)

인(仁)의 심성은 모든 사람에게 선천적으로 갖추어져 있다. 그런데 왜 사람들은 자연계의 식물 · 동물에 대해서는 말할 것도 없고 같은 인류의 구성원들에게조차 '동기(同氣)'라는 생각을 갖지 못하는 것일까? 그것은 천지지심(天地之心)의 축약형으로 각 개인에게 부여되어 있는 인(仁)의 심성을 자각(自覺)하지 못하고서 개체생명의 심성에 끌려다니기 때문이다. 다시 말해서, 사적(私的)인 심성을 제어하지 못하는 데에 원인이 있다. 공자는 특히 실천면에서 가장 신임하는 문인(門人)인 안연(顔淵)이 인(仁)에 관하여 여쭈었을 때 유명한 극기복례(克己復禮)를 말하였다.

안연이 인(仁)을 물으니 선생님께서 이렇게 말씀하셨다: "자신을 이겨 예(禮)로 돌아가는 것[克己復禮]이 인(仁)이다. [만일] 하루 동안 극기복례한다면, 천하가 인(仁)으로 돌아갈 것이다."(顔淵問仁, 子曰: "克己復禮爲仁. 一日克己復禮, 天下歸仁焉." 『논어』, 「顔淵」 제1장)

공자가 말하는 '극기'의 기(己)는 이 개체생명이 갖는 사적(私的)인 심성을 가리킨다. 유교의 공부론(수양론)은 사심(私心)을 극복하고 예(禮)에 맞게 살기 위한 방안이다. 극기복례 외에 충서(忠恕), 사단(四

端)의 확충공부, 존심양성(存心養性), 순자의 화성기위(化性起僞), 성리학의 거경궁리(居敬窮理)와 함양찰식(涵養察識), 양명학의 치양지(致良知) 등등은 모두 개체생명의 소아적(小我的) 심성을 누르고 온생명의 본아적(本我的) 심성을 실현하기 위한 공부방법이다.

전통 유교의 생명관에 따를 때, 인(仁)으로 대표되는 본아적 생명이 개체생명의 소아적 심성보다 우위에 있음은 이론(異論)의 여지가 없다. 유교 연구자들의 과제는 생명의 영위 면에서 볼 때, 온생명의 본아적 생명(즉 生生之德의 仁)의 삶이 개체의 소아적 생명의 삶보다 바람직하고 가치 있음을 현대인으로 하여금 어떻게 자각(自覺)하고 실천할 수 있게 인도할 수 있느냐에 있다.

유교의 최대 특색은 인(仁)으로 대표되는 그 온생명의 성격을 도덕생명으로 규정하는 데에 있다. 도덕적으로 산다는 것은 유교인에게는 그 우주생명의 생생지덕을 발휘하며 사는 것을 의미한다.

도덕생명은 개체의 생명, 즉 소아적 심성보다 더 가치 있는 생명이다. 그러하기에 공자는 살신성인(殺身成仁)을 당연한 것으로 말한다.

> **뜻을 가진 선비와 어진 사람에게는, 인(仁)을 해치면서까지 자신의 [신체] 생명을 추구하는 일은 없고 인(仁)을 이루고자 자신의 신체생명을 단념하는 일은 있다.**(子曰: "志士 · 仁人, 無求生以害仁, 有殺身以成仁." 『**논어**』 「衛靈公」 제8장)

현대인에게 신체적 생명은 그 무엇과도 바꿀 수 없는 말 그대로 '목숨'이다. 우리는 흔히 '목숨 걸고 (…) '라는 극언을 듣게 되는데, 전통 유교에 따르면 그 목숨보다 더 소중한 것이 있다. 인(仁)으로 집약되는 도덕생명이 그것이다.

인(仁)으로 대표되는 생생지덕의 우주생명은 현대 학계에서 대두되고 있는 온생명 이론과 매우 흡사하다. 그런데 근본적인 차이점도 있다. 온생명 이론은 개체생명과 보생명의 공존 유지를 위한 생태적 배려에 초점을 둔다.(장회익, pp.190-194) 또한 온생명 이론에서 전체생명을 위해 개체생명을 단념할 수도 있다는 생각은 찾아보기 어렵다. 반면에, 유교에서는 공자의 살신성인 언명에서 확인되듯이 전체생명을 위해서는 개체생명을 단념할 수 있음을 분명하게 밝힌다. 이것은 현대의 유교 연구자들이 깊이 연구하여 현대인의 삶에 맞게 해석하고 인도해주어야 할 부분이다.

6. 나오는 말

연인관계의 두 사람이 동반자살을 하는 것이나 조직원이 두목 또는 동료들을 위해 생명을 포기하는 것은 본인들에게는 신체의 생명을 포기해서라도 이루고자 하는 어떤 가치(즉 '사랑'이나 소위 '의리') 때문이다. 공자는 이런 죽음에 대하여 "남들이 알아주지 않는(莫之知)" 죽음으로 평가절하하였다. 신체생명을 포기하면서까지 모종의 가치를 이루고자 한 이들의 행위를 왜 남들은 알아주지 않을까? 첫째로, 그 행위는 온생명의 가치 실현에 도움이 되지 않는다. 둘째로 목숨까지 버리면서 추구한 노력이 보생명에 도움이 될 게 없고 의미도 없다. 공자 및 유교의 관점에서 보자면 이런 이유들 때문이다. 그렇다면, 혹여 온생명의 가치 실현[成仁]에는 해당되지 않지만 보생명에 도움이 되거나 의의를 갖는다면 이것은 용인될까? 공자에게는 용인된다고 필자는 본다.

남들이 알아주는 죽음으로서 최선(最善)의 유형은 살신성인(殺身成仁)의 경우에서와 같이 온생명을 위하여 개체생명을 순절하는 사례이다. 그런데 차선(次善)으로 보생명에 도움이 되는 노력이라면, 또는 보생명에 일정한 의의를 갖는 노력이라면, 개체생명을 단념하지 않고 오히려 살아서 기여하는 것이 공자에게는(즉 유교에서는) 허여될 수 있다. 관중의 사례가 그 경우이다.

관중(管仲, 기원전 725?-645)은 공자(기원전 551-479) 이전 시대의 대정치가(大政治家)이다. 관포지교(管鮑之交)로 유명한 관중과 포숙은 차기 군주가 될 수 있는 왕자(王子)들을 각자 한 사람씩 모시고 외국에 피신해 있었다. 그러다가 국내에서 상황이 발생하자 두 왕자 진영은 서로 먼저 환국하여 왕좌(王座)를 선점하려 하였고, 이 과정에서 두 왕자 진영 간에 전투가 일어났다. 왕위(王位)를 차지하고자 사활을 걸고 벌인 투쟁의 결과 최종적으로 포숙쪽의 왕자가 승리하여 왕이 된다. 전투 중에 관중은 포숙쪽의 왕자를 살해하려 직접 공격한 일도 있었다. 당시의 관례에 따르면 이 경우 관중은 패배한 주인을 따라 자결을 했어야 한다. 그런데 관중은 순사(殉死)하지 않고 살아남았으며, 오히려 반대편의 왕자였던 환공(桓公) 휘하에서 재상을 지냈다. 훗날의 논란은 군주 환공과 재상 관중이 시속말로 '환상의 콤비'를 이루어 역사에 빛나는 업적을 남긴 역사적 사실에서 비롯된다. 주인을 따라 순절하지 않았으므로 옳지 않다는 비난이 공자 당시에까지 이어지고 있었다. 관중이 자신이 따르던 왕자를 따라 순사하지 않은 것을 비판하는 문인의 발언에 공자는 다음과 같이 말한다.

관중은 환공의 재상이 되어 그를 제후들의 패자로 만들고 천하를 한 번 크게 바로잡았다. [그 덕택에] 백성들은 오늘에 이르도록 그의 혜택을 입고 있다. 만약 관중이 없었다면 오늘의 우리는 여전히 머리를 풀고 오랑캐 옷을 입고 있을지 모른다. [관중이 살아 남아 인류에 공헌한 것이] 어찌 보통의 남녀들이 조그만한 절개를 지키겠다고 강물에 뛰어들어 자살하지만 사람들이 알아주지 않는 그런 경우들과 비교될 수 있겠는가.(子曰: "管仲相桓

公, 覇諸侯, 一匡天下. 民到于今受其賜. 微管仲, 吾其被髮左衽矣. 豈若匹夫匹婦之爲諒也, 自經於溝瀆而莫之知也?" 『논어』 「憲問」 제18장)

관중은 순절하지 않고 살아남았으므로 비난을 면키 어려우나 그가 세운 공적을 놓고 평가할 때 그가 순절한 것보다는 신체생명을 보전하여 민족이나 인류사회에 공적을 세운 쪽이 더 가치 있다는 관점이다. 관중에 대한 공자의 평가는 여기서처럼 긍정하는 경우보다 신랄하게 비판하는 경우가 더 많다. 하지만 지식인 사회에서 계속 논란이 되어 온 관중의 순절 시비의 건에 대해서만은 위의 발언에서 분명하게 확인되듯이 공자는 단호하게 순사(殉死)보다 보생명에의 기여를 더 가치 있게 보았다.

이상의 논의를 종합하여 우리는 전통 유교의 생명관을 현대의 관점에서 다음과 같이 이해할 수 있겠다. 동아시아인은 부모의 생명이 운명(殞命) 후에도 혼령으로 남아 세계의 어딘가에 계시는 것으로 믿는다. 자신의 생명도 죽은 후에 자손에게 이어진다고 믿는다. 이 생사관은 유교만의 것이 아니라 동아시아 문화에 공통된 것이다.

유교에서는 생명의 탄생과 그 온전한 영위에 음과 양의 상호 작용이 필수적이다. 복제 양 돌리의 출현은 암컷 양들만에 의한 생명의 탄생이므로 양(陽)이 필요 없이 순음(純陰)에 의한 생명의 탄생 가능성을 열어주었으나, 그럼에도 불구하고 반드시 음과 양의 감응작용에 의해서만 생명이 탄생된다는 유교의 생명관은 현대사회에서도 계속 유효할 수 있는 것으로 우리는 이해하였다.

유교에서 신체생명보다 우위에 있는 것은 도덕생명이다. 흔히 '인(仁)'으로 대표되는 도덕생명은 현대 온생명 이론의 '온생명'에 해당된다. 모든 유교인이 갖고 있는 공통 명제의 하나인 살신성인(殺身成仁)은 온생명이 개체생명보다 우위임을 천명한 것이다.

전통유교의 생명관에 대한 현대의 해석은 온생명과 개체생명의 관계인 살신성인의 관념에서 더 나아가 보생명과 개체생명과의 관계를 놓고 유교의 관점을 재정립(再定立)해 주어야 할 필요가 있다. 그 단서(端緖)로 우리는 관중에 대한 공자의 평가 사례를 거론해 보았다.

관중은 자신이 추종하던 왕자를 따라 순절하지도 않았고 그뿐 아니라 자신이 속한 진영과 적대 관계에 있던 왕자가 군주가 되자 그 휘하에 들어가 재상을 지냈으므로 군신지의(君臣之義)를 기준으로 보면 관중은 비난 받아 마땅하다. 그러나 공자는 관중이 살아남아 환공을 도와 세계 통일을 이루는 등 큰 업적을 남긴 점을 들어 사실상 그가 살아 공적을 세운 것이 자신의 주인을 따라 순사한 것보다는 나을 수 있다는 평가를 하였다. 이것을 우리는 현대의 관점에서 볼 때 군신지의를 지키며 신체생명을 단념하는 것보다는 살아서 세상 사람들에게 유익하고 의의 있는 업적을 남긴다면 후자가 더 가치 있음으로 이해하였다. 이것을 현대의 온생명이론과 연관지어 말해보자면, 개체생명이 보생명에 유익하거나 의미가 있을 때는 차선으로서 신체생명을 보전하는 쪽이 더 나음을 열어놓은 것으로 이해할 수 있다.

이 문제는 공자 생존 당시에 공자 문하에서도 논란이 있었고, 오늘에도 논의의 여지가 있기는 하다. 그러나 현대의 관점에서 유교의 생명관을 이해할 때 공익성(公益性)을 고려하는 이 가능성을 열어 놓는 것은 일정한 의미를 갖는다고 필자는 보기에 거론해 보았다. 앞으로 깊은 논의가 필요하다.

참고문헌

김기현 역, 사중명 저, 『유학과 현대세계』, 서광사, 1998.

김병환, 「생명공학과 인간복제: 유학의 응답」, 『중국학보』 제47집, 한국중국학회, 2003.

김병환,「儒家의 生命觀」,『유교사상연구』 제22집, 한국유교학회, 2005.

생물학사상연구회 역, 힐러리 퍼트남 외 저,『유전자 혁명과 생명윤리』, 아침이슬, 2004.

이근우 역, 가지 노부유키(加地伸行) 저,『침묵의 종교 유교』, 도서출판 경당, 2003년 2쇄.

이영춘,『차례와 제사』, 대원사, 2009년 13쇄.

장회익,『삶과 온생명』, 솔출판사, 1998.

정병석,「유가의 생명관」,『동아시아 문화와 사상』 제4집, 동아시아문화포럼, 2000.

한국브리태니커회사 편,『브리태니커 세계 대백과사전』, 한국브리태니커회사, 1993.

孫廣德,『陰陽五行說的政治思想』, 臺灣: 商務印書館, 1993.

蔡仁厚,『孔子的生命境界: 儒學的反思與開展』, 臺灣: 學生書局, 1998.

찾아보기

ㄱ

ㄴ

ㄷ

ㄹ

ㅁ

ㅂ

ㅅ

ㅇ

ㅈ

ㅊ

ㅋ

ㅌ

ㅍ

ㅎ

필진 소개 (게재순)

김경재

한국신학대학을 졸업하고, 연세대 연합신학대학원, 고려대 대학원 철학과, 미국 듀북대학교 신학대학원에서 석사학위를 받고, 화란 유트레히트대학교에서 박사학위를 받았다(철학박사). 한국크리스챤아카데미 원장과 한국문화신학회 회장을 역임하였으며, 현재 함석헌기념사업회부설 씨알연구원 원장직을 맡고 있다. 한신대학교 명예교수이다. 저서로 『폴 틸리히 신학연구』, 『해석학과 종교신학』, 『이름없는 하느님』 등이 있고, 「최수운의 신개념」, 「종교다원론의 해석학적 조명」 등 다수의 논문이 있다.

김영경

고려대학교 사회학과를 졸업하고, 독일 마부르그 필립스대학교에서 종교학 석 · 박사학위를 받았다. 귀국 후 서강대학교 종교학과 계약교수, 서울대학교 지역종합연구소 특별연구원, 한일장신대 인문학부 연구교수를 역임했다. 지금은 인성문화운동과 함께 대학 강의와 집필활동을 계속하고 있다. 저술로 「이슬람 정치관」, 「이슬람과 인권」, 「기독교와 이슬람 사이의 신학적 이견」, 「이슬람 근본주의의 역사적 배경과 그 전망」 등이 있다.

조정일

서울대학교 생물교육과와 동 대학원 석사졸업을 한 후 미국 오하이오 주립대학교에서 과학교육전공으로 박사학위를 받았다. 20여 년간 전남대학교 생물교육과 교수로 재직하였고, 현재는 미국에서 활동하고 있다. 저서로 『(생명과 종의 기원에 관한) 세계관에 기초한 수업 모형』, 『자연과학과 기원』(공저), 『신비한 생물 창조 섭리』(공저), 『생물학 탐구의 원리』(공저) 등이 있고, 번역서로 『젊은 지구』(공역)가 있다.

김세은

전남대학교 생물교육과를 졸업하고 동대학교 교육대학원에서 석사학위를 받았다. 현재 송광중학교 교사이다.

조발그니

광주가톨릭대학교 신학과 졸업, 프랑스 리옹(Lyon)가톨릭대학교 대학원 석사(신학 전공), 전남대학교 대학원 박사(교육학 전공). 프랑스 아미앵(Amiens)대학교 인간사회연구소 연구원(Post Doc.)을 역임하였고, 현재 천주교 광주대교구 소속 신부이고 목포가톨릭대학교 유아교육과 교수이다. 저서로 『교육학 강의노트』가 있고, 논문으로 「남녀 청소년의 종교성과 도덕성의 관계에서 신에 대한 상선벌악 의식의 조절효과 검증」 「가톨릭 청년의 종교성과 안녕감의 관계에서 감사성향의 매개효과-청년의 위한 종교교육에 감사가 지니는 함의」 등 다수가 있다.

윤이흠

서울대학교 종교학과 졸업, 미국 Vanderblit대학에서 종교학 석사, 미국 Northwestern대학에서 종교학박사를 취득하였다. 한국정신문화연구원(現 한국학중앙연구원)교수, 서울대학교 종교학과 교수, 한국종교학회 회장을 거쳐, 현재 서울대학교 명예교수이자 (사단법인)한국종교사회연구소 소장으로 활동하고 있다. 저서로 『한국종교 연구(권1 ~권6), 『세계의 종교』, 『일제의 민족종교정책』, 『단군: 그 이해와 자료』(공저) 등이 있고, 「아라랑과 민족정서」, 「다원주의의 경험적 접근」 등 다수의 논문이 있다.

박광서

서울대학교 물리학과 졸업, 미국 브라운대학에서 물리학박사학위를 취득하였다. 미국 MIT 박사후 연구원(Post Doc.)을 거쳐 현재 서강대학교 물리학과 교수이고(자연과학부 학장), 참여불교재가연대 상임대표이다. 문화체육관광부 공직자종교차별신고센터 자문위원과 종교자유정책연구원 이사장으로 활동하고 있다. 종교 관련 발표 논문으로는, 「불교와 사회참여」, 「종교권력을 경계한다」, 「한국불교 이대론 안 된다」 등 다수가 있다.

김영훈

원광대학교 원불교학과 졸업, 동 대학교 동양학대학원 석사, 동 대학교 대학원의 불교학과에서 박사과정을 수료하였다. 현재 영산선학대학교 교수이고, 소태산사상연구원 연구원으로 재직 중이다. 논문으로 「원불교 선사상에 관한 연구」 등이 있다.

김영일

감리교신학대학 신학과, 미국 Phillips대학 대학원 신학석사를 거쳐 Drew University에서 목회학박사 학위와 Loyola University of Chicago에서 철학박사(Ph.D.) 학위를 취득하였다. 미국 Garrett-Evangelical Theological Seminary(개렛신학대학원) 조교수, 협성대학교 신학대학장을 역임했다. 현재 미국 American Baptist Seminary of the West (Berkeley, California)에서 초빙교수와 동대학원 박사원 한국디렉터로 활동하고 있고, 저서로 『그리스도교 윤리』, 『영화 속의 인생과 윤리』, 편저로 『Knowledge, Attitude & Experience』(미국에서 출판), 역서로 『자신의 믿음을 가꾸는 방법』 『세계제패에 대한 미국의 야심』 등 다수가 있다.

박건주

전남대학교 사학과, 동 대학원 석사, 성균관대학교 대학원 사학과에서 박사학위를 취득하였다. 현재 전남대종교문화연구소 연구교수, 동국대학교 동국역경원 역경위원, 한국종교문화학회 실무공동대표로 있다. 저서에 『달마선』, 『중국초기 선종 능가선법 연구』, 『중국고대사회의 법률』 등이 있고, 역서에 『풍토와 인간』, 『능가경』, 『절관론』, 『티베트밀교무상심요법문』, 『위없는 깨달음의 길: 금강경』, 『하택신회선사 어록 역주』 등이 있으며, 여러 전공 논문이 있다.

한상우

서강대학교 철학과와 동 대학원 철학과를 졸업하고, 독일 레겐스부르크대학교에서 철학 및 종교학 전공으로 철학박사 학위를 취득하였다. 현재 한국교원대학교 윤리교육과 교수이고, 독일 가톨릭학술장학재단(KAAD) 한국위원회 사무총장으로 활동하고 있다. 『Die Suche nach dem Himmlishcen Höchstwesen』, 『종교들의 대화』(공저), 『신화/탈신화와 우리』(공저) 등의 저서와 『세상이 모든 것에 대한 질문 왜(Warum)?』의 번역서 외 다수의 논문이 있다.

김기현

전북대학교 철학과, 동 대학원에서 석사과정을 수료한 후, (台灣) 東海大學校 哲學硏究所에서 한중(韓中)성리학 연구로 석 · 박사학위를 취득하였다. 성균관대학교 유교문화연구소 책임연구원을 거쳐 현재 전남대학교 윤리교육과 교수로 재직 중이다. 저서로 『조선조를 뒤흔든 논쟁』(상 · 하), 『대학 — 진보의 동아시아적 의미 —』와 번역서로 『유학과 현대세계』가 있고, 논문으로 「주자 성리학의 공부론 중 함양에 관한 연구」 외 다수가 있다.